Gestão Estratégica do Patrocínio Esportivo

Gestão Estratégica do Patrocínio Esportivo

2024

Nicolas Caballero
Paulo Henrique Azevêdo

ACTUAL

GESTÃO ESTRATÉGICA DO PATROCÍNIO ESPORTIVO

AUTORES: Nicolas Caballero, Paulo Henrique Azevêdo

DIRETOR DA ALMEDINA BRASIL: Rodrigo Mentz
EDITOR: Marco Pace
EDITOR DE DESENVOLVIMENTO: Nestor Turano Jr.
PRODUTORA EDITORIAL: Erika Alonso
ASSISTENTES EDITORIAIS: Letícia Gabriella Batista e Tacila Souza
PROJETO GRÁFICO E DIAGRAMAÇÃO DA CAPA: Zaveo Design Estratégico
DIREÇÃO DE ARTE: Giuliano Cogo
ILUSTRAÇÃO: Antonela Formentini Chiesa

ISBN: 9786587019840
Janeiro, 2024

Dados Internacionais de Catalogação na Publicação (CIP)
(Câmara Brasileira do Livro, SP, Brasil)

Caballero, Nicolas
Gestão estratégica do patrocínio esportivo /
Nicolas Caballero, Paulo Henrique Azevêdo. --
1. ed. -- São Paulo : Actual, 2024.

ISBN 978-65-87019-84-0

1. Custos - Planejamento 2. Esportes -
Administração 3. Esportes - Gestão 4. Parcerias
5. Publicidade - Brasil I. Azevêdo, Paulo Henrique.
II. Título.

23-184089 CDD-796.069

Índices para catálogo sistemático:

1. Brasil : Esportes : Gestão 796.069

Tábata Alves da Silva - Bibliotecária - CRB-8/9253

Este livro segue as regras do novo Acordo Ortográfico da Língua Portuguesa (1990).

EDITORA: Almedina Brasil
Rua José Maria Lisboa, 860, Conj.131 e 132, Jardim Paulista | 01423-001 São Paulo | Brasil
www.almedina.com.br

Dedicatórias

Nicolas Caballero
Aos meus amores Mariana e Francisco e a toda minha família.

Paulo Henrique Azevêdo
À Saniday, aos meus filhos, Paulo Henrique e Pedro Henrique, e queridos familiares.

Para Cecília Caballero Lois (*in memoriam*) e Ivan Azevêdo (*in memoriam*).

Agradecimentos

Alan Ferreira,
Andreu Camps Povill,
Ary Graça,
Ary Rocco Júnior,
Bruna Dias Magarotti,
Cristiano Valerim,
Denise Liporaci,
Giuliano Cogo,
Idel Halfen,
Ivan Martinho,
Luiz Claudio Zenone,
Marcelo Nonnenmacher,
Marcelo Vanzelotti,
Márcio Moron,
Martinho N. dos Santos,
Rafael Plastina,
Rafael Zanette,
Renan Dal Zotto,
Sérgio Avelino.

Sobre os Autores

Nicolas Caballero: atua na área de gestão, marketing e patrocínio esportivo desde 1996. É graduado em Publicidade e Propaganda e em Educação Física, pós-graduado em Marketing e em Gestão do Esporte, mestre em Marketing Esportivo, e doutor em Inteligência Organizacional – ênfase em Patrocínio Esportivo. Na Suíça, trabalhou na Wind Group Holding Ltd., empresa de marketing esportivo oficial da Scuderia Ferrari (Fórmula – 1), Juventus F.C. e A.C. Milan (futebol) e Aprilla (motociclismo), liderando o Departamento América Latina, Portugal e Espanha para as áreas de patrocínio e licenciamento. Foi assessor de marketing esportivo da UNISUL, campeã da Superliga de Voleibol Masculino, e da UPF, para as equipes de voleibol e futsal. Foi gerente de patrocínio da EstrelaBet, junto a clubes da Série A e B do Campeonato Brasileiro de Futebol, Superliga de Voleibol, Liga Nacional de Basquete, Liga Nacional de Futsal, Confederação Brasileira de Futebol (futsal e beach soccer) e *eSports*. Prestou inúmeras consultorias para marcas, entidades e atletas na área de marketing, patrocínio e licenciamento esportivo no Brasil e no exterior. Professor convidado em cursos de pós-graduação e aperfeiçoamento em gestão e marketing esportivo em universidades como ESPM, UNIP, FIE, além do curso Gestão Profissional do Futebol do Sport Club Internacional. Publicou inúmeros artigos, livros e orientou dissertações de mestrado e teses de doutorado na área de gestão e marketing esportivo no Brasil e exterior. Liderou o marketing do Projeto Referências para o Esporte de Alto Rendimento Brasileiro do Ministério do Esporte, coordenando eventos oficiais nos Jogos Olímpicos e Paralímpicos Rio 2016. Foi professor visitante junto ao Gesporte – Grupo de Pesquisa sobre Gestão do Esporte da Universidade de Brasília (UnB). Coordenou os cursos de Publicidade e Propaganda e as pós-graduações em Marketing Esportivo dos Centros Universitários Estácio de Santa Catarina e IESB de Brasília, além de professor do Mestrado em Gestão Estratégica de Organizações. Membro do Gepecom – Grupo de Pesquisa e Estudos em Comunicação e Marketing no Esporte da Escola de Educação Física e Esporte da Universidade de São Paulo, onde realizou seu estágio de pós-doutorado. Líder do Nup – Grupo de Pesquisa em Gestão de Marketing Esportivo. Coordenador do MBA Executivo em Gestão e Marketing Esportivo da Trevisan Escola de Negócios.

Paulo Henrique Azevêdo: é professor titular e pesquisador da Faculdade de Educação Física (FEF) da Universidade de Brasília (UnB), atuando na área de Gestão e Marketing do Esporte. Graduado em Educação Física e em Estudos Sociais, especialista Administração de Recursos Humanos, Treinamento Esportivo e Treinamento da Natação, mestre em Administração e doutor em Ciências da Saúde. Criou e coordena o Gesporte – Laboratório de Pesquisa sobre Gestão do Esporte da Faculdade de Educação Física da Universidade de Brasília. Organizou e coordenou mais de 200 eventos técnico-científicos, esportivos e de lazer em níveis internacional, nacional e regional. Publicou livros e artigos sobre gestão e marketing esportivo no Brasil e exterior. Foi um dos criadores e coordenador geral da Escola Internacional de Futebol da Comunidade dos Países de Língua Portuguesa (EIF-CPLP). Foi vice-presidente na fundação da Associação Brasileira de Gestão do Esporte ABraGEsp. Recebeu o Diploma de Honra da Fédération Internationale D'ÉducationPhysique FIEPS; a Medalha dos 40 Anos da Faculdade de Desporto da Universidade do Porto FADE-UP, Portugal; Medalha da Ordem do Mérito, comenda do Conselho Regional de Educação Física da 7ª Região – CREF7, Distrito Federal; além do Título de Associado Honorário da Associação Brasileira de Gestão do Esporte Abragesp. Foi Conselheiro de Notório Saber Esportivo do Conselho de Educação Física, Esporte e Lazer do Distrito Federal CONEF/DF, do Governo do Distrito Federal. Professor visitante no mestrado em Direção e Gestão Desportiva, da Universidade de Évora, Portugal e orientador de dissertações de mestrado e teses de doutorado na área de gestão e marketing do esporte no Brasil e no exterior. É presidente de honra do Instituto de Desenvolvimento do Esporte – iGesporte, instituição sem fins lucrativos que promove o desenvolvimento do esporte por meio da gestão, do qual foi idealizador e fundador. Possui reconhecimento nacional e internacional na área de gestão e marketing do esporte, tendo capacitado e qualificado dezenas de profissionais que atuam nesse ambiente. É membro imortal da Academia Brasileira de Educação Física ABEF.

Prefácio

O complexo trabalho dos responsáveis pelo patrocínio nas organizações esportivas

ANDREU CAMPS POVILL
Doutor, acadêmico e gestor do esporte

Devo iniciar este Prefácio agradecendo aos autores deste livro e à editora pela gentileza que tiveram comigo ao me oferecer a possibilidade de escrever sobre esta excelente obra que vocês têm em mãos.

Sempre é uma enorme satisfação e uma honra poder prologar uma obra que não é apenas excelente pelo seu conteúdo e rigor acadêmico, mas também quando a lemos, observamos rapidamente que se trata de um daqueles livros que será uma referência nos próximos anos, ou talvez no próximo quinquênio.

Por sorte, por devoção, e também por obrigação profissional, tive a oportunidade de, nestes mais de 40 anos de exercício acadêmico universitário no âmbito da gestão esportiva, bem como no exercício profissional como gestor vinculado ao esporte em todos os níveis — esporte de base; alto rendimento; nacional; internacional —, e tentando estar em dia com as contribuições bibliográficas em nível internacional (na área anglo--saxão, francófona, lusófona e hispânica), percebemos rápida e facilmente quando chega às nossas mãos não apenas mais um livro, mas sim uma obra importante, que será uma referência doutrinária para os anos vindouros e, ao ler o livro que tenho em minhas mãos, e que agora prologo, sabemos perfeitamente que estamos ante uma obra de referência. Uma obra de referência, tanto acadêmica quanto profissional, porque este é, ademais, um dos valores deste livro: poder ser útil tanto aos acadêmicos e estudantes da gestão esportiva, quanto para os profissionais que se dedicam ao dia a dia na gestão esportiva e que requerem de pautas para o desenho estratégico do patrocínio esportivo.

Tive a oportunidade de conhecer o acadêmico-profissional Nicolas Caballero há muitos anos, quando ministrei (na década de 1990) diversos cursos de especialização e aperfeiçoamento em gestão esportiva e metodologia da pesquisa em gestão do esporte para os alunos do mestrado e doutorado na Universidade Federal de Santa Maria, da qual guardo ótimas lembranças de todos os docentes que estavam naqueles anos no Centro de Educação Física e Desportos. A universidade e seus professores me acolheram sempre com carinho e afeto, como também o fizeram nessas mesmas décadas diversas universidades da Argentina, Chile etc. Além de guardar lembranças afetivas desses anos e dos colegas com os quais compartilhei experiências e conhecimentos, me enobrece e me brinda com uma especial satisfação que muitos dos que compartilhei aula hoje são excelentes professores universitários e referências nacionais e mundiais na gestão esportiva, graças ao seu exercício profissional. Obviamente, nunca foi graças a mim, e muito menos a essas aulas que lhes ministrei em um momento de suas vidas, mas sim exclusivamente a seus valores e esforços. Todavia, como acadêmico, nos sentimos orgulhosos e honrados de ter participado de um instante da vida acadêmica e profissional de pessoas que posteriormente se tornaram referências e excelentes profissionais. E se, depois de décadas, resulta que são centenas os que reúnem estas características, a satisfação e a honra são enormes.

Tive a honra e o privilégio de ter sido convidado no ano 2022 pelo Comitê Olímpico Brasileiro para proferir uma palestra no Congresso Olímpico Brasileiro, realizado na cidade Salvador, Bahia, sobre o planejamento estratégico para o esporte de alto rendimento sob a ótica da gestão e das organizações esportivas em meu país, e pude comprovar o altíssimo nível de desenvolvimento estratégico no qual trabalham as entidades esportivas no Brasil, com experiência em planejamento estratégico e seus grandes resultados em todos os âmbitos. Uma demonstração clara deste altíssimo nível e conhecimento é precisamente este livro. Como Secretário Geral da Real Federación Española de Fútbol (RFEF), tenho a oportunidade de supervisionar, ou inclusive liderar, o processo de transformação estratégica daquela que é, sem dúvida, a federação esportiva mais importante da Espanha e uma das mais importantes da Europa, e a gestão estratégica do patrocínio é, e deve ser, um elemento crucial nas mesmas. No ano 2007, tive a oportunidade de publicar, com meus colegas e amigos Alain Ferrand (França) e Luigino Torrigiani (Suíça) o livro "*La gestión del sponsoring deportivo*", editado em inglês, francês, italiano e espanhol, e que pode ser considerado uma introdução ao novo modelo de patrocínio esportivo baseado no marketing relacional, com uma análise estratégica. Devo afirmar, no entanto, que a referida publicação é apenas uma primeira introdução ao planejamento estratégico do patrocínio, tendo em vista que não contém nem a profundidade, nem a clareza, nem as contribuições práticas que possui o livro dos professores Nicolas Caballero e Paulo Henrique Azevêdo.

Afirmei, no início deste prólogo, que este livro será uma referência nacional e mundial no planejamento estratégico do marketing esportivo, e especialmente do patrocínio, por duas razões essenciais: a primeira, pela qualidade do conteúdo proposto pelos autores; e a segunda, porque não existe no contexto nacional e internacional, outra obra desta riqueza e completude.

A adequada aproximação ao patrocínio esportivo deve ocorrer a partir da análise detalhada das diversas formas de investimento que existe no mesmo e, se isto for explicado com exemplos claros, a compreensão é excelente.

Ainda que todo o livro seja excelente, me permito ressaltar o ineditismo e a utilidade, para os gestores das organizações esportivas, do quarto capítulo, dedicado ao processo de patrocínio esportivo. A sequência do processo é louvável.

Nós que estamos no dia a dia de grandes organizações esportivas, sabemos que o departamento de patrocínio e marketing é um dos que mais sofre na organização, seu trabalho é completo: sendo uma combinação de estratégia, persuasão, relações públicas e feitos.

Quando se tem a vivência, dentro da gestão de uma grande organização esportiva como a que tenho graças à oportunidade que me deu o atual Presidente da RFEF, acredito que é justo e merecido tirar o chapéu para todos os profissionais que trabalham nos departamentos de marketing e patrocínio das organizações esportivas. Portanto, posso assegurar que este trabalho é um dos mais complexos dentro das organizações esportivas e, se forem excelentes profissionais como são Nicolas Caballero e Paulo Henrique, e grandes acadêmicos, então os parabéns e o agradecimento ao seu trabalho já é maiúsculo.

Sumário

1. Apresentação

Cada vez mais, torna-se necessário que as empresas procurem alternativas criativas para posicionar suas imagens, marcas, produtos e/ou serviços de forma diferenciada na mente do consumidor, dissipando a concorrência, gerando relacionamentos, negócios e conversão de vendas.

A comunicação mercadológica assume proporções antes jamais vistas. Inovações tecnológicas, novos veículos, dinâmicas de mídia, formatos e plataformas (*online*, *streaming*, digital, veículos exclusivos, *no midia*, entre outros), somados a conteúdos e meios tradicionais e já consolidados (TV, rádio, jornal, revista etc.), vão em busca de um diálogo e atenção mais efetiva do público-alvo.

A escolha, por parte do consumidor, de produtos e/ou serviços, deve-se a fatores que vão muito além do que simplesmente preço e/ou qualidade. Os clientes desejam vivenciar e interagir constantemente com as marcas, incorporando ao seu estilo de vida, estabelecendo consistentes e verdadeiras conexões. O patrocínio, ou *sponsorship*, apresenta-se como uma estratégia capaz de atrair o receptor a partir de uma mensagem diferenciada, com associação a valores únicos, despertando sentimento de benignidade junto aos mais variados públicos-alvo.

No entanto, poucas estratégias de patrocínio alcançarão um sucesso tão significativo quanto aquela associada a um dos principais fenômenos do século XXI, isto é, o esporte. Por tratar-se de um acontecimento social, além de estar inserido em uma das indústrias que mais crescem no mundo (entretenimento), desperta o interesse de grande parte da população, ocupando espaço em seu cotidiano e estilo de vida.

São os valores contidos no esporte que grande parte das empresas almejam incorporar às suas imagens, produtos e/ou serviços. Com poderosos insumos como emoção, superação, sentimento, paixão, lealdade, entre outros, o esporte, quando bem utilizado, transforma-se em um eficiente canal para atingir o coração dos consumidores, além de alternativa às tradicionais estratégias comunicacionais (publicidade, promoção de vendas, *merchandising*, venda pessoal, entre outras), em grande parte das vezes vistas como invasivas e com único objetivo de influência de compra. Soma-se a isto, o interesse histórico e cada vez maior dos mais variados meios de comunicação (*online* e/ou *offline*) por eventos e/ou competições, sejam de participação, sejam de *performance*. Por este motivo, é no esporte, entre todos os tipos de patrocínio, que recaem a maior parte dos investimentos, tanto no Brasil, quanto nas economias mais desenvolvidas do mundo.

Já no que tange às entidades esportivas, isto é, comitês, confederações, federações, ligas, clubes, equipes, agremiações, eventos, atletas, por exemplo, estas devem buscar linhas de receitas para atingir seus objetivos. Os recursos podem ingressar das mais variadas fontes, como venda de direitos de transmissão, negociação de atletas, bilheteria (*match day*), planos de sócio torcedor, premiações etc. No entanto, estas, em grande parte das vezes, podem caracterizar-se como pontuais ou variando principalmente com a situação em que se encontra a entidade e/ou seus protagonistas naquele determinado período. O patrocínio, dependendo do caso, apresenta-se como uma forma de garantir um orçamento a médio e a longo prazo, propiciando um planejamento e a continuidade dos trabalhos por um determinado período de tempo.

Devido a sua natureza intangível, experimental e imprevisível, o esporte como produto pode apresentar uma série de variáveis incontroláveis (resultados de jogos, comportamento dos atletas, torcedores e dirigentes, por exemplo), impactando diretamente no resultado do processo de patrocínio.

Para que um patrocínio esportivo obtenha o sucesso desejado e contemple as expectativas dos *players* da indústria esportiva (empresas patrocinadoras, entidades esportivas, protagonistas esportivos, consumidores, veículos de comunicação, demais parceiros etc.), configurando-se, assim, em um caso de sucesso, torna-se imprescindível a adoção de uma gestão eficiente e estratégica.

No entanto, o que ainda se observa atualmente no mercado brasileiro, salvo exceções, é o oposto, com boa parte dos patrocínios esportivos não alcançando seus objetivos ou tendo uma vida extremamente curta, consequência do amadorismo com que muitos dos processos são tratados pelas entidades esportivas e/ou pelo pouco conhecimento e/ou envolvimento com que as empresas patrocinadoras exploram seus aportes. Este cenário desencadeia um investimento muito aquém se consideradas todas as potencialidades que a indústria esportiva apresenta.

Este livro surge com o propósito de subsidiar a análise e auxiliar na tomada de decisão e desenvolvimento de estratégias por parte das empresas que buscam o esporte para geração de negócios, bem como para uma adequação dos ativos das entidades esportivas, propiciando uma máxima eficiência no processo.

Revisando aspectos históricos e conceituais, discutindo modelos e estratégias, além de apresentar fatores de sucesso e insucesso na área, vislumbra-se contribuir para concretização de parcerias cada vez mais duradouras e lucrativas, intensificando e solidificando as relações de patrocínios na indústria esportiva como um todo.

É visível o crescimento substancial das verbas que recaem atualmente sobre o patrocínio esportivo. Saber administrar de forma estratégica é um pré-requisito fundamental para o sucesso dos agentes envolvidos.

1.1. Patrocínio como estratégia

A estratégia patrocínio encontra-se entre as ações promocionais que mais cresceram no século XXI.

Devido às novas expectativas e exigências dos consumidores, bem como a procura por uma diferenciação na comunicação por parte das empresas, o patrocínio já rivaliza, pela verba promocional dos clientes, com estratégias tradicionais como publicidade, promoção de vendas, marketing direto, *merchandising*, entre outras.

1.2. Conceito de patrocínio

Ao longo dos anos, surgiram inúmeras definições a respeito de patrocínio. No entanto, assim como a maioria dos termos da área mercadológica (marketing, posicionamento, propaganda, entre outros), não existe, até o momento, um conceito consagrado para esta estratégia.

As primeiras definições de patrocínio datam o início da década de 1970. Segundo Waite (1979), o Conselho de Esportes do Reino Unido, em 1971, elaborou um dos primeiros conceitos sobre o tema afirmando ser patrocínio um presente ou pagamento em troca de alguma vantagem com o objetivo de propiciar publicidade. De acordo com Meenaghan (1983), em 1974, a *Royal Philarmonic Orchestra* definiu patrocínio como sendo a doação ou empréstimo de recursos (produtos, recursos humanos, financeiros etc.), por parte de empresas ou indivíduos, para outras empresas ou indivíduos, com o objetivo de produzir bens e serviços, contribuindo, assim, com a qualidade de vida.

Nestas duas primeiras definições, apresentam-se temas que não necessariamente compõem a atual indústria de patrocínio, principalmente no que tange às doações, prática associada ao mecenato (destinar recursos sem almejar resultados específicos), bem como a não obrigatoriedade do investimento ocorrer única e exclusivamente em termos monetários, mas sim, em fornecimento e/ou troca de produtos e/ou serviços.

Os termos moeda, objetivos e retorno no patrocínio são observados nos três próximos conceitos. Meenaghan (1983) afirma ser uma prestação de assistência financeira ou em espécie a uma atividade de uma organização com a finalidade de alcançar objetivos comerciais. Essa definição é reforçada por Woisetschläger et al. (2017) que afirmam ser uma taxa em dinheiro ou em espécie paga a uma propriedade (normalmente em esportes, artes, entretenimento ou causas) em troca de acesso ao potencial comercial explorável dessa propriedade. Por fim, Waite (1979) menciona ser uma atividade na qual uma organização comercial oferece recursos para uma atividade de lazer, com o propósito de obter algum benefício comercial. Esses conceitos, apesar de simplistas, concernem o objetivo básico da estratégia patrocínio, isto é, direcionar recursos financeiros em prol de objetivos e vantagens específicas.

Outra definição baseada nos objetivos visados pelos investidores na estratégia patrocínio foi elaborada por Pope (1998) que afirma ser o destino de recursos (dinheiro, pessoas, equipamentos) por uma organização diretamente a um indivíduo, autoridade ou corporação, permitindo a este realizar determinada atividade em troca de benefícios (corporativos, marketing, mídia etc.). Esse conceito pressupõe um retorno, assim como qualquer outra ferramenta de comunicação.

Carroggio (1996) afirma que essa estratégia trata de uma relação jurídica entre as partes (patrocinador e patrocinado), na qual o investidor colabora de forma tangível na organização ou operacionalização de um determinado evento, obtendo em troca facilidades para uma promoção junto a públicos determinados. Tal definição, ao mesmo tempo em que se aproxima da elaborada por Waite (1979), menciona o fato de o processo constituir-se em um acordo legal, procurando uma segmentação de mercado, sendo reforçado por Sahnoun (1986), citado por Ferrand, Camps e Torrigiani (2007), que afirma ser *sponsoring* uma estratégia comunicacional que permite relacionar diretamente uma marca ou uma empresa com um evento atrativo a um determinado público. Já Lin e Bruning (2021) afirmam que o patrocínio captura uma relação de troca intencional entre uma entidade patrocinadora e uma entidade patrocinada separada em apoio a uma atividade tangível, evento ou diálogo, engajado pela entidade patrocinada. Nesse conceito, percebe-se a relevância e importância da escolha da entidade patrocinada, pois de acordo com Cornwell (2019) e Kim (2015), a congruência pode ajudar a tornar os patrocínios mais autênticos e envolventes.

O termo posicionamento na mente do consumidor por parte da empresa investidora é mencionado no conceito elaborado por Piquet (1985), citado por Ferrand, Camps e Torrigiani (2007). Já para Molina (2007), o patrocínio permite resolver o problema das empresas no momento de colocar na vitrine seus produtos frente a um receptor saturado de promoções e comunicações massivas. Nesse conceito, percebe-se outra vantagem competitiva do patrocínio, isto é, sua originalidade e diferenciação, fugindo dos tradicionais meios de promoção como a publicidade, propaganda, promoção de vendas, entre outros.

As vantagens da estratégia patrocínio ficam ainda mais evidenciadas nas definições de Cornwell e Kwon (2020) e Gwinner (1997), que afirmam que o patrocínio é uma atividade de promoção de marketing que pode influenciar o valor da marca por meio de diferentes esportes, causas, artes ou outros contextos.

O reconhecimento das potencialidades, além da inserção no marketing do investidor, é um dos estágios mais avançados do patrocínio. No entanto, segundo Morgan e Summers (2008), a maioria dos livros didáticos sobre marketing ainda não incluiu explicitamente o patrocínio como parte do *kit* de ferramentas de marketing, apesar de o patrocínio ser uma das estratégias de marketing mais utilizadas (Lamont et al., 2011). Exceção feita a Ferrand, Camps e Torrigiani (2007), os quais contemplam grande parte dos aspectos citados nas definições até o momento (vantagens, objetivos, associação), afirmando que o patrocínio é uma estratégia de comunicação integrada no marketing que visa objetivos comerciais e/ou institucionais, explorando a associação direta entre uma organização, uma marca ou um produto com outra organização, um evento ou uma personalidade e que implica uma transação comercial entre os diferentes agentes participantes.

Collett e Fenton (2014, p.2) apresentam a definição da Câmara de Comércio Internacional (ICC) a qual afirma ser o patrocínio:

> Qualquer acordo comercial por meio do qual um patrocinador, para benefício mútuo do patrocinador e da parte patrocinada, fornece contratualmente financiamento ou outro meio de apoio a fim de estabelecer uma associação entre a imagem do patrocinador, suas marcas ou produtos e uma propriedade de patrocínio em troca de direitos de promover tal associação e/ou conceder certos benefícios diretos ou indiretos previamente acordados.

Nesse conceito, observa-se a importância do patrocínio como um processo de parceria (benéfico para as partes), bem como a necessidade de promoção do processo (ativação). Os mesmos autores definem a estratégia como um elemento experiencial, onde consumidores tenham um envolvimento real com as marcas (benefícios autênticos para os clientes). Nesse conceito, o termo experiência assume uma importância significativa.

Atualmente, o investimento em patrocínio deve levar em conta, além de seus pressupostos históricos, uma inserção definitiva no plano mercadológico e comunicacional das empresas, com definição de objetivos específicos (não desperdício de recursos), retornos para ambas as partes (parceria) e exploração das inúmeras plataformas existentes no mercado.

Desta forma, conceitua-se patrocínio como:

Estratégia promocional e de comunicação mercadológica, onde um investidor busca parceria junto a um detentor de propriedades como plataforma para geração de valor, imagem, promoção, relacionamento, conteúdo, experiência, engajamento, conexão e/ou negócios.

Apesar de ter se desenvolvido mais intensamente nos últimos anos, o patrocínio já faz parte da história da sociedade moderna.

1.3. História do patrocínio

Para realizar um resgate histórico a respeito do patrocínio, com o propósito de averiguar o grau de desenvolvimento em que ele se encontra atualmente, é preciso diferenciá-lo de outras formas comuns de investimentos, como doação, filantropia e mecenato. Muitas vezes, o próprio patrocínio acaba sendo confundido ou até mesmo usado como sinônimo destas ações. No entanto, as diferenças são nítidas, ainda mais se levado em conta o nível de investimento e profissionalização em que esta estratégia se encontra nos dias de hoje.

De acordo com Costa (2004), doação diz respeito a uma transferência financeira de bens ou serviços, de forma gratuita e definitiva, a uma pessoa física ou jurídica sem fins lucrativos, sendo proibido o uso de ações promocionais para esta ação. Por outro lado, a filantropia caracteriza-se como uma doação de fundos, tempo ou equipamentos, com o propósito de sucesso do receptor dos recursos. Tendo em vista que o patrocínio possui objetivos bem definidos, e dele espera-se inúmeros retornos (institucional, promocional, vendas etc.) a partir da divulgação e promoção do mesmo, as diferenças entre ambos se tornam visíveis.

Já com relação ao mecenato, Cardia (2004) conceitua como sendo uma forma pela qual uma pessoa física ou jurídica favorece atividades artísticas, filantrópicas ou esportivas, sem um objetivo comunicacional e/ou mercadológico. Na verdade, o mecenato constitui-se no estágio inicial da estratégia patrocínio. Resgatar seu surgimento e trajetória, é entender o nascimento do *sponsorship.*

Costa (2004) divide o surgimento e evolução do mecenato em três períodos: de 30 a.C. a 10 d.C.; Europa Renascentista; e início do século XX. No entanto, segundo Reis (2006), além destas três fases, o mecenato ainda apresentou um desenvolvimento no período denominado Iluminismo.

Na Grécia Antiga, a arte, assim como o esporte, era considerada uma das mais elevadas expressões humanas. Para homenagear os "deuses do Olimpo", esculturas e pinturas foram produzidas em um ritmo intenso. Com a conquista militar da Grécia por Roma, o interesse dos romanos por essas manifestações tornou-se inerente. No período entre 30 a.C. e 10 d.C., Caio Cílnio Mecenas (em latim: *Gaius Cilnius Maecenas*), amigo e ministro do imperador Caio Augusto, substituía a autoridade máxima quando ela estava ausente. Por possuir, durante seus períodos de comando, plena autonomia na alocação dos recursos e grande interesse pelas artes, Mecenas foi um grande articulador das ligações entre o Estado romano e o mundo das artes e do entretenimento (artistas, escritores, pintores). Na verdade, o objetivo era uma transferência do prestígio e popularidade destes personagens para uma maior aceitação do Estado. Nasce, assim, a expressão mecenato (Reis, 2006).

Para Mattar (2007) e Reis (2006), o segundo período do mecenato marca o final da Idade Média e o início da Era Moderna. Com o Renascimento, entre os séculos XIV e XVI, surge na Europa, principalmente na Itália, um amplo movimento pela revalorização das artes. Famílias aristocráticas, altos membros do clero, além de reis e burgueses, passam a incentivar produções artísticas grandiosas como meio de institucionalizar seu *status* frente à sociedade. Entre os mecenas neste período, a Igreja Católica teve um papel preponderante.

O Iluminismo marcou a terceira fase da evolução do mecenato. Na época, a Igreja não possuía mais o monopólio das artes e teve que compartilhá-lo com a burguesia e a classe média. Estas últimas, na verdade, tornaram-se as novas grandes incentivadoras da produção artística. Nessa fase, o mecenato é reconhecido, pela primeira vez, por possuir uma função socioeconômica. Esse contexto levou muitos Estados a assumirem maior participação no mecenato artístico (Reis, 2006).

O quarto e último estágio do mecenato ocorreu na virada do século XX. Com o enriquecimento de algumas famílias, acumulando grandes fortunas, principalmente nos Estados Unidos, consequência do desenvolvimento do petróleo, da indústria pesada, do ferro e do aço, o mecenato acentuou-se de forma significativa. Os novos milionários, com a necessidade de uma inserção social, procuraram, no investimento às artes, o reconhecimento que não tinham conquistado até o momento (Mattar, 2007). Entre os mecenas mais famosos, pode-se destacar Henry Frick, Andrew Carnegie (Carnegie Hall e Fundação Carnegie) e David Rockefeller (Fundação Rockefeller). Esta época se torna ainda mais atraente para os mecenas doadores na área das artes, devido ao surgimento de incentivos fiscais por parte do governo da época. Segundo Reis (2006), o que era filantropia individual passou no campo empresarial a assumir o caráter de responsabilidade social.

No entanto, mesmo com a evolução do mecenato, passando, em alguns casos, a fazer parte da política da empresa por meio da responsabilidade social, as diferenças entre mecenato e patrocínio permaneceram ao longo da história. No Quadro 1, observa-se as diferenças.

Quadro 1: Diferenças entre patrocínio e mecenato

Tipo de atividade	Patrocínio	Mecenato
Motivação	Comercial	Social ou pessoal
Objetivos	Notoriedade, imagem de marca, endomarketing, relacionamento com a sociedade etc.	Participação social e satisfação pessoal do mecenas
Contrapartida	Comercial (investimento na marca/empresa)	Social (investimento na sociedade)
Exploração na comunicação	Sim	Não
Continuidade	Fundamental	Desejável
Inter-relações	Com as demais ferramentas de comunicação da empresa	Com o programa de responsabilidade social da empresa

Fonte: Adaptado de Reis (2006, p. 14).

O processo de transformação parcial do mecenato em patrocínio, visto a existência ainda da figura do mecenas tal qual sua origem, dá-se a partir dos anos 1970.

Segundo Costa (2004), esta estratégia experimentou um crescimento proporcional ao aumento no faturamento das organizações da época. De igual forma, o apoio a determinados eventos e/ou ações começam a diferir dos realizados até então, visando os mais variados retornos, além de incluí-lo no orçamento e nas estratégias integradas do composto comunicacional.

Com a padronização e saturação da comunicação no decorrer dos anos, as empresas procuraram estratégias de promoção diferenciadas. Nesse contexto, o patrocínio apresentou um crescimento significativo.

O patrocínio, como ação promocional, possui características únicas, se comparado a outras estratégias promocionais (publicidade, promoção de vendas, *merchandising* etc.), o que o faz uma das estratégias mais requisitadas pelas empresas atualmente.

1.4. Patrocínio e o interesse do receptor

O interesse das empresas em patrocínio acompanha as atuais tendências do mercado.

Observa-se que o setor de serviços assumiu uma importância significativa na economia global, correspondendo, em grande parte dos casos, ao maior volume do Produto Nacional Bruto (PNB) dos países emergentes e desenvolvidos. Nos Estados Unidos, por exemplo, segundo o Instituto para Gestão da Oferta (ISM), o setor de serviços corresponde a mais de dois terços da economia do país. Entre as principais indústrias que compõem essa ordem econômica (serviços), encontra-se o entretenimento (*entertainment*).

Termo originário do latim (*intertenere*), o entretenimento é hoje, sem sombra de dúvida, uma das principais indústrias em nível mundial. Esse potencial, deve-se, principalmente, aos setores que a compõem: entretenimento filmado; redes televisivas; teledifusão e cabo; distribuição de TV; música gravada; música, rádio e podcasts; propaganda em rádio e locais públicos; propaganda na *internet* e gastos com acesso; videogames e *esports*; informação empresarial; publicação de revistas; publicação de jornais; publicações de livros; parques temáticos e parques de diversão; cassino e outras formas de jogo de regulamento, são alguns deles.

O gráfico abaixo apresenta a evolução e a tendência de receita mundial do entretenimento e mídia em nível mundial em trilhões de dólares (projeções apresentadas antes da pandemia da Covid-19).

Gráfico 1. Evolução e a tendência de receita mundial do entretenimento e mídia

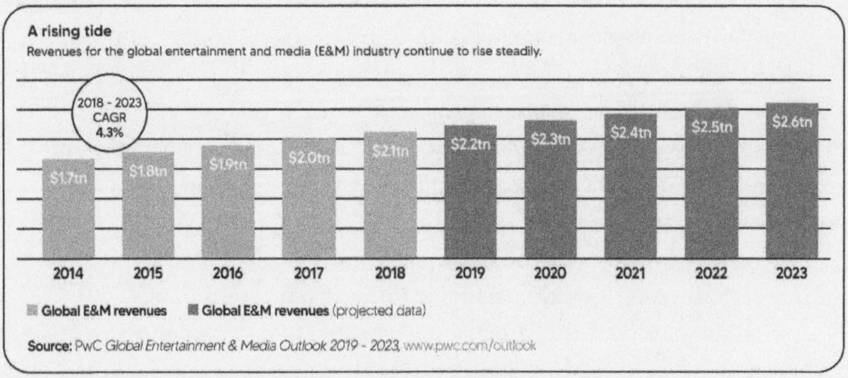

Fonte: PwC Global Entertainment & Media Outlook 2019-2023.

Especificamente com relação à indústria do entretenimento, este crescimento pode se dever à realidade que permeia o segmento.

De acordo com Marin (2009), é notória a necessidade da sociedade de consumo pelo entretenimento, sendo este um artigo de alto valor, por atender à necessidade humana de prazer, divertimento e ao consumo da experiência propriamente dita. Nesse caso, além do interesse na audiência (assistência), os consumidores são e/ou se imaginam ser participantes reais do processo, vivenciando experiências únicas. Na verdade, pode-se afirmar que o produto entretenimento é um estímulo composto, basicamente, por atributos experienciais. De acordo com Savastano (2008), atributos experienciais são aqueles que promovem benefícios de sensações prazerosas ou de bem-estar durante o processo de consumo, proporcionando emoções (criar sensações não significa entreter os indivíduos, mas, sim, envolvê-los).

Isto reflete, diretamente, na relação dos indivíduos com as marcas presentes durante o processo. De acordo com Hancock (2003) citado por Morgan e Summers (2008), os consumidores precisam viver as marcas e, para isto, nada melhor que um ambiente de consumo emotivo e holístico.

Autores como Collet e Fenton (2014) mencionam uma atual "economia de experiência". E estar presente nessas ocasiões de envolvimento emocional pode significar agregar valor às marcas institucionais (criação de vínculos). A sinergia (patrocínio e entretenimento), pode ser o grande despertar, interesse e engajamento do receptor atual.

O patrocínio em eventos e/ou ações de entretenimento possibilita às empresas a inserção de suas marcas em momentos de lazer, com uma propensão maior a receber todo tipo de mensagem (AZEVÊDO, 2021). Soma-se a isto ainda, o fato do *sponsorship* possuir características únicas, se comparado a outras estratégias promocionais (enquanto a propaganda muitas vezes pode ser invasiva e desconectada do universo do *target*, o patrocínio pode tornar-se parte da vida das pessoas).

Por tudo isso, salvo exceções, é na indústria do entretenimento que recaem, atualmente, grande parte dos investimentos em patrocínio.

Apesar da maioria dos autores desconsiderar ou não mencionar o esporte como um produto da indústria do entretenimento (os segmentos mais citados na literatura são cultura, *showbiz* e *broadcasting*), os eventos esportivos, independentemente de seu tamanho, estão entre as experiências que propiciam um maior envolvimento emocional, seja aos praticantes, seja aos espectadores como um todo. Isso se deve, entre outros fatores, às próprias características do esporte como produto, em que aspectos como paixão, emoção, expectativa, superação etc., que são pressupostos do entretenimento, estão presente em praticamente toda a ação. Dessa forma, o esporte pode e deve ser considerado com um produto que compõe a indústria do entretenimento.

O esporte, historicamente, vem tornando-se passível de investimentos por parte das mais variadas organizações. Atualmente, assumir o papel de patrocinador do esporte é ter a certeza de iniciar um processo de associação a valores e experiências únicas.

2. Patrocínio Esportivo

Ao longo dos anos, o patrocínio esportivo vem sendo objeto de inúmeros estudos e análises. No campo conceitual, observa-se uma evolução à medida que este foi firmando-se como uma estratégia promocional dentro do plano de Comunicação Integrada de Marketing (CIM) das empresas. Já no que concerne às características e tipos, o interesse pelas mais variadas organizações propicia inúmeras possibilidades de investimentos e retornos.

2.1. Conceito de patrocínio esportivo

Assim como no patrocínio de uma forma geral, o conceito de patrocínio esportivo também foi sendo discutido e aprofundado no decorrer dos anos. Novos modelos, profissionalização, novas estratégias e entregas, além de resultados desejados e alcançados, são as causas desta evolução.

Segundo Mullin, Hardy e Sutton (2004), o patrocínio inclui uma variedade de ações associadas a um processo de comunicação planejado para utilizar o marketing do esporte e do estilo de vida para atingir um público-alvo. Nesse conceito, observa-se a preocupação com o planejamento da ação de patrocínio, levando em conta a vantagem competitiva do esporte para uma maior identificação por parte do receptor.

De acordo com Molina (2009), o patrocínio esportivo consiste em uma associação especial estabelecida entre uma marca/empresa e uma entidade esportiva com o objetivo de obter novas fontes de renda e/ou ampliar a transferência de imagem. Nessa definição, percebe-se a transferência dos valores do esporte para a empresa, bem como a importância da obtenção de recursos para o patrocinado.

Apesar do investimento em patrocínio esportivo não ser diretamente proporcional ao aumento das vendas de uma empresa, visto tratar-se de uma estratégia promocional[1], o objetivo final de todo e qualquer tipo de investimento por parte de uma empresa é a concretização da venda.

De acordo com Maldonado-Erazo et al. (2019), Hermanns (1989) propõe uma das definições que é mais levada em consideração nas pesquisas sobre o tema. Para este autor, patrocínio esportivo é uma lucrativa transação bidirecional entre o patrocinador e as partes patrocinadas, na qual as condições contratuais entre os dois estão bem definidas.

Schaaf (1996) afirma que patrocínio esportivo é o mecanismo de promoção pelo qual os esportes penetram nos mercados de consumo de forma a criar publicidade e lucro para compradores corporativos e participantes. Esse conceito evidencia outro objetivo delegado ao patrocínio esportivo nos últimos anos, isto é, a capacidade e/ou possibilidade de gerar negócios entre o patrocinador e seus parceiros comerciais (*business-to-business* ou B2B).

Em outra definição, Molina (2009) afirma que a indústria esportiva aponta os acordos de patrocínio como um efeito de união de capacidades e atitudes, com um forte ingrediente de decisão e ação comum, com o propósito de satisfazer às necessidades dos consumidores. De igual forma, Howel (1983), citado por Ferrand, Camps e Torrigiani (2007), define patrocínio esportivo como o investimento por parte de uma pessoa ou empresa a um evento, ação, organização ou atleta, para o benefício mútuo de ambas as partes. Nessa definição apresenta-se, talvez, o fator mais importante para o sucesso de um processo de patrocínio, isto é, o retorno para patrocinador e patrocinado. Essa parceria em prol dos resultados é citada também em outra definição de Molina (2009), cujo patrocínio é um acordo entre duas

---

[1] Para que se concretize o sistema de trocas (vendas), é necessário que todas as variáveis do *marketing-mix* (produto, preço, praça e promoção) estejam em conformidade com as necessidades do consumidor, e não apenas uma estratégia promocional isolada.

ou mais empresas e instituições com vistas a gerar conteúdo, agregando valor, satisfazendo necessidades e compartilhando benefícios mútuos.

No entanto, para que os objetivos possam ser alcançados, é necessário trabalhar juntos dentro de uma postura profissional, estabelecendo metas específicas e estratégias a serem desenvolvidas. Esses cuidados são abordados na definição de patrocínio de Head (1981) que cita o patrocínio como um acordo comercial de benefício mútuo entre o patrocinador e o patrocinado para atingir os objetivos definidos entre ambos. Abratt e Grobler (1989), citado por Maldonado-Erazo et al. (2019), corroboram com a ideia definindo patrocínio esportivo como um acordo entre o patrocinador (empresa) e o patrocinado (evento ou entidade esportiva) para atingir objetivos explicitamente definidos com resultados mutuamente benéficos. Isso implica planejamento, acompanhamento, controle e mensuração dos resultados a partir das metas previamente estabelecidas.

Para o alcance destes objetivos, segundo Cornwell e Maignan (1998), o patrocínio não pode ser entendido apenas como a parceria estabelecida entre o patrocinador e o patrocinado, mas outros critérios devem ser incluídos para estabelecer como os patrocinadores estão aproveitando o investimento realizado.

Para Cardia (2014), o patrocínio esportivo é um investimento realizado junto a um evento, atleta, grupo de atletas, ou entidade esportiva com o objetivo de atingir públicos e mercados-alvo, recebendo, em contrapartida, uma série de vantagens encabeçadas por lembrança de marca, incremento de vendas, promoção, melhor imagem e simpatia do público. Nessa definição, percebe-se a possibilidade de segmentação do esporte (sexo, idade, classe social), além de seus mais diferentes tipos de retorno (institucional, promocional e de vendas). Esse conceito aproxima-se muito de Barreda e Moliner (2004) que afirmam ser uma ferramenta de comunicação em que existe a disponibilização de recursos por uma ou mais organizações a uma ou mais entidades, permitindo que o(s) patrocinado(s) acompanhe(m) qualquer atividade em troca de direitos definidos nos termos da estratégia de comunicação de marketing do patrocinador, podendo ser expressos em termos corporativos, de marketing, de vendas e/ou objetivos de comunicação, e medidos em termos de conexão entre os objetivos, alcançando um resultado desejado em termos de investimento monetário e não monetário.

Assim como o patrocínio propriamente dito, o esportivo deve levar em conta sua inserção definitiva no plano de comunicação mercadológica das empresas, além de objetivos claros e mensuráveis (não desperdício de recursos), retorno às entidades esportivas, equipes e/ou atletas e demais *players* do processo (parceria). Nesse aspecto, Gardner e Shuman (1988) afirmam tratar-se de um investimento que suporta os objetivos corporativos e de marketing, iniciando-se assim pela diferenciação entre patrocínio e marketing, mencionando que o primeiro pode contribuir para a obtenção do segundo.

Outo aspecto a ser considerado cada vez mais é a exploração das novas plataformas digitais existentes no mercado. Segundo Molina (2014), o esporte pode e deve se valer das novas tecnologias e redes sociais para criar uma base de aficionados (conectividade).

Assim, conceitua-se patrocínio esportivo como:

Estratégia promocional e de comunicação mercadológica, em que o investidor busca parceria junto a um detentor de propriedades, seja ele uma entidade esportiva, equipe, atleta e/ou evento, como plataforma para reconhecimento de marca, geração de valor, conexão, conteúdo, promoção, experiência, relacionamento, engajamento, negócios e/ou conversão de vendas.

Muitos foram os anos de investimento, promoções e negociações junto aos *players* da indústria para a maturidade, importância e montante financeiro do patrocínio esportivo atualmente.

2.2. História do patrocínio esportivo

Apesar do investimento em patrocínio esportivo ter se intensificado nos últimos 40 anos, o apoio a entidades, equipes, atletas, competições e eventos, faz parte da história da humanidade.

Na verdade, a relação patrocinador/patrocinado pode ser remetida a algumas civilizações da antiguidade. Segundo Ukman (1984), uma teoria da origem do investimento no esporte data a Grécia e Roma antigas, quando os cidadãos abastados apoiavam os festivais de atletismo, ao mesmo tempo que os aristocratas patrocinavam gladiadores no Coliseu de Roma, tendo como objetivo a aceitação e a simpatia da população como um todo. Especificamente em Roma, era uma prática comum os imperadores valerem-se do esporte como forma de promoção pessoal e da situação política. Segundo Desbordes e Tribou (2007), o imperador César usou a publicidade e ganhou votos com a luta de gladiadores em 65 A.C.

Já na Grécia Antiga, inúmeros patrocínios foram desenvolvidos. Qualquer indivíduo podia patrocinar o atleta que desejasse. As iniciativas privada e pública financiavam os festivais esportivos (Freire; De Almeida, 2006).

Nos primeiros Jogos Olímpicos da Era Moderna em Atenas, em 1896, surgem os primeiros apoios à prática esportiva por meio do fornecimento de material de divulgação, catálogos, assistência médica, entre outros. No entanto, esse processo se caracterizou muito mais como uma prática de mecenato (doação) junto à organização dos jogos do que a procura por resultados institucionais e/ou comerciais. De igual forma, pelo fato do esporte não possuir, na época, a penetração social que possui hoje, eram raras as empresas que tinham interesse em investir em alguma prática ou competição esportiva. Por outro lado, as próprias características das competições da época inibiam qualquer tipo de investimento mais formal. Smit (2007) lembra que os Jogos Olímpicos eram única e exclusivamente para atletas amadores, sendo que estes não podiam receber qualquer premiação em dinheiro por suas conquistas. Ao mesmo tempo, os fabricantes de equipamentos não deveriam explorar o potencial comercial de seus clientes (eles eram forçados a esconder a identidade dos atletas nas propagandas, borrando seus rostos ou colocando uma faixa preta sobre os olhos).

Apesar do aparecimento de alguns casos (até de sucesso) pontuais de investimento no esporte, esta realidade transcorreu até a metade do século XX, barrando, assim, a entrada de investidores e o desenvolvimento das modalidades esportivas como um todo.

Nessa época, as próprias organizações esportivas (atletas, equipes, comitês etc.), não detinham o conhecimento (*know how*) para prospectar possíveis investidores e, muito menos, sabiam o que oferecer em troca do investimento.

O patrocínio como é conhecido hoje, isto é, com fins institucionais, promocionais e, até mesmo, comerciais, se acentuou a partir do fim dos anos 1960. Nesse período, as ações de patrocínio esportivo expandiram-se e passaram a permear as atividades de comunicação das empresas com maior frequência.

Pode-se afirmar que o crescimento do patrocínio esportivo coincide com o banimento, por parte de governos de países da Europa, dos Estados Unidos e da Austrália, no final da década de 1960, da propaganda de cigarros e bebidas alcoólicas nos tradicionais meios de comunicação (rádio e televisão). Nessa época, os fabricantes foram forçados a procurar outros canais alternativos para promover seus produtos que não fossem os canais de propaganda direta, transformando-se assim, por muitos anos, nos principais patrocinadores esportivos em nível mundial.

Deve-se ressaltar ainda que, nesse período, ocorre o surgimento de outras formas de comunicação, não baseadas exclusivamente na propaganda. Essas "novas" estratégias comunicacionais e/ou promocionais tinham como objetivo construir uma imagem de empresas como boas cidadãs corporativas, associando-as aos valores supostamente íntegros e prestigiosos.

Para Rodriguez (2009), o aumento considerável, durante a década de 1970, dos custos de veiculação nos meios de comunicação tradicionais e o interesse destes pelo esporte também se constituíram nas causas do crescimento desta estratégia.

De acordo com Smit (2007), o fato do marketing empresarial ter tornado-se cada vez mais global, isto é, as empresas desejarem que suas marcas conquistassem uma reputação internacional, foi outro fator que incidiu diretamente no desenvolvimento do patrocínio esportivo. Com a expansão dos mercados, as empresas multinacionais descobriram a dificuldade de comunicar-se com seus mais variados públicos-alvo (diferentes culturas, idiomas etc.). Os programas de patrocínio esportivo ofereciam uma forma única de superar essas barreiras.

No entanto, durante os anos 1970, o marketing valendo-se do esporte serviu, também, aos interesses pessoais dos altos executivos das empresas, sendo visto, em muitos casos, como gestos de caridade. Da mesma forma, o patrocínio esportivo sempre enfrentou barreiras de entrada para transformar-se em uma estratégia promocional para as empresas, além de uma fonte lucrativa para as organizações esportivas. O que chama a atenção, nesse caso, é que, muitas vezes, quem impedia qualquer tipo de patrocínio eram os próprios responsáveis pelas entidades esportivas (clubes de futebol e a própria Federação Internacional de Futebol — FIFA).

No Brasil, até o final da década de 1980, o próprio Conselho Nacional de Desportos (CND), órgão do governo que regulamentava o esporte, proibia qualquer tipo de publicidade nos uniformes das equipes. Ao mesmo tempo, a opinião pública da época era contrária a uma exposição comercial. O jornalista Roberto Assaf, em entrevista à revista *Meio & Mensagem*, publicada em 5 de julho de 2004, apresentou uma pesquisa desenvolvida pelo instituto Vox Populi e publicada pela revista *Placar* em maio de 1977. Nela, constatou-se que 68,37% dos torcedores não aceitariam que seus clubes usassem alguma propaganda nos uniformes. Já 23,14%, afirmaram que não compareceriam mais aos estádios caso isto ocorresse.

Segundo Cardia (2004), o passo definitivo para a profissionalização e organização técnica do patrocínio ocorreu em 1982, quando foram instituídos, pela comunidade esportiva internacional, conceitos importantes no que diz respeito à eficácia desta ferramenta (princípio da exclusividade, da globalidade, foco nos resultados para o marketing, entre outros). De acordo com Ferrand, Camps e Torrigiani (2007), no início dos anos 1980, finalmente os profissionais de marketing compreenderam as vantagens de associar suas marcas a um evento esportivo.

Já nos anos 1990, inicia-se um processo de interação do patrocínio esportivo com as outras variáveis do *marketing-mix* (produto, preço e praça) bem como uma mobilização geral para combater o marketing de emboscada (*ambush marketing*).

Segundo Ferrand, Camps e Torrigiani (2007) na primeira década do século XXI, algumas mudanças significativas, tanto em nível estratégico, quanto operativo, elevaram o patrocínio esportivo a uma das principais estratégias promocionais do mercado. Com isso, o patrocínio esportivo passou de um meio de única e exclusivamente exposição de marca para uma ação estratégica de marketing centrado no desenvolvimento de novos mercados, fidelização de clientes e relacionamento com a comunidade e parceiros do negócio.

Atualmente, percebe-se uma consolidação plena da atividade de patrocínio esportivo no composto promocional das mais variadas empresas.

2.3. Marcos históricos do desenvolvimento do patrocínio esportivo no mundo

Traçar um histórico minucioso do patrocínio esportivo em nível mundial apresenta-se praticamente impossível, visto a dificuldade em contemplar todos os principais eventos ocorridos nos mais diversos mercados e países. No entanto, com base em referências bibliográficas e documentais, pode-se apresentar ações e/ou eventos que contribuíram significativamente para o desenvolvimento e consolidação do patrocínio esportivo nos dias de hoje. Para um melhor entendimento dos principais fatos que culminaram no crescimento do patrocínio esportivo, será apresentada uma linha temporal.

1824 — William Fuller usa táticas de promoção de eventos de boxe na cidade de Charleston, Carolina do Sul. Sendo considerado, na época, um esporte ilegal na maioria dos estados americanos, Fuller distribui folhetos e veicula anúncios em um jornal de circulação local, não divulgando, todavia, o local oficial das lutas.

1850 — A fabricante de confecções masculinas do Reino Unido, John Wisden, patrocina o anuário de críquete batizado Wisden's Cricketer's Almanack. O Barclays Bank edita o League Club Directory. Michael Phelan, proprietário do Arcade Billiard Saloon (Nova York), procurando promover mesas de bilhar e a modalidade como um todo, desafia, por meio do jornal *Spirit of The Times*, o campeão britânico John Roberts a uma série de partidas, pagando uma quantia de US$ 500 por jogo (a ação desencadeia um aumento significativo no número de praticantes da modalidade e a necessidade de equipamentos adequados para a prática).

1858 — Nos Estados Unidos, inicia a cobrança de ingressos para uma série de partidas entre as equipes de beisebol de Nova York e Brooklyn no Fashion Course.

1861 — Na Austrália, a marca Spiers and Pond patrocina um torneio nacional de críquete junto ao Marylebone Cricket Club (obtém resultados financeiros de A$ 11,0000 com a ação).

1869 — A turnê do Cincinatti Red Stockings, primeira equipe de beisebol totalmente profissional com dez jogadores assalariados, impulsiona o crescimento do esporte nos Estados Unidos.

1878 — A A.G. Spalding assina um contrato para o fornecimento de bolas junto à Liga Nacional de Beisebol dos Estados Unidos.

1887 — A revista francesa *Le Vélocipède Illustré* patrocina uma corrida de ciclismo. A empresa Michelin promove sua marca oferecendo seus pneus aos competidores.

1888 — Na Inglaterra, é fundada a Football League.

1895 — O empresário grego George M. Averoff contribui com Δρ 920 mil para a restauração do Estádio Panathenaic na cidade de Atenas, sede das primeiras Olimpíadas da Era Moderna. Na cidade de Bolton, Inglaterra, Joseph William Foster, então com 14 anos, começa a projetar um tênis com cravos perfurantes.

1896 — Nos primeiros Jogos Olímpicos da Era Moderna na Grécia, anúncios comerciais da Kodak são veiculados no programa oficial do evento. A Coca-Cola Company demonstra interesse em participar dos jogos.

1898 — No Reino Unido, a equipe de futebol Nottingham Forest endossa a marca de bebidas Bovril.

1900 — Joseph William Foster funda a empresa JW Foster, com foco no desenvolvimento de calçados esportivos. Com o ingresso de seus filhos, a empresa passa a se chamar JW Foster and Sons.

1903 — O jornal *La Velo* patrocina o Tour de France de ciclismo, enquanto as equipes começam a ser apoiadas por marcas de bicicletas.

1904 — A empresa americana Mr. Spalding patrocina o manual *Spalding's Official Athletic Almanac*, com os resultados dos Jogos Olímpicos de Saint Louis, com 19 páginas anunciando os produtos da empresa.

1905 — É lançado o *Spalding's Official Basket Ball Guide* for 1905-6A, com o patrocínio da Mr. Spalding.

1907 — O Manchester United cota suas ações na Bolsa de Valores de Londres. Na época, nenhum acionista via o investimento como obtenção de lucro, mas como forma de colaborar e influenciar nas decisões do clube inglês.

1910 — A Gillette cria anúncios com imagens de jogadores de beisebol (Honus Wagner) para divulgar sua linha Gillette Safety Razor.

1912 — Nas Olimpíadas de Estocolmo, na Suécia, são vendidas a nove empresas a permissão de fotografar e comercializar as imagens do evento, sendo inserida, pela primeira vez, a expressão "receitas extraordinárias" em um relatório financeiro pós-jogos.

1919 — Durante a World Series, o White Sox (time de beisebol), da cidade de Chicago (EUA), vende os resultados de seus jogos para favorecer um grupo de apostadores.

1920 — O atleta Jim Thorpe cria a American Professional Football Association, que mudaria seu nome dois anos depois para National Football League (NFL).

1921 — A Hillerich & Bradsby (H&B), fabricante do taco de beisebol Louisville Slugger, implementa um plano de marketing e se torna líder na produção de tacos.

1924 — Em Paris, consente-se, pela primeira vez na história, o patrocínio a um estádio. Adolf Dassler e seu irmão, Rudolf Dassler, fundam a empresa Gebrüder Dassler Schuhfabrik para a produção de sapatos esportivos.

1926 — William Wrigley Jr., fundador da fabricante americana de goma de mascar Wrigley Company, ao investir no Chicago Cubs, torna o estádio do clube, o então Weeghman Park, o melhor da Major League Baseball (MLB). Em resposta, os sócios da entidade esportiva decidem rebatizar o estádio para Wrigley Field (primeiro caso de *naming rights* no esporte).

1928 — Nas Olimpíadas de Amsterdã, as receitas provenientes de direitos de comercialização da marca dos jogos equivaleram às receitas obtidas com a venda de ingressos. Um navio cargueiro transporta a equipe olímpica americana aos jogos, com mil caixas de Coca-Cola (vendedores serviam o refrigerante em quiosques nas redondezas do estádio olímpico e ao longo do percurso das competições de remo). Inicia a relação entre a Coca-Cola e os Jogos Olímpicos, com a produção do primeiro anúncio com apelo esportivo.

1930 — Uma fabricante de cigarros inglesa utiliza o nome Grande Prêmio Ascot de Turfe em seu produto, imprimindo nas embalagens a silhueta de um cavalo de corrida.

1936 — Como forma de equilibrar a liga, gerar competitividade e aumentar a audiência, a National Football League (NFL) organiza seu primeiro draft (seleção dos atletas universitários por parte das equipes da liga profissional).

1947 — Após uma série de disputas de ordem pessoal e jurídica, os irmãos Dassler se separam oficialmente, dando origem às gigantes mundiais de material esportivo Adidas (Adolf Dassler) e Puma (Rudolf Dassler).

1949 — Com a transformação da Hungria em um Estado Comunista, o clube Kispest AC é assumido pelo Ministério da Defesa do país, sendo rebatizado com o nome de Budapesti Honvéd SE, contando com estrelas como Ferenc Puskás e József Bozsik.

1950 — A cervejaria Budweiser compra os direitos do Sportsman's Park, casa do St. Louis Cardinals, o qual passa a se chamar Budweiser Stadium (o presidente da Liga Nacional de Beisebol à época, Ford C. Frick, não aprova a mudança, mas permite que o magnata Augustus Busch comprasse a equipe e batizasse o estádio com seu próprio nome: Busch Stadium).

Início dos anos 1950 — O presidente americano Dwight D. Eisenhower pede ajuda a Union Oil para financiar um programa presidencial de condicionamento físico no país em troca de cobertura nacional e apoio presidencial.

1952 — Nos Jogos Olímpicos de Helsinque, 25 empresas de 11 países patrocinam o evento. No Campeonato Italiano de Futebol, a fabricante de bebidas Cinzano coloca uma comunicação visual nos campos das partidas (a empresa paga a cada time da Série A a elevada quantia para a época de US$ 30 mil).

1954

A Cinzano insere faixas com sua logomarca em toda a extensão vertical das torres de iluminação do estádio da final Copa do Mundo da Suíça. Neste mesmo mundial, a Seleção da Alemanha sagra-se campeã usando chuteiras da Adidas com as revolucionárias travas de rosquear (o produto é considerado uma das principais razões para a conquista da seleção germânica).

1956

Nas Olimpíadas de Melbourne, 112 empresas patrocinam a competição. Nos mesmos jogos, a alemã Adidas lança o calçado inovador Melbourne, com travas múltiplas. Ao todo, foram conquistadas 72 medalhas e 33 recordes quebrados por atletas que usaram o produto.

1958

Joe e Jeff Foster, dois dos netos de Joseph William Foster, fundam a empresa Reebok.

1960

As Olimpíadas de Roma contam com 46 empresas, entre patrocinadores e fornecedores oficiais (cotas são negociadas por US$ 1,2 milhão).

1962

A fabricante de bebidas Martini inicia seu investimento no automobilismo junto à equipe Alfa Romeo SZ na disputa da prova 12h de Sebring nos Estados Unidos.

1964

Nas Olimpíadas de Tóquio, um dos produtos licenciados foi o cigarro Olympia, produzido para gerar fundos de apoio à organização do evento.

1965

Atendendo a um pedido do técnico de futebol americano da Universidade da Flórida, quatro pesquisadores da instituição criam a bebida isotônica Gatorade.

1966

A equipe britânica Lotus (Fórmula 1) escreve seu nome na carroceria (até meados dos anos 1960, os bólidos não tinham nenhuma identificação de marca, exceto pela sua inscrição em uma pequena placa). Ocorre a fusão entre a National Football League (NFL) e a American Football League (AFL). É criado o "The Big One" (o Super Bowl em seu modelo atual), onde os campeões de cada conferência se enfrentam para decidir quem é o campeão da NFL. Inicia a parceria entre o time Bayern de Munique e a Adidas.

1967

Ocorre a primeira edição do "The Big One". Sessenta mil pessoas pagam entre US$ 6 e US$ 12 para ver o jogo entre o Green Bay Packers e Kansas City Chiefs no Los Angeles Memorial Coliseum. Neste jogo, os anúncios publicitários custaram de US$ 37,5 mil a US$ 42,5 mil.

1968

As companhias Shell, British Petroleum (BP) e Firestone ameaçam abandonar a Fórmula 1 caso a Federação Internacional de Automobilismo (FIA) não autorizasse a exposição de suas marcas. A FIA permite que a equipe Lotus assine um contrato com a Gold Leaf pelo período de três anos no valor de £ 100 mil.

1969

Na estreia do novo carro da equipe Lotus no GP de Mônaco F1, um dos chefes da emissora de TV inglesa ITV interrompe, aos gritos, a entrevista do dono e projetista da equipe Colin Chapman incomodado com a enorme exposição da marca John Player Sailor no chassi do carro. A terceira edição da final da NFL, "The Big One", começa a se chamar Super Bowl.

Início da década

1970

Grandes clubes ingleses ainda pagam às empresas de material esportivo pelo fornecimento de equipamentos.

1970 — Na Copa do Mundo do México, a Adidas fornece, pela primeira vez, a bola oficial da competição (Telsar), nas cores branca e preta, facilitando a visibilidade nas transmissões televisivas, além de vestir os árbitros. A Gillette inicia patrocínios significativos nas Copas do Mundo de Futebol, Rúgbi, Fórmula 1 e *naming rights* da Copa Gillette de Críquete.

1971 — Com o banimento das propagandas de cigarro nas linhas aéreas, empresas tabagistas redirecionam seus investimentos de propaganda massiva para patrocínios esportivos. O New England Patriots vende os *naming rights* de seu estádio à cervejaria Brewing Company Schaefer por um valor de US$ 150 mil por 11 anos de contrato.

1972 — Nas Olimpíadas de Munique, o Comitê Olímpico Internacional (COI) permite a inserção de um pequeno emblema da marca esportiva patrocinadora nos uniformes das delegações participantes. A Philip Morris, por meio da marca Malboro, ingressa na Fórmula 1 com patrocínios junto às equipes BRM e Isso Marlboro-Ford. A Rich Products Corp. assina um contrato de US$ 1,5 milhão anuais pelo período de 25 anos para nomear o novo estádio Buffalo Bills.

1973 — A família Steinbrenner compra o New York Yankees por US$ 8,8 milhões. No Grande Prêmio da Alemanha de F1, as equipes Lotus e BRM são obrigadas a apagar respectivamente as marcas da John Player Special e Marlboro de seus carros. O Leeds United da Inglaterra torna-se o primeiro clube a vender uma camisa por US$ 7. O clube alemão Eintracht Braunschweig dribla a proibição da Federação Alemã inserindo, por DM 10 mil anuais, a logomarca da Cervejaria Jägermeister em seu uniforme (como o clube não contava com um escudo oficial, a imagem do patrocinador torna-se a única marca presente).

1973 1974 — Seguindo o exemplo do Eintracht Braunschweig, o Bayern de Munique passa a usar um uniforme vermelho, sem o distintivo do clube e com a logomarca da Adidas no peito. A Puma concretiza uma parceria com a Seleção de Futebol da Áustria.

1974

Após a eleição de João Havelange, as empresas Adidas e Coca-Cola tornam-se os principais parceiros comerciais da FIFA. A Copa do Mundo da Alemanha marca o aparecimento, pela primeira vez, das marcas esportivas nas camisetas das seleções. Aproveitando o ecossistema instalado, a gigante alemã Adidas cria seu slogan "the impossible is nothing". Para reforçar sua presença na Fórmula 1, a Philip Morris inicia um patrocínio junto à equipe Mclaren.

1975

A Anhauser-Busch, fabricante de cerveja Budweiser, compra os direitos da arena Sportsman's Park, pertencente ao St. Louis Cardinals. O nome Budweiser Stadium é rejeitado pela liga de beisebol e a arena passa a se chamar Busch Stadium.

1976

Nas Olimpíadas de Montreal, 628 patrocinadores e fornecedores oficiais vinculam-se ao evento (com os custos elevados, os jogos alcançam um saldo negativo entre US$ 1,2 e US$ 1,4 bilhão). A FIFA e a Coca-Cola firmam um contrato de patrocínio por um período de 25 anos. O cantor inglês Elton John assume o controle acionário do Watford Football Club.

1977

A Federação Inglesa de Futebol (Football Association) permite a inserção de patrocinadores nas camisas dos clubes, sendo o Liverpool F.C. a primeira equipe inglesa profissional a estampar uma marca em sua camisa (a empresa Hitachi paga £ 50 mil na época para aparecer em sua camisa vermelha).

1978

Na Copa do Mundo da Argentina, a Coca-Cola investe a soma inédita de US$ 8 milhões, revolucionando o mercado de patrocínio em nível mundial. A Adidas lança a bola Tango para o mesmo mundial. A etapa da Fórmula 1 em Montreal, no Canadá, marca o início da recuperação econômica da cidade.

1979

Franco D'Attona, presidente do pequeno clube italiano de futebol Peruggia, negocia com o pastifício Ponte um apoio de US$ 250 mil, usando o dinheiro para criar uma indústria de equipamentos esportivos (o nome Ponte é bordado nas camisetas do clube).

Início da década

1980 — O laboratório Bayer compra as agremiações Leverkusen e Uerdingen, transformando seus distintivos em logomarcas. A Philips adquire o controle acionário do time de futebol Eindhoven, transformando-o no PSV (União Esportiva Philips).

1980 — As Olimpíadas de Moscou são financiadas por 200 patrocinadores, grande parte destes estatais. As Olimpíadas de Inverno de Lake Placid, nos EUA, são patrocinadas por 381 empresas. A Seleção Alemã de Futebol e a Adidas iniciam uma parceria.

1981 — Ocorre a liberação das logomarcas dos patrocinadores nas camisetas dos clubes de futebol da Itália, A Juventus de Turim obtém o maior contrato junto à empresa Ariston (US$ 800 mil/ano). O A.C. Milan assina com a empresa Pooh Jeans pela quantia de US$ 400 mil/ano.

1982 — O então campeão inglês Aston Vila, patrocinado pela multinacional Nike, vence o Bayern de Munique (Adidas), na final da Copa dos Campeões (atual Liga dos Campeões da Europa). O clube inglês Chelsea F.C. é vendido para o empresário Ken Bates pelo valor simbólico de £ 1 (uma libra).

1983 — Em Nova Delhi, a empresa de marketing International Sports Leisure (ISL) apresenta o Programa The Olympic Partner (TOP) ao Comitê Olímpico Internacional.

1984 — As Olimpíadas de Los Angeles são os primeiros jogos da história financiados quase que em sua totalidade pela iniciativa privada, com 34 empresas assinando contratos com o Comitê Local, sendo a primeira a obter lucro. Surge a expressão "parceiros empresariais". O McDonald's lança a promoção "Quando os EUA ganham, você ganha", uma raspadinha em que o consumidor tirava o nome de uma prova e ganhava prêmios se os norte-americanos conquistassem medalhas naquele evento. Com o boicote soviético, a rede de lanchonetes acaba gastando muito mais dinheiro do que esperava (os EUA conquistaram 174 medalhas). David Stern assume a presidência da NBA, até aquele momento, uma entidade falida.

1985 — Nos Jogos de Inverno de Calgary, é colocado em prática o Programa TOP

1987 — Com a paralisação dos jogadores profissionais, as equipes da National Football League dos EUA contratam jogadores amadores para a temporada, resultando em queda de qualidade, audiência e faturamento.

1988 — Os Jogos Olímpicos de Seul marcam a consolidação do Programa TOP do COI. A Nike lança sua campanha "Just do it" (a criação foi considerada a quarta melhor campanha publicitária do século XX pela Advertising Age).

1989 — A Marlboro registra um recorde de retorno de mídia para TV em uma transmissão de um grande prêmio de Fórmula 1 (5.933 vezes em 93 minutos). O magnata americano Jerry Jones compra a franquia do Dallas Cowboy por US$ 150 milhões.

1990 — A Nike cria sua primeira loja conceito, a Niketown. O governo espanhol promulga a "Lei do Esporte da Espanha" obrigando todos os clubes com saldo patrimonial líquido negativo da 1ª e 2ª divisões a se tornarem Sociedades Anônimas Desportivas (SAD). Apenas Real Madrid, Barcelona, Athletic de Bilbao e Osasuna conseguem manter a estrutura jurídica de associações civis. É publicado o Relatório Taylor, documento supervisionado por Lorde Taylor de Gosforth, referente às causas e consequências da tragédia de Hillsborough (1989), onde 96 torcedores morreram no estádio durante o jogo entre Liverpool F.C. e Nottingham Forest (marco da revolução no futebol do Reino Unido).

1991 — Na Europa, são proibidos o patrocínio e a publicidade do tabaco.

1992 A Nike inaugura sua loja Niketown na North Michigan Avenue de Chicago, com 23 mil metros quadrados. As Olimpíadas de Barcelona se transformaram em referência de organização e legado. Com a participação dos astros da NBA (*Dream Team*) nos jogos, as receitas de licenciamento da liga na Europa passam de US$ 15 milhões para US$ 45 milhões.

1993 Na Austrália, são implementadas restrições de patrocínio de empresas de tabaco aos esportes. O empresário espanhol Miguel Ángel Gil Marin compra o clube Atlético de Madrid.

1995 No Super Bowl, o preço médio de 30 segundos de comercial alcança US$ 1,15 milhão. A alemã Adidas lança uma campanha valendo-se da lenda Emil Zátopek, retratando sua vida dupla, como corredor tcheco e soldado.

1996 Os Jogos Olímpicos de Atlanta ficam conhecidos como as "Olimpíadas do Marketing" e "Olimpíadas High-Tech", tendo a IBM como parceira para fornecer à mídia, e ao público, informações em tempo real, além de ter a empresa Panasonic como a responsável pela instalação do maior monitor de vídeo em um estádio norte-americano. A Niketown da North Michigan Avenue supera o Art Institute como a maior atração turística de Chicago, com mais de 1 milhão de visitantes e US$ 25 milhões em vendas anuais.

1997 Na Noruega, a Lei do Álcool proíbe a inserção de logotipos de produtos alcoólicos nos uniformes das equipes esportivas visitantes.

1998 — A Adidas lança a bola Tricolore para o Mundial da França. A Nike é acusada de forçar e intervir nas escalações de jogadores da Seleção Brasileira de Futebol. O Álbum oficial de figurinhas da Copa do Mundo é lançado pela Panini sem o escudo oficial do English Team em seus uniformes (a Federação Inglesa possuía um contrato de exclusividade com empresa Topps). A marca France 98 obtém recorde de licenciamento. Na Itália, o campeonato italiano de futebol passa a se chamar Serie A TIM.

1999 — É negociado o *naming rights* do Philips Arena (Atlanta, EUA) por US$ 168 milhões pelo período de 20 anos.

2000 — O preço médio de um anúncio de 30 segundos no Super Bowl alcança US$ 3 milhões. A Reebok assina um acordo de licenciamento exclusivo de 10 anos junto à National Football League (NFL) para produzir e comercializar produtos, uniformes e calçados das 32 equipes da liga.

2001 — A agência de marketing ISL decreta falência (segunda maior falência da história da Suíça, atrás apenas da companhia Swiss Air). A Reebok torna-se a fornecedora oficial das 29 equipes da NBA e das 16 da WNBA.

2002 — Para o Mundial de Futebol do Japão e da Coreia, a Adidas lança a bola Fevernova. Na mesma competição, a seleção Italiana tem seu primeiro fornecedor oficial estampado em suas camisas (Kappa) e a Puma tem sua camisa sem mangas produzida para a Seleção de Camarões (proibida pela FIFA). A empresa Gillette fecha um acordo de 15 anos com o New England Patriots (NFL), adquirindo os *naming rights* do Gillette Stadium (New England).

2003 — O A.C. Milan cria sua fundação, a Fondazione Milan, que surge para o desenvolvimento de programas e ações sociais na Itália e exterior.

2005

Entra em vigor a lei que proíbe, em toda a União Europeia, a publicidade de marcas de cigarro na Fórmula 1. A empresa de energético austríaca Red Bull, além de estrear sua equipe na Fórmula 1, a Red Bull Racing, inicia seu investimento no futebol, adquirindo a equipe Casinos Salzburg, modificando seu escudo, cores e seu nome para Red Bull Salzburg. A família norte-americano Glazer assume o controle acionário do clube inglês Manchester United.

2006

A Adidas lança para o Mundial da Alemanha a bola Teamgeist. É criado, na Alemanha, a S20 The Sponsor's Voice, pool de empresas patrocinadoras que almejam uma maior participação junto aos *players* do esporte. O F.C. Barcelona estampa a logo da Unicef em sua camisa. A Red Bull estreia sua segunda equipe na Fórmula 1, a Toro Rosso, além de realizar seu segundo investimento no futebol, comprando a franquia do New York MetroStars (EUA) e o transformando no New York Red Bulls. A Adidas adquire a Reebok por US$ 3,8 bilhões. Tentando burlar a proibição de marcas de cigarro na Fórmula 1, a equipe Ferrari decide inserir um código de barras no lugar da marca Marlboro nos GP's em que o cigarro fora banido.

2007

Tradicionais montadoras como Honda, BMW e Toyota saem da Fórmula 1, abrindo espaço para empresas de outros segmentos como YouTube e Unilever. A Liga Inglesa de Futebol passa a se chamar Barclays Premier League. A Juventus Football Club de Turim desenvolve um rebranding de seu escudo/emblema.

2008

Os Jogos Olímpicos de Pequim são marcados pela revolução na área do patrocínio, por meio do lançamento da publicidade digital. A crise mundial tem reflexo no investimento no esporte, com a suspensão de patrocínios junto aos times americanos do NY Yankees e Houston Astros (beisebol), NY Knicks e Houston Rockets (basquete) e os torneios AIG Japan Open (Tênis) e Irish Champion Hurdle (hipismo). Na África do Sul, o Tobacco Products Control Amendment Act proíbe toda publicidade e promoção do tabaco, incluindo o patrocínio.

2009

Após acusações de manipulação de resultados, a equipe de Fórmula 1 Renault perde seus dois principais patrocinadores: Banco ING e a seguradora Mutua Madrileña. A Red Bull compra o clube alemão SSV Markranstädt. Devido a uma normativa da Federação Alemã, a equipe passa a se chamar RB Leipzig, não podendo adotar o nome completo da empresa gestora como em outros países. O Manchester United assina o maior contrato de patrocínio da história junto ao grupo financeiro AON (€ 93 milhões), fechando a temporada com uma receita de US$ 435 milhões.

2010

A Adidas lança a bola Jabulani para a Copa do Mundo da África do Sul. A FIFA obtém uma receita recorde de US$ 3,2 bilhões com o Mundial. A Lei de Prevenção do Hábito de Fumar e a Lei de Controle do Tabaco proíbem acordos de patrocínio em eventos esportivos na América do Norte. A equipe Ferrari de Fórmula 1 é obrigada a remover o código de barras de seu carro após denúncias de propaganda subliminar da marca Marlboro. Depois de 111 anos, o F.C. Barcelona fecha um contrato de patrocínio máster com a Qatar Foundation no valor de € 150 milhões. A Euroliga de basquetebol e o Campeonato Colombiano de Futebol passam a se chamar, respectivamente, de Turkish Airlines Euroleague e Liga Postobón.

2011

O Qatar Sports Investment (QSI) adquire 70% das ações do clube francês Paris Saint-Germain. Por divergências nas propostas financeiras dos proprietários das franquias, jogadores da NBA promovem o locaute, adiando o início da temporada.

2012

Nas Olimpíadas de Londres, o COI capta patrocínios no montante de US$ 1,7 bilhão. O Red Bull Stratos, salto da estratosfera realizado pelo paraquedista e *base jumper* austríaco Felix Baumgartner, acumula um total de 46 milhões de visitas no canal do YouTube da empresa Red Bull.

2013

Em um jogo contra a equipe do Galatasaray na Turquia, o Real Madri é obrigado a retirar a logomarca de seu patrocinador, a casa de apostas Bwin (a religião muçulmana proíbe beneficiar-se de empréstimos financeiros). É fundado o Grupo City.

2014

É fundada a Asian Sponsorship Association, procurando dar mais voz às empresas patrocinadoras do esporte asiático. A Adidas lança a bola Brazuca para a Copa do Mundo de 2014. A multinacional Allianz SE fecha com o Rapid Vienna, da Áustria, o seu sexto contrato de *naming rights* de estádio pelo mundo.

2015

Na Colômbia, Cervejaria Águila substitui o Postobón no *naming rights* do Campeonato Colombiano. Além de Liga Águila, a empresa está presente em outras duas competições, a Copa Águila e o Torneio Águila.

2016

A Fórmula 1 é adquirida pelo conglomerado de telecomunicações americano Liberty Media Corporation por US$ 8,5 bilhões.

2017

A propaganda de cigarros é definitivamente proibida na Fórmula 1. A.C. Milan e Adidas encerram a parceira após 19 anos. O Charlotte Hornets é o único time da NBA a não estampar a logomarca da Nike, nova fornecedora de materiais da liga. Sua camisa traz o "Jumpman", símbolo da Jordan Brand no ombro direito (Michael Jordan é o dono da franquia Hornets).

2018

A Adidas lança a bola oficial da Copa do Mundo, a Telstar 18. A Multinacional Coca-Cola anuncia uma parceira junto à equipe McLaren da Fórmula 1. A Itália edita uma lei que proíbe propagandas (exposição) de casas de apostas.

2019

As equipes Parma F.C. e U.C. Sampdoria, contando com o apoio de seus fornecedores oficiais (Errea e Joma), disputam um jogo do Campeonato Italiano usando o desenho de camisa um do outro (cores originais). A casa de apostas Paddy Power patrocina a equipe Huddersfield Town, da segunda divisão inglesa, e decide não estampar sua marca no uniforme do clube (a estratégia foi devolver a camisa ao seu verdadeiro dono, isto é, o torcedor).

2020

No jogo de ida das oitavas de final da Champions League na Itália, o clube espanhol Valencia Club de Fútbol se vê obrigado a jogar sem a logomarca de seu patrocinador, a casa de apostas Bwin. Protestando contra o racismo nos Estados Unidos, a Nike altera seu slogan "Just do it" para "Don't do it". A Fórmula 1 assina um novo contrato de patrocínio com a Companhia de Petróleo da Arábia Saudita, a Saudi Aramco, considerada uma das empresas mais poluidoras do mundo.

2021

Não conseguindo um comprador, o grupo multinacional Suning encerra as atividades da equipe do então campeão chinês Jiangsu Football Club. O protesto da torcida do Manchester United contra a família norte-americana Glazer, proprietária do clube inglês, cancela o clássico contra o Liverpool. Após a atitude dos jogadores Cristiano Ronaldo, Pogba e Locatelli de remover, durante as coletivas de imprensa da Eurocopa, produtos das empresas parceiras, a Uefa emite comunicado às seleções participantes reforçando suas obrigações contratuais e ressaltando a importância dos patrocinadores para a concretização do torneio. A National Collegiate Athletic (NCAA) altera a regra e libera os atletas universitários americanos a monetizarem suas próprias imagens e nomes. Seguindo o caminho da Juventus de Turim, a Internazionale de Milão renova sua identidade visual.

2022

Como boicote à guerra entre a Rússia e a Ucrânia, entidades esportivas rompem contratos junto a empresas patrocinadoras russas. A NBA arrecada US$ 1,64 bilhão em patrocínios, com um incremento no investimento de empresas de criptomoedas. O San Diego Padres fecha uma parceria com a Motorola, tornando-se a primeira franquia da MLB a possuir um patrocínio de camisa. A FIFA cede à pressão dos dirigentes da Copa do Mundo do Qatar, e a dois dias antes do início do torneio, proíbe a comercialização de cerveja durante os jogos (a patrocinadora Budweiser negociou um reembolso junto à entidade organizadora).

2023

A rede de TV americana Fox comercializa todos seus espaços comerciais de 30 segundos para a transmissão do Super Bowl LVII a um valor unitário de US$ 7 milhões. O Grupo Liberty Media é eleito o império esportivo mais valioso do mundo (US$ 20,8 bilhões). O campeão da MLB, Houston Astros, fecha o primeiro contrato de patrocínio de sua história junto à empresa de energia Oxy. A NBA aumenta ainda mais sua arrecadação, obtendo uma receita apenas com patrocínios de US$ 1,66 bilhão.

2.4. Marcos históricos do desenvolvimento do patrocínio esportivo no Brasil

Não existem informações precisas a respeito do surgimento do patrocínio esportivo no Brasil. Porém, investimentos pontuais, *cases* de sucesso e, até mesmo de insucesso, contribuíram para o interesse e desenvolvimento cada vez maior da área no país.

Anos

1888 — O primeiro patrocínio que se tem conhecimento ao esporte brasileiro constitui-se, na verdade, de uma ação de mecenato. A Sra. Elisa Sehl Bins, mãe de Alberto Bins, então mentor da fundação do Ruder Club Porto Alegre, empresta setecentos mil réis para a importação de dois barcos da Alemanha.

1930 — A Cerveja Caracu patrocina o carro dirigido pelo Barão de Tefé em uma corrida automobilística na cidade do Rio de Janeiro.

1933 — A então equipe Palestra Itália (atual S.E. Palmeiras), inaugura seu estádio em um terreno comprado, com o apoio da Companhia Matarazzo, junto à Cervejaria Antárctica. O Stadium Palestra Itália passa a ser conhecido como Parque Antárctica. Em troca da cessão do terreno, o contrato levava uma cláusula restritiva que impedia o clube de divulgar e comercializar produtos dos concorrentes.

1937 — O dono da Fábrica Bangu, Guilherme da Silveira Filho (Dr. Silveirinha) assume a presidência do Bangu A.C., do Rio de Janeiro, inserindo a marca da empresa na camiseta da equipe (proibido até então pela FIFA). Durante sua gestão, também é construído o estádio de Moça Bonita (RJ).

1939 — O Cardeal Manoel Raymundo Paes de Almeida cria a primeira torcida uniformizada do Brasil para a equipe do Grêmio São-Paulino.

1942 — A companhia Sudan, maior tabagista na época, se vale da imagem do jogador Leônidas da Silva para veicular anúncios do cigarro Leônidas, o Campeão dos Cigarros, com o desenho do atacante em primeiro plano, além de figurinhas de suas jogadas dentro do maço. Para esta ação, o jogador recebe 15 contos de réis.

1947 — A Cerveja Caracu patrocina o carro de corrida do piloto Chico Landi no GP Internacional em Interlagos.

1948 — O clube carioca Bangu A.C. aproveita uma excursão pelo continente europeu e substitui o seu escudo nas camisas de jogo pela logomarca da Fábrica Bangu (apesar da proibição, a FIFA nada pode fazer tendo em vista que o clube e a fábrica possuíam o mesmo nome).

1949 — Ainda sob a gestão do Dr. Silveirinha, o Bangu A.C. contrata o jogador Zizinho, eleito, posteriormente, melhor jogador do mundo de 1950.

1950 — O Brasil organiza a Copa do Mundo de Futebol sem nenhum tipo de patrocínio.

1956 — A Petrobras realiza seu primeiro patrocínio esportivo na prova Mil Milhas de Interlagos.

1963 — A cidade de São Paulo sedia os Jogos Pan-Americanos sem nenhum patrocínio (conta apenas com apoio oficial do Governo Estadual e Federal).

1966 — Durante a Copa do Mundo de Futebol na Inglaterra, a Rádio Bandeirantes instala, na Praça da Sé, em São Paulo, um painel com pontos luminosos mostrando onde a bola estava durante os jogos da Seleção Brasileira (primeira ação no modelo "*Fan Fest*" no país).

1970 — É criada a Loteria Esportiva, destinando 10% de sua arrecadação para o futebol brasileiro, além de estimular que os torcedores acompanhassem equipes e campeonatos de diferentes estados. É fundada a fábrica de material esportivo Penalty.

1971 — O Santa Cruz F.C., da cidade do Recife, é o primeiro clube a contar com um incentivo financeiro de forma empresarial por meio do investimento de James Thorp, acionista do Grupo White Martins.

1974 — Com o patrocínio da Copersucar, o Brasil sedia uma etapa masculina do *World Championship of Tennis*, com a presença de todas as estrelas do tênis mundial.

1975 — Apesar da proibição do Conselho Nacional de Desportos (CND), o Olympique de Marselha e o Bayern de Munique disputam um torneio no Estádio do Maracanã contra o Fluminense F.C. exibindo as marcas de seus patrocinadores. Já o clube carioca estampa a marca MOBRAL (Movimento Brasileiro de Alfabetização) nas costas de seu uniforme.

1976 — Depois de conquistar os títulos de 1972 e 1974, o piloto de Fórmula 1 Emerson Fittipaldi associa-se à Copersucar, criando a primeira equipe brasileira na principal categoria do automobilismo mundial (única marca inserida no carro). Com a proibição da exposição das marcas nos uniformes, o Bayern de Munique joga a Copa Intercontinental (atual Mundial de Clubes da FIFA) contra o Cruzeiro E.C. em Belo Horizonte com a camisa limpa.

1977 — Com o patrocínio da Colgate Palmolive, o Brasil sedia a etapa da versão feminina do *World Championship of Tennis*.

1978 — Na Fórmula 1, a Companhia Aérea Varig fecha uma parceria de transporte com a escuderia Arrows, enquanto a equipe Copersucar-Fittipaldi conquista o terceiro lugar no GP do Brasil. A camisa da Seleção Brasileira de Futebol passa a contar com uma marca explícita: as três listras da Adidas.

1979

O Campeonato Brasileiro alcança a marca recorde de 94 participantes. O Lubrificantes Vargas junta-se à equipe Copersucar.

1980

A marca esportiva Topper (São Paulo Alpargatas) patrocina a transmissão para o Brasil dos Jogos Olímpicos de Moscou. A Cervejaria Skol substitui a Copersucar na equipe Fittipaldi. A Skol-Fittipaldi conquista o sexto lugar no campeonato de construtores (a equipe termina empatada com a McLaren, em 11 pontos, e à frente da Ferrari e da Alfa Romeo).

1981

A Confederação Brasileira de Vôlei derruba o veto do CND para publicidades nos uniformes dos times de voleibol. Surgem, assim, as equipes da Pirelli e Atlântica Boavista, esta última do mecenas Antônio Carlos de Almeida Braga, o Braguinha. Meses depois, a Confederação Brasileira de Atletismo também consegue êxito em derrubar o veto. A equipe Fittipaldi concretiza uma parceria com a empresa Caloi e a seguradora Atlântica Boa-vista.

1982

O S.C. Internacional é o primeiro clube brasileiro a receber Cr$ 2 milhões para estampar a marca Pepsi nas costas do uniforme em um quadrangular de verão na cidade de Montevidéu, Uruguai (até então, a lei permitia patrocínios apenas em competições amistosas internacionais). A CBF derruba o veto do CND para publicidade nos uniformes das equipes de futebol. O Democrata F.C. de Sete Lagoas (MG) fecha um patrocínio com a empresa de material esportivo Equipe no valor de Cr$ 500 mil (valor pago em uniformes, bolas, chuteiras e tênis). O Ceará S.C. assina um contrato no valor de Cr$ 16 milhões para divulgar por 4 anos a Associação Cearense de Cadernetas de Poupança. O Fortaleza E.C. assina com a empresa Engri Engenharia. A bola de goma Pingue-pongue lança o maior contrato de licenciamento esportivo até então, o Álbum de Figurinhas Copa do Mundo da Espanha.

1983 — O C.E. Bento Gonçalves (RS) assina um contrato de patrocínio com uma rede de móveis. O C.R. do Flamengo inicia um processo de patrocínio junto à Lubrax.

1984 — Na final do Campeonato Brasileiro de Futebol, o Banco Nacional concretiza um patrocínio pontual, estampando sua marca nas camisas dos clubes finalistas (C.R. Vasco da Gama e Fluminense F.C.). A Topper volta a comprar os direitos de transmissão para o Brasil dos Jogos Olímpicos de Los Angeles, patrocinando, ainda, alguns atletas na competição.

1985 — A Coca-Cola participa de um *pool* de empresas para repatriar Arthur Antunes Coimbra, o Zico, de volta para o C.R. Flamengo. Inicia o patrocínio da empresa de material de escritório Kalunga junto ao S.C. Corinthians Paulista.

1986 — Na Copa do Mundo do México, a Seleção Brasileira de Futebol insere a logomarca de sua primeira fornecedora de material esportivo: Topper. O Governo Federal deixa de manter as confederações por meio do Conselho Nacional de Desporto da Secretaria de Educação Física e Desporto do Ministério da Educação (SEED-MEC).

1987 — Os principais clubes de futebol rompem com a CBF e criam a liga Clube dos 13, lançando a Copa União. Contando com o apoio da Rede Globo e da Companhia Aérea Varig, todas as equipes são patrocinadas pela Coca-Cola (o Grêmio Foot-Ball Porto Alegrense exige mudança na cor vermelha da logo da empresa para inseri-la em seu uniforme). Em um amistoso contra o Chile na cidade de Uberlândia, a CBF afronta a proibição da FIFA e insere, no peito da camisa da Seleção Brasileira de Futebol, um retângulo vermelho com a marca de seu então patrocinador, a Coca-Cola (a entidade recebe US$ 40 mil, sendo posteriormente notificada pela FIFA).

1989

A Coca-Cola patrocina a S.E. Palmeiras estampando, na camisa verde do clube, sua marca na cor branca. Surge a "Guerra da Marmelada", entre as equipes de basquete Arisco (Sorocaba) e Cica (Jundiaí).

1990

A CBF abre mão dos recursos oriundos da Loteria Esportiva, até então, sua principal receita. Insatisfeitos com a premiação oferecida pelo patrocinador Pepsi na Copa do Mundo da Itália, os jogadores da Seleção Brasileira cobrem com as mãos a logomarca da empresa na foto oficial da equipe. Após o mundial, a CBF assina com a concorrente Coca-Cola com vistas aos Jogos Olímpicos de 1996, em Atlanta, EUA. A Confederação Brasileira de Desportos Aquáticos (CBDA) publica um anúncio no jornal intitulado "Procura-se investidores", com seu então presidente Coaracy Nunes Filho solicitando recursos a entidade para participar de um campeonato fora do Brasil. O anúncio comove a área de patrocínio da Empresa Brasileira de Correios e Telégrafos, que custeia o valor das passagens.

1991

O Banco do Brasil, após identificar em pesquisas que, além da sua clientela encontrar-se na faixa etária entre 50 e 65 anos, era apenas a terceira marca mais lembrada no setor bancário brasileiro, inicia um projeto de rejuvenescimento de sua marca com o patrocínio junto à Confederação Brasileira de Voleibol. Com a parceria entre o São Paulo F.C. e a Penalty, o goleiro do tricolor paulista Zetti começa a desenhar suas camisas em conjunto com a então fornecedora de material esportivo.

1992

O Tribunal de Contas do Estado de São Paulo proíbe empresas estatais de patrocinar equipes esportivas. Surge a "Guerra das Guloseimas", com o advento das equipes Leite Nestlé (Sorocaba), Van Melle (Jundiaí) e Lacta (Santo André). Inicia o processo de cogestão entre a multinacional italiana Empresa Alimentícia Parmalat e a S.E. Palmeiras.

1993 — Após 13 anos, chega ao fim a parceria C.R. do Flamengo-Adidas. A Caixa Econômica Federal inicia uma série de investimentos no esporte, com aportes ao automobilismo (Fórmula 3, Stock Car e Kart), e à Confederação Brasileira de Basquetebol.

1994 — A multinacional italiana Empresa Alimentícia Parmalat inicia um investimento junto ao E.C. Juventude. O canal esportivo TopSport muda seu nome para SporTV. A churrascaria Fogo de Chão patrocina a equipe Simtek no GP do Brasil (contrato baseado em permuta, o restaurante forneceu refeições em troca da exposição da marca).

1995 — Depois de um longo período sem patrocinador máster, o Fluminense F.C. concretiza uma parceria com a companhia sul-coreana Hyundai. Chega ao fim o patrocínio entre a empresa Kalunga e o S.C. Corinthians Paulista.

1996 — Por intermédio da agência Traffic, a CBF e a Nike firmam o maior contrato de patrocínio brasileiro até então (US$ 170 milhões). Após divergências, chega ao fim a parceria entre o Fluminense F.C. e a Hyundai. O clube carioca firma uma parceria com a alemã Adidas e a empresa Globosat, estampando o nome do canal esportivo Sportv na parte frontal e nas costas de seu uniforme.

1997 — O banco Excel-Econômico investe R$ 5 milhões para inserir sua logo na camiseta do S.C. Corinthians Paulista. O E.C. Bahia e o Banco Opportunity constituem o Bahia S.A. No Rio Grande do Sul, a General Motors (GM) passa a patrocinar os times rivais Grêmio Foot-Ball Porto Alegrense e S.C. Internacional. O Banco Safra inicia uma parceria com a equipe Tyrrel de Fórmula-1.

1998 — O Bank of América investe na equipe do C.R. Vasco da Gama (é criada a Vasco da Gama Licenciamento, empresa ligada à instituição financeira para exploração da marca do clube por 10 anos no que tange direitos de transmissão, patrocínio e licenciamento).

Biênio

1998 1999

O Banco Opportunity assume o controle acionário do E.C. Bahia ao mesmo tempo que o Banco Excel gerencia o departamento de futebol do E.C. Vitória. O Comitê Olímpico do Brasil assina um contrato de patrocínio junto à marca Olympikus do grupo Azaléia. É aprovada a Lei no 9.615/98, comumente designada como Lei Pelé, em substituição à Lei Zico que possibilita a transformação dos clubes em empresas.

1999

A multinacional suíça International Sport and Leisure (ISL) assina parceria com o C.R. Flamengo (US$ 80 milhões) e com o Grêmio Foot-Ball Porto Alegrense (US$ 75 milhões) para explorar seus direitos comerciais e licenciamento. A norte-americana Hicks, Muse, Tate & Furst fecha contrato com o S.C. Corinthians Paulista (US$ 60 milhões). Após ser rebaixado para a Terceira Divisão do Campeonato Brasileiro e sem contar com um patrocinador máster, o Fluminense F.C. inicia uma parceria com a Unimed-Rio. A Petrobras inicia uma parceria com a equipe de Fórmula 1 Williams.

2000

Para apurar as intervenções nas escalações da Seleção Brasileira de Futebol, é instalada, na Câmara dos Deputados em Brasília, a CPI CBF-NIKE. A Lei Pelé é modificada para a Lei Maguito Vilella (Lei 9.981 de 2000). A Empresa Alimentícia Parmalat encerra os contratos de cogestão junto à S.E. Palmeiras e ao E.C. Juventude.

2001

A CBF rompe com a Coca-Cola e assina um contrato de patrocínio com a recém-fundada Ambev no valor de US$ 10 milhões por 18 anos ou 5 Copas do Mundo. A Lei Agnelo/Piva é sancionada pelo presidente Fernando Henrique Cardoso, estabelecendo o repasse aos Comitês Olímpico e Paralímpico Brasileiro. A Caixa Econômica Federal inicia o patrocínio junto ao atletismo brasileiro por intermédio da Confederação Brasileira de Atletismo (CBAt). O Banco do Estado do Rio Grande do Sul, Banrisul, inicia um patrocínio junto à dupla Grenal. Chega ao fim a parceria entre o Bank of América e o C.R. Vasco da Gama.

2002 — A Nike obtém seu primeiro título mundial de futebol com a Seleção Brasileira. Acompanhando a falência da ISL, a Hicks, Muse, Tate & Furst encerra os acordos com o S.C. Corinthians Paulista e Cruzeiro E.C.

2003 — É sancionada a Medida Provisória no 79 (Lei do Futebol) e a Lei 10.671 (Estatuto do Torcedor) obrigando os clubes a transformarem seus departamentos de futebol em empresa, além de publicarem seus balanços (os que não cumprirem, seriam proibidos de receber patrocínios públicos). Devido às dívidas fiscais, é suspenso o patrocínio da Lubrax ao C.R. do Flamengo. Após quase duas décadas de ausência, o *World Championship Tour* de *Surf* volta a ter uma etapa no Brasil tendo como *naming rights* a Cervejaria Nova Schin.

2004 — O S.C. Corinthians Paulista firma uma parceria comercial com Media Sports Investments (MSI). Além da parceria realizada entre a Confederação Brasileira de Futebol de Salão e a Empresa Brasileira de Correios e Telégrafos, a Confederação Brasileira de Judô concretiza um patrocínio pontual junto à Coca-Cola.

2005 — A Topper obtém grande visibilidade com a conquista do Mundial Interclubes pelo São Paulo F.C. Após patrocinar a equipe do Unisul E.C. de Santa Catarina, a Cimed Indústria de Medicamentos cria sua própria equipe profissional de voleibol, o Cimed E.C. A Confederação Brasileira de Judô inicia uma parceria junto à Infraero.

2006 — O Banco Santander veicula uma campanha com os principais jogadores da Seleção Brasileira de Futebol para a Copa do Mundo da Alemanha. É aprovada a Lei nº 11.438, conhecida como Lei de Incentivo ao Esporte, propiciando às empresas a dedução de Imposto de Renda do volume investido em organizações esportivas.

2007

Após uma série de denúncias de desvio de recursos, o Conselho Deliberativo do S.C. Corinthians Paulista aprova por unanimidade o fim da parceria junto à MSI. A empresa austríaca Red Bull cria o clube de futebol Red Bull Brasil na cidade da Campinas (SP). O Brasil é confirmado como sede da Copa do Mundo de Futebol em 2014. Após a queda para a Série B do Campeonato Brasileiro, o S.C. Corinthians Paulista substitui o patrocínio da Samsung pela Medial Saúde.

2008

A CBF vende os direitos de organização de amistosos da Seleção Brasileira para a International Sports Events Company (ISE), empresa do grupo Dallah Al-Baraka do Xeique Saleh Kamel, da Arábia Saudita. O Banco Itaú torna-se patrocinador do Miami Open de Tênis. Chega ao fim a parceria Williams/Petrobras.

2009

A Confederação Brasileira de Futebol concretiza o primeiro *naming rights* para a Copa do Brasil com a montadora Kia Motors (Copa Kia do Brasil). Após 25 anos de contrato, o C.R. do Flamengo e a Petrobras encerram a parceria. Investindo US$ 2 milhões em um patrocínio pontual junto à equipe Brawn no GP do Brasil de F1, a Cervejaria Itaipava obtém R$ 50 milhões em retorno de mídia espontânea nos dias de treinos.

2010

Na Copa do Mundo da África do Sul, a empresa brasileira Seara e a telefonia móvel Oi assumem o posto de patrocinadores mundiais FIFA. A CBF fecha um montante de R$ 200 milhões/ano em patrocínio junto às empresas Nike (45 milhões), Vivo, Itaú, Ambev (15 milhões), Nestlé, Gillette, Volkswagem, Marfrig, TAM e Pão de Açúcar (6 milhões). Como resultado, entre outros fatores, de seu investimento no voleibol, o Banco do Brasil rejuvenesce sua marca, diminuindo a média de idade de seus correntistas para 41,5 anos (em 1989, antes do início do investimento, era de 57,5 anos).

2011 — O ex-jogador Ronaldo Nazário cria a agência de marketing esportivo 9ine. O bilionário brasileiro Eike Batista cria a empresa IMX em parceria com a IMG Worldwide para explorar o mercado esportivo no país.

2012 — O ex-piloto Emerson Fittipaldi e o publicitário Washington Olivetto criam a agência de marketing esportivo Momentum Sports. O C.R. do Flamengo assina um contrato de patrocínio de 10 anos com a Adidas no valor de R$ 380 milhões. A S. E. Palmeiras cria um *crowdfunding* para contratar o volante Wesley junto ao clube alemão Werder Bremen pelo valor de R$ 21 milhões. Tendo arrecadado apenas 832 mil reais na ação, o valor teve que ser devolvido aos contribuintes. O canal Fox Sports Brasil inicia suas atividades no Brasil.

2013 — Grupo Petrópolis adquire o *naming rights* da arena Fonte Nova (Itaipava Arena Fonte Nova), em Pernambuco. A Brasil Foods (BRF) assume os direitos de nomeação da Copa do Brasil (Copa Perdigão do Brasil). A cerveja Nova Schin adquire o *naming rights* do campeonato de Stock Car. É aprovado o Artigo 18A na Lei Pelé, com novas regras para entidades que recebem recursos públicos (restrição do tempo de mandato dos dirigentes, transparência e participação dos atletas nos colégios eleitorais). A CBF arrecada R$ 278 milhões em patrocínio.

2014 — Após 15 anos, a Unimed-Rio anuncia fim da parceria com o Fluminense F.C. Acompanhando a transferência do piloto Felipe Massa para a equipe Williams, a Petrobras retoma a parceria com a equipe de F1.

2015 — A Copa do Brasil passa a se chamar Copa Sadia do Brasil. Após um período sem contar com um patrocinador máster, a S.E. Palmeiras concretiza uma parceria com a empresa de crédito Crefisa, tornando-se a camisa mais lucrativa do futebol brasileiro com R$ 50 milhões em investimento. A Jeep inicia o patrocínio à World Surf League.

2016

O Paysandu S.C., da cidade de Belém, Estado do Pará, cria sua marca esportiva própria, a Lobo, referência ao seu mascote oficial. A Copa do Brasil passa a se chamar Copa Continental Pneus do Brasil. O ciclo olímpico, o qual culmina com os Jogos Olímpicos e Paralímpicos do Rio de Janeiro, gera um faturamento histórico de US$ 5,7 bilhões ao Comitê Olímpico Internacional (os patrocínios globais correspondem a 18% do faturamento).

2017

A Holding Investimento adquire o Figueirense F.C. A CBF arrecada R$ 353,3 milhões com patrocínio (R$ 58 milhões a menos que 2016). A cervejaria holandesa Heineken e a marca de pneus Pirelli adquirem respectivamente o *naming rights* do Grande Prêmio do Brasil de Fórmula 1 e da Corrida do Milhão da Stock Car. É lançado o Pacto pelo Esporte, com o objetivo de revisar e definir regras mais claras de *compliance* para patrocinadores junto às entidades esportivas.

2018

Durante a Copa da Rússia, são criadas, no mercado publicitário brasileiro, 83 novas campanhas para a TV aberta e 57 para a TV paga. Procurando um reposicionamento no mercado, o Atlético Paranaense, insere a letra "h" em seu nome (voltando a ser Club Athletico Paranaense, como na sua fundação em 1924), além de realizar modificações significativas em grafia, escudo e uniforme.

2019

A camisa do S.C. Corinthians Paulista conta com 17 logos, graças aos seus dez patrocinadores. O Grupo Sada é homenageado pela Confederação Brasileira de Voleibol (CBV) como patrocinador com mais tempo na Superliga (13 anos consecutivos). Procurando alcançar a elite do futebol brasileiro, a Red Bull assume o comando do C.A. Bragantino, em uma transação de R$ 45 milhões.

2020

O SESC-RJ anuncia o fim de sua equipe de voleibol masculino. O site de apostas Betsul fecha um patrocínio individual junto ao Grêmio Foot-Ball Porto Alegrense (após 22 anos, uma empresa não patrocina ao mesmo tempo a dupla Grenal). A Neo Química adquire o *naming rights* da Arena Corinthians com um investimento 300 milhões de reais por um período de 20 anos.

2021

O Santos F.C. concretiza parceria para ingresso no Game Fortnite. É aprovada a Lei sobe a Sociedade Anônima do Futebol (SAF).

2022

É aprovada a SAF entre o S.C. Cruzeiro e o ex-jogador Ronaldo Nazário. O E.C. Bahia chega a um acordo para a venda da SAF junto ao City Football Group. Às vésperas da Copa do Mundo do Qatar, a Confederação Brasileira de Futebol (CBF) alcança o número de 20 marcas parceiras (dobro de patrocinadores em relação ao Mundial da Rússia em 2018).

2023

A Liga Forte Futebol (LFF), que conta com 26 clubes das Séries A, B e C do Campeonato Brasileiro, oficializa um acordo junto aos grupos Life Capital Partners e Serengeti Asset Management pelo valor de US$ 950 milhões. Com a crise instalada por falta de resultados em campo, a torcida organizada da S.E. Palmeiras, Mancha Verde, estende, no jogo contra o C.A. Mineiro, seu bandeirão com a marca Crefisa coberta por uma faixa branca (patrocinadora máster do clube, a empresa de crédito pertence à presidente da entidade esportiva Leila Pinheiro).

2.5. O patrocínio esportivo para marcas e detentores de propriedades

Assim como toda e qualquer estratégia promocional, como publicidade (*online* e/ou *offline*), promoção de vendas, *merchandising* etc., o patrocínio esportivo possui vantagens e desvantagens para as partes envolvidas no processo. Reconhecê-las é fundamental para amenizar seus riscos explorando, ao máximo, suas potencialidades.

2.5.1. Vantagens do patrocínio esportivo

O patrocínio esportivo promove inúmeros benefícios aos *players* da indústria. Podem ser destacados:

- **Associação ao esporte**: fenômeno ligado à própria história da humanidade, o esporte desperta o interesse de grande parte da população mundial, independentemente de classe social, sexo, raça, cor, credo e/ou religião. A população consome competições, eventos, ações e notícias esportivas com alta frequência, interesse, identificação e sensação de pertencimento.
- **Plataforma de experiências:** por estar inserido na indústria do entretenimento (*entertainment*), o esporte propicia e/ou aporta um consumo memorável (*memorable*), emoções extremas, histórias, conexões e momentos únicos, incomparáveis e inesquecíveis ao público-alvo (associação a paixões e emoções positivas).
- **Criação de valor**: por meio do investimento no esporte, é possível às empresas associarem suas imagens, produtos e/ou serviços a argumentos que positivam a marca, como: saúde, energia, aventura, adrenalina, desafio, esforço, determinação, superação, capacidade, companheirismo, suspense, expectativa, paixão, orgulho, satisfação, emoção, entusiasmo, lealdade (fidelidade), vitória, derrota, alegria, tristeza, medo, raiva, decepção e alívio. A transferência deste contágio emocional constitui-se em um dos grandes objetivos dos *players* do mercado.

- **Integração da marca à ação esportiva**: cada vez mais os *players* comerciais são vistos como imprescindíveis à operacionalização ou à própria sobrevivência da entidade e/ou ação esportiva. Assim, a associação da imagem, logotipo e/ou logomarca dos patrocinadores junto aos detentores de direitos (*co-branding*) confere um caráter contextual como extensão da identidade do patrocinado.
- **Mensagem não intrusa e invasiva**: o patrocínio facilita o diálogo entre as marcas e uma audiência cada vez mais crítica e incomodada com informações que interferem no consumo de seu conteúdo (intervalos comerciais, *breaks*, *posts* etc.), sendo, assim, uma alternativa às tradicionais estratégias promocionais como publicidade, propaganda, promoção de vendas etc. A comunicação mais efetiva ocorre durante a ação, encontrando um público-alvo imerso em seu momento de lazer, estando mais propenso à recepção das mensagens (evita o marketing de interrupção).
- **Maximiza a exposição da marca**: é imprescindível que os investidores e entidades esportivas vislumbrem o patrocínio como uma estratégia que transcende uma única e simples compra direta de mídia. No entanto, a exposição da marca, seja ela *in loco*, e/ou por meio de uma mídia espontânea, constitui-se em uma das principais propriedades de retorno para os patrocinadores. Reconhecendo que uma gestão de marca (*branding*) tem como entre seus principais pilares a construção, reconhecimento e fortalecimento da imagem da empresa, produto e/ou serviço, a aparição e/ou menção em veículos de comunicação *online* e *offline* contribui significativamente para uma vantagem competitiva no mercado.
- **Reposicionamento**: tendo em vista seus atributos, penetração, interesse, aceitação e papel social, o esporte apresenta-se como um mecanismo capaz de auxiliar no rejuvenescimento de marcas, empresas, produtos e/ou serviços, trabalhando novos consumidores, segmentos de mercados ou até mesmo recuperando imagens corporativas e/ou governamentais desgastadas em virtude de más práticas e/ou condutas inapropriadas (poluição, corrupção, exploração, conflitos etc.).
- ***Goodwill***: o esporte pode constituir-se em um dos pilares de Responsabilidade Social Corporativa (RSC) das empresas, contribuindo, cada vez mais, com o patrimônio da marca. É possível promover o

papel de agentes sociais (benevolência), prestigiando a assistência, prática e fomento esportivo, tendo o reconhecimento (*awareness*), identificação social e apego dos mais variados setores da sociedade (propósito, bem comum, organização *in social*, entre outros), construindo um sentimento positivo.

- **Envolvimento comunitário**: o patrocinador demonstra ser relevante para a comunidade local (*citizen company*). Mesmo marcas globais possuem raízes locais, além de comunidades que precisam nutrir e sensibilizar seus *stakeholders*. Muito mais que garantir uma licença para operar geograficamente, ao investir no esporte, a empresa presta um agradecimento e reconhecimento à comunidade pela permissão em se beneficiar de seus recursos.
- **Ameniza o impacto de entrantes**: muito além das barreiras político-legais e taxas alfandegárias, quando uma empresa se instala ou inicia atuação em um novo mercado e/ou região geográfica (cidade, estado, país ou continente), seja por operação própria, seja por meio da aquisição, compra ou fusão com organizações já existentes, pode enfrentar possíveis resistências, rejeições, desconfiança e/ou boicote por parte dos *stakeholders* (órgãos governamentais, fornecedores, *trade*, consumidores, comunidade em geral etc.). Patrocinando entidades, equipes, eventos, atletas e projetos esportivos locais já estabelecidos, ou ainda criando novas entidades e/ou ações esportivas, a empresa demonstra seu potencial e interesse real de inserção em seu novo ecossistema (*friendly company*).
- **Globalização da marca**: consequência de uma escalada e/ou amplificação digital, a internacionalização cada vez maior do esporte, seja na distribuição de competições, eventos e conteúdos, seja na expansão do consumo de entidades e seus atores, confere ao patrocínio esportivo uma plataforma de notoriedade, ingresso, relacionamento, promoção e comercialização de produtos e/ou serviços em determinados países e/ou continentes (vitrine mundial). O investimento pode dar-se pela aquisição de ativos de propriedades locais e/ou se valendo de parcerias já construídas.
- **Possibilidade de *co-branding* junto a ativos *premium***: tendo em vista um *mindset* de universalização de suas marcas, principalmente em mercados potenciais e/ou emergentes, entidades e protagonistas

esportivos de amplitude e aceitação mundial propiciam oportunidades de apropriação e/ou associação de suas propriedades a parceiros locais, por meio de patrocínio, licenciamento e/ou outros investimentos.

- **Relacionamento duradouro com o público-alvo**: é na fidelidade dos fãs que reside um dos principais ativos das entidades esportivas. Dificilmente um fã mudará sua torcida para uma outra equipe durante sua jornada de vida, principalmente em determinadas modalidades com maior rivalidade e tradição. Este alto índice de lealdade (*brand loyalty*) propicia uma conexão afetiva de longo prazo para as marcas patrocinadoras (marketing de relacionamento).
- **Target com natural engajamento**: os consumidores do esporte possuem hábitos em comum e conexões reais, criando e/ou participando de comunidades, tribos digitais etc., facilitando seu alcance e desenvolvimento de ações.
- **Plataforma de relacionamento**: o esporte representa uma eficiente plataforma de relacionamento, onde o investidor pode valer-se das situações experienciais criadas em Centros de Hospitalidade (HC), eventos, *meeting* etc., para prover relações comerciais com seus *stakeholders* (geração de novos portfólios de negócios).
- **Endomarketing**: o patrocínio esportivo oferece uma plataforma para o aumento do orgulho e engajamento do público interno das empresas investidoras, melhorando o clima organizacional, produtividade, além de diminuir a rotatividade de seus colaboradores.
- **Segmentação do público-alvo**: o esporte oportuniza atingir estratos específicos da sociedade em termos geográficos, demográficos e/ou psicográficos. Modalidades para públicos *premium* e de alto consumo (tênis, polo, golf), radicais, urbanos e/ou extremos para um público jovem (surf, skate), escolar (handebol), entre outras, podem ser citadas. Com a frequente adaptação, ou até mesmo criação de novos esportes e/ou eventos, segmentos impensados até então podem ser cada vez mais alcançados.
- **Geração de conteúdo**: o esporte, e consequentemente entidades, eventos e atores esportivos, são produtores de conteúdo para um receptor ávido por transmissões, informações, curiosidades e interatividade em um ambiente multicanal. A produção de *news* e o

interesse do consumidor não se limita e/ou encerra no evento em si (*match day*), sendo antecipado e prolongado em cobertura pré e pós-jogo, em meios *online* e *offline*, por meio de reportagens, noticiários, programas, entrevistas, gols, *highlights, replays*, *posts*, entre outros.

- **Inovações tecnológicas**: o ingresso de novas tecnologias no esporte (ciência de dados, dados analíticos, módulos e avaliação, estatísticas digitais, telemetria, *machine learn*), além de propiciar avanços significativos na *performance* das entidades e de seus protagonistas, impacta e amplia o alcance e capacidade dos acordos de patrocínio junto aos investidores, além de prover inúmeras oportunidades para os demais *players* da indústria. Arenas inteligentes e conectadas (*smart stadiums*), novas plataformas e formatos de transmissões (*online* e *offline*), vídeo *on-demand* (VOD), *pay-per-view* (PPV), *over-the-top* (OTTs), *streaming*, segunda tela (*second screeners*), sites, plataformas digitais, aplicativos, produtos digitais, 5G, inteligência artificial (AI), realidade virtual (VR), realidade aumentada (AR), realidade estendida (XR), *wearable*, telões 3D, 4K, publicidade virtual, gestão de dados (*Big Data*), *internet* das coisas (IoT), *startups*, *sportstechs*, *innovation hubs*, *wearables*, visão computacional, *e-commerce*, *marketplace*, *blockchain*, criptomoedas, NFT (*non-fungible token*), metaverso, entre outros, apresentam uma multiplicidade, facilitando e intensificando, ainda mais, a produção e disseminação de conteúdo, promoção, ativação, engajamento e conversão de vendas junto ao *target*.
- ***Storytelling***: o esporte é um forte argumento para contar histórias, impactando e estabelecendo uma conexão emocional e propósito com a marca. Criando e/ou construindo narrativas além do jogo (*beyond the game*) sobre a trajetória da entidade esportiva, ou repassando a vida de seus atores (atletas, ex-atletas, técnicos, juízes, dirigentes), seus desafios, esforços etc., é possível atrair uma atenção efetiva em um ambiente multiplataforma. A empresa pode dialogar com o receptor, se apropriando do conteúdo, contando a história da parceria e/ou de seu próprio passado (espírito empreendedor, dificuldades, superação, crescimento).
- **Imprevisibilidade**: apesar de algumas vezes constituir-se em uma desvantagem, o não conhecimento do resultado faz com que o inte-

resse do público-alvo aumente significativamente em cada evento, jogo, competição e/ou ação.

- **Mecanismo de vendas**: apesar de reconhecer que a comercialização de um produto e/ou serviço apenas se concretiza se todas as variáveis do *marketing-mix* atuarem de forma eficiente e harmoniosa de acordo com as necessidades e desejos do consumidor, o esporte, e consequentemente o patrocínio esportivo, propiciam uma plataforma eficiente para alavancar as vendas.
- **Incentivos fiscais**: por meio das leis de incentivo ao esporte, é possível as empresas patrocinadoras obterem renúncias fiscais a partir de seus investimentos. Essas leis podem ser de origem federal (Imposto de Renda), estaduais e/ou municipais (Imposto sobre Circulação de Mercadorias e Serviços — ICMS).
- **Profissionais com *know how***: consequência de uma profissionalização e atratividade cada vez maior do segmento esportivo, somado ao legado cultural dos megaeventos sediados no país nos últimos anos, a absorção pelas detentoras de propriedades de executivos orientados para uma gestão estratégica e inovadora do esporte para compor seus quadros operacionais, propicia uma maior confiabilidade para investimentos na indústria.
- ***Cases* de sucesso**: observa-se, principalmente nos últimos anos, um portfólio de processos, modelos e estratégias com retornos comprovadamente significativos para os patrocinadores da indústria esportiva, passíveis de serem incorporados pelos novos *players* do mercado.
- **Recursos financeiros para as entidades esportivas**: em um mercado altamente exigente e competitivo como o da *performance* esportiva, dificilmente um atleta, equipe, clube, associação, entidade, federação, confederação e/ou comitê alcançará sucesso sem que exista alguma espécie de financiamento por meio de patrocínio.
- **Círculo Virtuoso do Esporte**: o ingresso de verbas por meio do patrocínio contribui para o ecossistema esportivo como um todo, gerando renda, poder de compra, fortalecimento das entidades, sucesso em competições, atenção dos fãs e de demais *players* comerciais.
- **Agrega valor à marca da entidade**: quando uma entidade esportiva concretiza um patrocínio junto a uma empresa reconhecida e respeitada, esta aumenta sua credibilidade no mercado, atraindo o

ingresso de novos parceiros para seus projetos (parceiros fortes ajudam a construir a reputação da detentora de propriedades).

- **Desenvolvimento em estrutura e *performance***: por meio de ingressos advindos do patrocínio, a entidade pode melhorar significativamente seus processos (gestão, capital humano, instalações físicas, entre outros), negociando contratos mais vantajosos (patrocínio, direitos de TV, licenciamento e *franchising*), além de usufruir de mais benefícios como captação de sócios torcedores e ingressos em outros mercados.

Apesar de todo o potencial, o esporte e, consequentemente o patrocínio esportivo, podem apresentar uma série de ameaças aos investidores, originando desperdício de recursos e comprometimento nos resultados almejados.

2.5.2. Desvantagens do patrocínio no esporte

A despeito das inúmeras vantagens, cabe ressaltar as seguintes desvantagens:

- **Amadorismo na gestão**: a histórica falta de práticas de governança, *compliance*, transparência, integridade, reputação e planejamento, somado ao imediatismo, corrupção, clientelismo, interesses políticos e pessoais, gestão personalista, disputas de poder, apropriação ilícita, desvios e tráfico de influências em um universo significativo de entidades esportivas, faz com que o segmento se apresente predominantemente como um campo inseguro para investimentos.
- **Endividamento constante**: a carência de profissionalização, grau de maturidade e necessidade de *performance* positiva a curto prazo, originam uma irresponsabilidade fiscal e não controle orçamentário, desencadeando empréstimos bancários, antecipação e/ou adiantamento de ingressos futuros (direitos de transmissão, negociação de atletas), tornando as entidades esportivas, em grande parte das vezes, deficitárias, devedoras e/ou mal pagadoras ou em situação falimentar.
- **Não cumprimento de contratos e descontinuidade de ações**: um modelo clubístico, associativo, com transição política e ciclos

eleitorais muitas vezes curtos, somado a uma alta rotatividade de gestores e/ou colaboradores, podem comprometer os acordos contratuais e estratégias definidas.

- **Inexistência de *mindset* orientado para o mercado**: em muitas entidades esportivas, é visível a carência, por parte da alta administração, de uma mentalidade direcionada aos objetivos estratégicos, plano de negócios, posicionamento, mecanismo de controle e avaliação.
- **Entraves à área mercadológica**: poucos são os detentores de propriedades que possuem departamentos de marketing estruturados e prestigiados pelo topo da cadeia hierárquica da organização esportiva, com recursos financeiros para o desenvolvimento de eficientes estratégias e ações de entrega a seus parceiros. Soma-se a isto, a inexistência de uma histórica relação harmoniosa e colaborativa desse setor com os demais departamentos das entidades esportivas (gestão técnica, patrimônio, financeiro, entre outros).
- **Desunião da cadeia produtiva do esporte**: um dos principais obstáculos para o crescimento e exploração de todas as potencialidades do segmento esportivo reside no fato das entidades não desenvolverem projetos, estratégias e negociações em conjunto, não alcançando vantagens e retornos significativos para seus produtos e parceiros comerciais (negociação de direitos transmissão, venda de competição organizada e com alto nível de atratividade, internacionalização das marcas etc.).
- **Desalinhamento entre os demais *players* da indústria**: no ecossistema esportivo, muitas vezes os *stakeholders* não possuem a compreensão e/ou predisposição para uma colaboração, parceria, relacionamentos, negócios e/ou vendas (não citação do *naming rights* pelos veículos de comunicação, negociações com valores diversos e sem critérios).
- **Carência de dados**: apesar de um crescimento nos últimos anos, o ecossistema esportivo brasileiro ainda carece de uma inteligência de mercado, com banco de dados e plataformas de gestão do consumo (jornada e conversão), comprometendo, cada vez mais, a tomada de decisão e o alcance dos objetivos.

- **Desconhecimento da indústria esportiva**: por tratar-se de uma estratégia promocional relativamente nova, *players* como agências de propaganda, consultorias de marketing, assessorias de imprensa etc., não possuem conhecimentos significativos em relação às características, potencial e necessidades do esporte como produto, tornando-se, muitas vezes, entraves à aprovação dos projetos e desenvolvimento de estratégias de ativação e retorno.
- **Desvantagem em relação aos demais produtos do *entertainment***: devido à falta de eficácia em determinadas fases da experiência do usuário (*user experience*) como compra de ingressos *online*, acessibilidade, alimentação, segurança, entre outros, observa-se que o esporte permanece muito aquém se comparado a outros produtos da indústria do entretenimento como *games*, shows, teatro, cinema etc.
- **Falta de controle dos resultados e ações**: apesar do fator expectativa prender a atenção dos mais variados *players* do esporte, variáveis incontroláveis como resultados dos jogos, *high performance*, comportamento de atletas, comissão técnica, dirigentes e aficionados (dentro e fora das competições), lesões, intempéries, audiência *in loco*, podem comprometer o retorno sobre o investimento dos parceiros.
- **Insegurança no destino da verba**: talvez resida, neste, um dos principais fatores para a não concretização, suspensão, desistência ou cancelamento de processos de patrocínio entre empresas e entidades esportivas. Não são raros os casos em que as receitas, provenientes de patrocínios, são direcionadas para estratégias e ações que em nada tem a ver com os objetivos mercadológicos e/ou promocionais dos parceiros.
- **Legislação e estatutos envelhecidos**: apesar do surgimento nos últimos anos de inúmeras leis e decretos no segmento, a insegurança jurídica ainda permeia a realidade da indústria esportiva no país.
- **Inexistência de parcerias**: observa-se que o grande esforço e atenção por parte dos detentores de propriedades dá-se na fase de prospecção e concretização do patrocínio em detrimento de outras etapas do contrato (ativação, monitoramento sobre o retorno etc.), não estabelecendo uma relação de parceria no decorrer de todo o processo (trabalho em função dos objetivos mútuos).

- **Falta de conhecimento sobre o retorno obtido**: apesar da evolução e criação de novas metodologias e métricas de avaliação, somado às tecnologias disponíveis no mercado, ainda é reduzido o número de detentores de propriedades que apresentam dados, análise e relatórios demonstrativos a respeito do retorno alcançado pelos seus parceiros durante o processo.

Apesar de possuir inúmeras desvantagens, os benefícios que o patrocínio esportivo apresenta dificilmente serão encontrados em outras estratégias promocionais, o que faz com que cada vez mais empresas se valham deste para promover suas imagens, seus produtos e/ou serviços. No Quadro 2, é possível identificar as vantagens e desvantagens do patrocínio esportivo.

Quadro 2: Vantagens e desvantagens do patrocínio esportivo

Vantagens	Desvantagens
Associação ao esporte	Amadorismo na gestão
Plataforma de experiências	Endividamento constante
Criação de valor	Não cumprimento de contratos e descontinuidade de ações
Integração da marca à ação esportiva	Inexistência de *mindset* orientado para o mercado
Mensagem não intrusa e invasiva	Entraves à área mercadológica
Maximiza a exposição da marca	Desunião da cadeia produtiva do esporte
Reposicionamento	Desalinhamento entre os demais *players* da indústria
Goodwill	Carência de dados
Envolvimento comunitário	Desconhecimento da indústria esportiva
Ameniza o impacto de entrantes	Desvantagem em relação aos demais produtos do *entertainment*
Globalização da marca	Não controle dos resultados e ações
Possibilidade de *co-branding* junto a ativos *premium*	Insegurança no destino da verba
Relacionamento duradouro com o público-alvo	Legislação e estatutos envelhecidos
Target com engajamento natural	Inexistência de parcerias
Plataforma de relacionamento	Não conhecimento sobre o retorno obtido
Endomarketing	
Segmentação do público-alvo	
Geração de conteúdo	
Inovações tecnológicas	
Storytelling	
Imprevisibilidade	
Mecanismo de vendas	
Incentivos fiscais	
Profissionais com *know how*	
Cases de sucesso	
Recursos financeiros para as entidades esportivas	
Círculo virtuoso do esporte	
Agrega valor à marca da entidade	
Desenvolvimento em estrutura e *performance*	

Fonte: Elaborado pelos autores.

O patrocínio é procurado, cada vez mais, tanto por empresas quanto por entidades esportivas. Essa dualidade lhe confere diversas formas de investimento.

3. Formas de Investimento em Patrocínio Esportivo

Devido à importância que assumiu nos últimos anos, existem atualmente no mercado inúmeras oportunidades de investimento e modelos de negócios em patrocínio esportivo. Dependendo do objetivo, público-alvo, tipo de acordo e verba disponível, empresas assumem determinados papéis, responsabilidades e perspectivas de retorno no processo.

No entanto, esse discernimento, e consequente categorização, nem sempre se apresentou visível ao mercado. Na ânsia de angariar um maior número de patrocinadores, muitas vezes as entidades esportivas denominam seus *players*, mas não diferenciam os ativos oferecidos (mesmos benefícios para todos os parceiros, independentemente do montante financeiro destinado). Assim, um estabelecimento de propriedades adquiridas, posição e reconhecimento de seu papel no processo, torna-se fundamental.

Apesar de a nomenclatura variar de acordo com as diferentes propostas apresentadas na indústria esportiva, pode-se dividir os patrocinadores nas categorias: mecenas, permuta, apoiador oficial, fornecedor oficial (*official supplier*), patrocinador pontual, copatrocinador, patrocinador máster e patrocinador exclusivo. Dependendo do nível de investimento e envolvimento no processo, transcendendo única e exclusivamente o repasse de verbas e/ou de produtos e serviços, determinados *players* podem assumir posições de parceiro, investidor, cogestor e gestor. Por fim, apesar de não se caracterizar como manifestações diretas de patrocínio, é possível valer-se do investimento e/ou relação com o esporte para obter outras vantagens em parcerias negociais como licenciamento e franquia.

Cada investimento possui uma importância na cadeia produtiva do esporte, com singularidades, características, vantagens e desvantagens. Saber qual modelo oferecer aos *prospects*, é o grande desafio da indústria.

3.1. Mecenas

Desenvolvido principalmente no âmbito cultural, como visto no capítulo "História do Patrocínio", o mecenato envolve patronagem, doação, filantropia ou caridade por um determinado indivíduo (*white knight*) e/ou empresa junto a uma entidade, equipe, atleta e/ou evento esportivo.

Durante os anos 1970, grande parte dos investimentos no esporte cobria os interesses pessoais dos executivos e/ou gestores mais importantes das empresas, isto é, presidentes, diretores e/ou conselheiros, que nutriam fascínio, simpatia, afinidade e relações pessoais com entidades e/ou atletas, ou praticavam, ainda que amadoristicamente, alguma determinada modalidade esportiva. Tal prática perdurou no cenário esportivo brasileiro mais intensamente até meados da década de 1980.

Por não se tratar de uma ação com objetivos estratégicos (mercadológicos e/ou comunicacionais), sobre este modelo recaem inúmeras críticas de grande parte dos especialistas da área. No entanto, assim como qualquer outro modelo de investimento, apresenta vantagens e desvantagens para as entidades esportivas e seus respectivos mecenas.

Vantagens:

- **Aporte financeiro**: sendo a procura por parceiros comerciais uma constante no cenário esportivo brasileiro e mundial, o ingresso de forma lícita de todo e qualquer recurso financeiro e/ou material para uma entidade esportiva contribui para uma melhora em sua estrutura e performance (quitação de dívidas, investimento, reforços etc.).

- **Ingressos variáveis**: os investimentos por parte do mecenas podem ocorrer de inúmeras formas, como doações sem contrapartida e empréstimos, geralmente a juros básicos, para melhoria de infraestrutura, aquisição de direitos econômicos de atletas, obtendo, dependendo do caso, ressarcimento na venda deles.
- **Facilidade na prospecção**: por tratar-se de um investimento em que os interesses pessoais sobrepõem os estratégicos, as entidades esportivas possuem acesso direto ao *prospect* (relacionamento interpessoal), não existindo a necessidade da proposta estar fundamentada em análises e pesquisas de mercado para a tomada de decisão (definição de propriedades, projeções de ROI, estratégias de venda e/ou convencimento).
- **Transformação em parceiro corporativo**: a partir da constatação, por parte do próprio mecenas, ou até mesmo de diretores, conselho de gestão e/ou acionistas da empresa etc., de um real retorno mercadológico e/ou comunicacional a partir do investimento no esporte, muitas vezes, o processo pode evoluir do interesse pessoal para um propósito estratégico, culminando na manutenção e/ou ampliação do investimento (gerar tangibilidade ao processo, provendo, desde o início da relação, estratégias de ativação, endomarketing, relatórios de ROE, ROO e ROI).
- **Promoção da imagem**: embora, em grande parte das vezes, não consista em um dos objetivos almejados, quando um mecenas pessoa física auxilia uma determinada entidade, atleta e/ou projeto esportivo, obtém, além de reconhecimento, *status* e prestígio, valorizando sua imagem e promovendo seu ingresso e de suas empresas em novos segmentos até então inacessíveis.

Desvantagens:

- **Investimento sem critérios técnicos**: uma tomada de decisão de investimento baseada muito mais em aspectos pessoais e/ou emocionais do que racionais, como a não análise de *co-branding*, identificação do público-alvo, estratégias de ativação, mensuração, interesse dos veículos de comunicação etc., enfrentará dificuldades para o alcance de resultados estratégicos.

- **Barreiras para um investimento 360°**: o não envolvimento desde o início do investimento de todos os departamentos da empresa gerida pelo mecenas (marketing, vendas, recursos humanos etc.) apresentará obstáculos para a exploração das potencialidades do processo de forma orgânica e corporativa.
- **Imprevisibilidade no investimento a longo prazo**: pela própria característica do modelo, a continuidade do investimento ou suspensão do repasse de verbas, estará à mercê dos interesses pessoais do mecenas, bem como sua permanência no comando ou em um alto escalão da empresa.
- **Dificuldades de estabelecer cláusulas contratuais**: por tratar-se de doações baseadas em interesse e relações pessoais, raras vezes o modelo de mecenato estabelece garantias legais e direitos e deveres para ambas as partes.
- **Dívida com o mecenas:** quando o processo envolver empréstimos, a possibilidade de um endividamento junto ao mecenas pode tornar-se uma realidade, sendo necessário movimentações de ativos por parte da entidade, como negociação de atletas, propriedades.
- **Identificação com o mecenas**: assim como denúncias e/ou abalos na imagem das empresas muitas vezes podem ter consequências na imagem de seus patrocinados, no caso específico de um mecenas, a entidade esportiva pode ser vista com as mesmas práticas e condutas.
- **Barreiras à entrada de demais parceiros**: a presença de um mecenas como a principal, ou uma das principais, fontes de recursos de uma entidade esportiva pode ser um entrave ao ingresso de demais parceiros sob a premissa de tratar-se de uma detentora de propriedades com gestão amadora, não capaz de entregar eficientes ativos para os *players*.
- **Baixo poder de decisão**: salvo exceções, onde o mecenas constitui-se no próprio gestor da entidade esportiva ou ainda se aproxima de um papel de investidor, o modelo propicia pouca ingerência nas ações operacionais do patrocinado (praticamente todas as ações são planejadas e executadas única e exclusivamente pela entidade esportiva).

3.2. Permuta

Prática comum no mercado de comunicação mercadológica, não envolve recursos financeiros (moeda), mas sim a troca de insumos e ativos entre um parceiro e um detentor de propriedades. Na indústria esportiva, historicamente esta estratégia vem assumindo um papel de destaque, sendo frequentemente praticada pelos *players* do segmento.

Vantagens:

- **Objetivos comerciais**: não se caracteriza como doação, favor ou caridade, sendo o objetivo a procura pela promoção de produtos e/ou serviços do parceiro, explorando ativos do detentor de propriedades.
- **Produtos existentes no portfólio**: o investidor fornece sua linha de produtos e/ou serviços, não precisando redirecionar sua linha de produção em função da necessidade da entidade esportiva.
- **Insumos para o detentor de propriedades**: as entidades esportivas, atletas e/ou comissão técnica terão à sua disposição uma gama de produtos e/ou serviços em conformidade com suas demandas para o desenvolvimento de suas atividades.
- **Redução de custos**: em grande parte das vezes, os produtos e/ou serviços fornecidos pelo investidor são necessários para seus processos, diminuindo seus custos e redirecionando seus investimentos para outros insumos.
- **Relação contratual**: a celebração de contrato é uma prática usual nesta relação, sendo possível estabelecer critérios de controle para o tipo, quantidade e prazo de entrega dos produtos e/ou serviços, além da exploração dos ativos da entidade esportiva.

Desvantagens:

- **Barreiras ao *co-branding***: diferentemente de um fornecedor oficial, que, além da possibilidade da existência de uma verba financeira complementar, existe também a obrigatoriedade do uso público dos produtos e/ou serviços pela entidade esportiva, na permuta, por sua vez, a contrapartida não estabelece, necessariamente, a associação entre a marca do parceiro e o patrocinado.

- **Pouco poder de decisão**: a empresa que estabelece uma relação comercial junto a uma entidade esportiva por meio de permuta, em grande parte das vezes, procura vantagens específicas ou pontuais, não interferindo nas decisões estratégicas e operacionais do detentor de propriedades.

3.3. Apoiador oficial

O apoio de uma empresa a um atleta, equipe, entidade e/ou evento esportivo pode dar-se tanto em termos financeiros, quanto em fornecimento de produtos e/ou serviços. Muitas vezes, o apoiador pode cobrir necessidades, limitações e lacunas não supridas pelos demais parceiros oficiais. Não levar em conta a importância de um ou mais apoiadores no processo pode comprometer o alcance dos objetivos como um todo.

A busca por apoiadores geralmente constitui-se em uma das primeiras etapas de construção de um projeto sustentável na indústria esportiva.

Vantagens:

- **Baixo investimento**: tendo em vista que os apoiadores, em grande parte das vezes, ingressam fornecendo produtos e/ou serviços já existentes em seus portfólios, o investimento tende a ser relativamente menor que dos demais *players*.
- **Inserção da logomarca em espaços específicos**: apesar de não obter o mesmo espaço se comparado aos *players* com maior investimento, o apoiador terá uma inserção eficiente em propriedades da entidade (uniformes, placas, painéis, *backdrop*, canais e plataformas digitais oficiais).
- **Credibilidade para o ingresso de outros parceiros**: para a entidade esportiva, o ingresso de determinados apoiadores como órgãos governamentais (Secretaria de Esporte, Prefeitura, Governo Estadual e/ou Federal), laboratórios, veículos de comunicação, entre outros, agrega valor, propiciando uma maior seriedade e confiabilidade para prospecção de novos *players*.
- **Ambiente receptivo a novos projetos esportivos**: a criação e hospitalidade em entidades e/ou eventos esportivos vai ao encontro

do interesse de órgãos governamentais, empresas e veículos de comunicação de cidades, estados e países, pois, apoiando e/ou viabilizando a estruturação de projetos esportivos, as sedes garantem plataformas de reconhecimento de imagem, marca (*place branding*), infraestrutura (otimização dos espaços), potencial econômico, investimentos, turismo, novas opções de entretenimento, promoção da saúde, projetos sociais e/ou esportivos, política esportiva, pertencimento, raízes, orgulho etc. (a predisposição a investimentos ocorre tanto com entidades e competições de pequeno e médio porte, como junto a megaeventos esportivos como Copa do Mundo, Jogos Olímpicos, Universíade, Super Bowl etc.).

- **Desenvolvimento de ações promocionais:** em conformidade com o cronograma e *off days* (período fora de treinamento, competições etc.), os apoiadores poderão exercer o direito de exploração da entidade esportiva e seus protagonistas em eventos e relacionamento junto aos seus públicos-alvo (ações sociais, palestras, *workshops*, amistosos, exibições e promoções).

Desvantagens:

- **Quantidade de produtos e/ou serviços**: em determinados casos, a quantidade de produtos ou a complexidade de serviços fornecidos por um apoiador pode, em valores absolutos, ser igual ou maior que a verba investida pelos demais parceiros (concessão de uso de arena, hospedagem, transporte, segurança, entre outros), não obtendo um retorno proporcional no processo.
- **Dependência à política de investimento**: quando se tratar especificamente de um apoio do poder público, a mudança de governo, seja ele municipal, estadual e/ou nacional, poderá ocasionar diminuição e/ou suspensão do repasse de recursos (redirecionamento da matriz das verbas públicas).
- **Baixo poder de decisão:** por tratar-se de apoiadores com objetivos e investimentos específicos, salvo exceções, não participam das decisões das entidades esportivas.

3.4. Fornecedor oficial

Entidades, atletas e comissão técnica necessitam de produtos e/ou serviços para finalizar suas atividades da maneira mais eficiente possível. Por outro lado, marcas endêmicas do ecossistema esportivo, como criadoras e/ou produtoras de material de *performance* (calçados, aparelhos, acessórios e equipamentos), tecnologia (*hardware* e *software*, inovação, alto desempenho) e saúde (laboratórios, planos, assistência e serviços médicos, nutrição, suplementos), almejam uma forte identificação junto à indústria esportiva, na perspectiva de legitimação, promoção e estímulo de consumo. Nesse contexto, o fornecedor oficial (*official supplier*) encontra um vasto campo de investimento. Seu papel dentro do *mix* de parceiros é disponibilizar insumos (*inputs*) aos agentes esportivos, em troca de oportunidades comerciais e de relacionamento. De igual forma, os detentores de propriedades encontram, nesses segmentos, uma grande receptividade às suas propostas.

Vantagens:

- **Mídia espontânea**: o fornecedor oficial, principalmente o parceiro de material e equipamento esportivo, tem sua marca inserida nos principais espaços da entidade esportiva, sejam eles uniformes (posição e dimensão padronizada), equipamentos e acessórios, instalações (estádios, ginásios e museus, por exemplo), meios *offline*, plataformas digitais, site, materiais impressos, *backdrop*, entre outras propriedades.
- **Segurança na exposição**: quando se tratar especificamente de empresas de material esportivo, a inserção da logomarca do *official supplier* nos uniformes dos patrocinados está legalmente assegurada, inclusive em eventos com restrição ou até mesmo proibição de exposição de marcas não oficiais e/ou conflitantes com os parceiros comerciais (Jogos Olímpicos e Paralímpicos, Copa do Mundo de Futebol, entre outros).
- **Retorno institucional**: por tratar-se também de empresas do segmento de saúde e qualidade de vida (suplementos, medicamentos, planos de saúde, recuperação física) e/ou tecnológico (suporte à prática), a parceria propicia um eficiente posicionamento no mercado, seja pela vinculação aos valores da entidade ou do esporte, seja no

que tange à qualidade dos produtos fornecidos (segurança, *design*, durabilidade e conforto).

- **Retorno promocional**: plataforma extremamente eficiente para promoção de sua marca, produtos e/ou serviços, valendo-se da entidade patrocinada e/ou atletas em campanhas publicitárias, ações promocionais, aparição e/ou participação em eventos como *showroom* e *trade*, por exemplo.
- **Plataforma de vendas**: a possibilidade de entradas financeiras com produtos licenciados (*licensing*) da entidade e seus atores apresenta-se como mais uma das principais vantagens do *official supplier* (licença para vender determinados produtos), com distribuição nas lojas oficiais do parceiro, lojas exclusivas do fornecedor, lojas multimarcas, e quando da participação em eventos, ações e/ou competições (aumento no *driver* de consumo).

Quiosques para vendas de materiais esportivos oficiais enquanto seus *endorsement* atuam — Complexo Flushing Meadows — Nova York — EUA

Fonte: Arquivo pessoal.

- **Expansão de mercado**: o *official supplier* pode valer-se da entidade esportiva para aumentar sua participação no mercado (*market share*), seja pelo ingresso em outras praças (como o territorial e novos pontos de venda), seja por meio do lançamento de novos produtos (uniformes oficias, acessórios, produtos licenciados, por exemplo).
- **Patrocínios individuais**: dependendo do *budget* e contratos já em andamento, determinados *players* podem não ter condições de desenvolver uma parceria 360° com a entidade esportiva, direcionando seus recursos a investimentos individuais em atletas e/ou membros da comissão técnica, mesmo vinculados a entidades cujo parceiros oficiais sejam seus concorrentes diretos (valer-se do direito pessoal e necessidades de *performance* dos atores esportivos para uso de produtos específicos como tênis, chuteiras, bolas, luvas, entre outros).
- **Desenvolvimento de novos produtos**: o *official supplier* pode valer-se das entidades e/ou protagonistas esportivos (contratos individuais e/ou coletivos) para constantes inovações, melhorando e/ou aumentando seu portfólio de ofertas, com atletas frequentando seus laboratórios de pesquisa e desenvolvimento (P&D) para a criação de protótipos, ajustes, aperfeiçoamentos, personalização de produtos, os transformando em autênticos *endorsement* da marca com representatividade, pertencimento e credibilidade (lançamento de linhas icônicas e exclusivas, com assinaturas, imagens, entre outras vantagens).
- **Recursos financeiros**: os recursos do fornecedor oficial dados ao detentor de propriedades são oriundos de três fontes: a) material fornecido para a *performance* esportiva; b) verba complementar (luvas) para uso dos produtos fornecidos (negociado com atletas e entidades de significativa *high performance*, exposição em veículos *online* e *offline*, grande número de torcedores e seguidores nas mídias sociais etc.); c) comissão ou percentual (*royalties*) na comercialização dos produtos oficiais licenciados do atleta e/ou da entidade esportiva.
- ***Collab* entre atuais e/ou novos parceiros**: uma colaboração entre duas ou mais empresas, marcas ou ícones para cocriação de produtos e/ou conteúdos com o propósito de ingresso em novos segmentos, públicos-alvo, aumento de audiência e engajamento, por exemplo, complementam, ainda mais, o universo de consumo na indústria esportiva.

- **Inserção dos embaixadores da marca**: o *official supplier* pode facilitar e/ou intermediar a contratação de seus *endorsement* pela entidade esportiva parceira, dividindo o pagamento dos salários e prêmios, procurando um investimento 360° e combate ao *ambush marketing*.
- ***Cross* entre atletas patrocinados**: possuindo mais de um atleta patrocinado, seja da mesma ou de diferentes modalidades, o fornecedor oficial pode prover encontros, cocriação e experiências, gerando conteúdo para mídias e plataformas.
- **Geração de novas parcerias e negócios**: a detentora de propriedades pode propiciar, ao *official supplier*, um relacionamento com seus demais parceiros, facilitando o *networking* em eventos de apresentação e *hospitalities* ou ainda propiciando o ingresso em demais projetos como museus, *tours*, *camps*, franquias e ações sociais.

Museu F.C. Porto — Porto — Portugal

Fonte: Arquivo pessoal.

Museu F.C. Barcelona — Barcelona — Espanha

Fonte: Arquivo pessoal.

- **Alto poder de decisão**: definir o poder de decisão do *official supplier* é, com certeza, o mais difícil dentre todos os *players* do processo de patrocínio, sendo diretamente proporcional à verba investida, ao montante de produtos e/ou serviços fornecidos e aos *royalties* sobre vendas, como exemplos, variando de um simples fornecedor em troca de vantagens comerciais, a um *player* com papel determinante no processo (divisão de *naming rights*, definição adversários, locais e números de amistosos, participação de determinados protagonistas, entre outros aspectos).

Desvantagens:

- **Imprevisibilidade das entidades e protagonistas esportivos**: assim como outros modelos de investimento, o *official supplier* está à mercê do comportamento dos dirigentes, atletas e comissão técnica, tanto dentro, quanto fora das competições.
- **Resultado comercial atrelado à *performance* esportiva**: as vendas dos produtos licenciados com as propriedades do parceiro (escudo, cores, atletas etc.) terão um melhor resultado quando o desempenho e resultados esportivos da entidade forem significativos (variável incontrolável), sendo que, em muitos casos, empresas buscam uma exposição e/ou promoção de suas marcas em seus segmentos-alvo (*co-branding*), estabelecendo o ponto de equilíbrio como objetivo do volume de vendas (*breakeven*).
- **Carência de dados**: por tratar-se de uma operação com grande viés comercial, a inexistência de informações fidedignas a respeito das características do público-alvo das empresas fornecedoras, isto é, os fãs dos detentores de propriedades, podem comprometer o alcance das vendas dos investidores, sendo imprescindível conhecer dados e jornada de consumo (*customer journey*), indo além de dados única e exclusivamente demográficos.
- **Barreiras à exclusividade por categoria de produto**: algumas empresas podem não ter o *know how*, P&D, capacidade industrial e/ou *core business* para produzir todos os produtos e/ou serviços necessários para uma *high performance* de seus parceiros esportivos, não sendo raros os casos de concorrentes de um mesmo segmento

que forneçam produtos específicos para os detentores de propriedades (não se leva em consideração contratos individuais, mas sim, capacidade técnica).

- **Quantidade de produtos fornecidos**: dependendo do contrato, dimensão e necessidade do detentor de propriedades, a gama de produtos fornecidos pelo parceiro pode ser extremamente significativa, não alcançando, muitas vezes, uma equiparação em volume de vendas de produtos com a licença do mesmo.
- **Risco de *ambush marketing***: assim como patrocínios individuais se apresentam como alternativa à limitação de verba, a existência de atletas e/ou membros da comissão técnica patrocinados por marcas concorrentes representam uma grande ameaça ao *official supplier* 360° da entidade esportiva (cláusulas contratuais devem nortear o processo, garantindo os contratos individuais e *performance* esportiva dos personagens sem conflitar com os interesses da entidade e seus parceiros).

3.5. Patrocinador pontual

Também chamado de patrocínio de ocasião, avulso ou *one time*, essa modalidade de patrocínio dá-se quando um *prospect* vislumbra, em um evento, entidade esportiva e/ou atleta, uma oportunidade temporal e específica de exposição, relacionamento com parceiros, comunidade local, geração de negócios e vendas, entre outros.

Procurado originalmente por empresas com impossibilidade de assumir contratos de longo prazo (por ter um *budget* menor), sem histórico de investimentos no esporte, ou, ainda, que sofreram algum tipo de desgaste em suas imagens institucionais (denúncias de má práticas, corrupção ou poluição, por exemplo), esse modelo, com o passar dos anos, transformou-se em uma estratégia cada vez mais utilizada na indústria esportiva.

Vantagens:

- **Alto impacto**: a entidade esportiva, equipe ou atleta disputa eventos, jogos decisivos, finais de competições etc., estando no centro das atenções, gerando grande visibilidade e possibilidade de desenvolvimento de ações promocionais, relacionamento, negócios, vendas, entre outros.

- **Retorno imediato**: por tratar-se de uma ação rápida, com objetivos a curto prazo, todas as ações são direcionadas para que os resultados sejam conquistados em um curto espaço de tempo.
- **Possibilidade de permanência**: a visualização do retorno obtido na ação pontual pode despertar um interesse real do investidor em se tornar um parceiro oficial no processo, provendo contratos de médio a longo prazo.
- **Ingressos na alternância de parceiros**: mesmo que pontual, o aporte financeiro pode representar um incremento significativo no orçamento, ainda mais quando a detentora de propriedades não possui patrocinadores oficiais ou se encontra em fase de prospecção junto a potenciais parceiros permanentes.
- **Aumento do portfólio de *cases* de sucesso**: o ingresso de uma empresa, mesmo em um período extremamente curto, propicia credibilidade e respeitabilidade à entidade esportiva, credenciando-a como plataforma eficiente de retorno para os investidores (materialização dos resultados).
- **Menor custo**: um patrocínio pontual possui, em grande parte das vezes, um investimento significativamente menor se comparado às parcerias de médio e longo prazo, possibilitando o ingresso de um universo maior de *prospects* de diferentes portes e realidades na indústria esportiva.

Desvantagens:

- **Dificuldades no *co-branding***: por tratar-se de um investimento avulso, o patrocinador pode não alcançar uma identificação e reconhecimento (*awareness*) quando comparado às marcas historicamente parceiras das entidades esportivas (imagem de empresa oportunista, artificial ou até mesmo sem legitimidade).
- **Desconhecimento das potencialidades do investimento**: em grande parte das vezes, as empresas pontuais, seja por desconhecimento, interesse ou carência de recursos, não desenvolvem estratégias de ativação para maximizar o alcance dos resultados.
- **Barreiras a longo prazo**: tendo em vista o objetivo do investimento, o detentor de propriedades não pode considerar a verba

do patrocinador pontual para um planejamento a longo prazo de suas ações.

- **Adoção de uma política permanente**: quando entidades esportivas desenvolvem longos períodos de inserção ocasional de marcas, além de muitas vezes descaracterizar e/ou poluir seus ativos, não promovem esforços e estratégias para prospectar patrocinadores a longo prazo.
- **Distanciamento de parcerias**: *cases* de patrocínios pontuais comprovadamente de sucesso no mercado podem incentivar um significativo *benchmark* por parte dos *players* da indústria esportiva, principalmente detentores de propriedades e investidores, diminuindo a concretização de parceiras longínquas no segmento.
- **Nenhum poder de decisão**: com exceção dos diretos e deveres assumidos por ambas as partes durante a ação pontual, o patrocinador não possui poder sobre as decisões do detentor de propriedades.

3.6. Copatrocinador

Conhecido também como patrocinador oficial, patrocinador prata ou secundário, é um modelo de investimento cada vez mais desenvolvido no cenário esportivo brasileiro. Devido aos altos custos que atualmente compõe os projetos esportivos, principalmente os de médio e grande porte, ou em entidades que almejam uma *high performance*, torna-se cada vez mais difícil angariar patrocinadores exclusivos ou investidores que financiem os projetos por completo (assumam todas as despesas). Assim, os custos acabam sendo divididos entre dois ou mais parceiros.

Vantagens:

- **Menor investimento**: por obter geralmente um menor retorno se comparado ao patrocinador máster, cogestor e gestor, seja em termos de exposição, institucional, promocional, relacionamento e/ou vendas, e levando em conta a necessidade para diferenciação da categoria de investimento, o copatrocinador ingressa no processo com um menor valor se comparado aos demais parceiros.

- **Adequação à disponibilidade de recursos**: os copatrocinadores podem patrocinar, em conformidade com seu *budget*, uma ação e/ou experiências específicas dentro do evento e/ou da entidade esportiva, obtendo propriedades relevantes para uma competitividade no mercado.
- **Investimento financeiro e fornecimento de produtos e/ou serviços**: o copatrocinador pode ingressar no processo, em caso de interesse do parceiro, por meio de uma verba financeira, somada ao fornecimento de produtos e/ou serviços, obtendo, além das propriedades habituais (retorno de mídia, institucional, relacionamento, entre outras), associação à entidade e/ou eventos esportivos *in loco*.
- **Inserção da marca em espaços alternativos**: geralmente não usufruindo dos espaços mais destacados do *naming rights*, uniformes, placas, *backdrop* etc., o copatrocinador pode inserir sua logomarca em espaços alternativos que propiciem uma visibilidade significativa nas mídias *online* e/ou *offline* (quando o número de empresas parceiras for elevado e a totalidade destas exigir uma inserção nos uniformes oficiais do patrocinado, deve-se desenvolver, ao máximo, a criatividade e estratégias eficientes de exposição).
- **Exclusividade na categoria de produto e/ou serviço**: independentemente da existência de outros parceiros no processo de patrocínio (apoio, *official supplier*, patrocinador máster, cogestor, gestor e demais copatrocinadores), deve ser assegurando ao investidor exclusividade no que tange sua categoria de produto (os detentores de propriedades devem estabelecer o ingresso de apenas uma empresa por segmento, garantindo, posteriormente, a exclusão de qualquer marca concorrente).
- **Direito ao uso da imagem coletiva dos protagonistas esportivos**: apesar de grande parte dos contratos nessa categoria não propiciarem o direito ao uso da imagem individual dos atletas e comissão técnica (propriedade destinada geralmente ao patrocinador máster, cogestor, gestor e investidor), o copatrocinador pode valer-se da imagem coletiva dos protagonistas, inserindo, em seus produtos, campanhas publicitárias, promocionais, *merchandising*, entre outros.
- **Desenvolvimento de ações promocionais**: mesmo quando a exposição para o copatrocinador não representar uma propriedade

significativa, ele pode valer-se da parceria para um relacionamento junto a seus parceiros comerciais, *trade marketing* e públicos-alvo (interno e externo), promovendo visitas e ações em PDV, convenções de vendas e ações de endomarketing, por exemplo (com os novos formatos digitais, é possível promover suas imagens, seja em mídias oficiais do patrocinado, seja em suas próprias plataformas digitais).

- ***Business-to-business***: o copatrocinador tem, na entidade esportiva e em seus atores, uma plataforma de relacionamento para prospectar parceiros comerciais (geração de negócios). Ações em conjunto com os demais *players* do processo, com a divisão de custos, devem ser consideradas (os copatrocinadores não são concorrentes, mas sim, parceiros de investimentos).
- **Possibilidade de maior envolvimento no projeto**: o ingresso de um copatrocinador, mesmo assumindo uma cota menor, apresenta um cenário de oportunidades para a entidade esportiva, isso porque, ao analisar o retorno obtido, o investidor poderá renovar o contrato ou ainda aumentar sua participação no processo para uma categoria superior de investimento (entregas prometidas e superação das expectativas tornam-se fundamentais).

Desvantagens:

- **Menor exposição**: por ingressar com um investimento menor se comparado a outros parceiros (máster, cogestor e gestor), seu retorno em termos de mídia espontânea, institucional, relacionamento e geração de negócios tende a ser menor.
- **Divisão da atenção e retorno**: mesmo reconhecendo a necessidade e/ou importância do ingresso de um número significativo de *players* na entidade esportiva, a existência de múltiplas marcas no processo, principalmente em ativos de exposição, pode, além de gerar confusão perante o *target*, comprometer a atenção e entrega de resultados.
- **Obstáculos ao *naming rights***: possuindo geralmente direito a segunda ou terceira inserção na nomenclatura da equipe (no caso de a entidade vender seu *naming rights* para os parceiros), a exposição do copatrocinador geralmente fica comprometida em termos de *share of*

voice. São raras as exceções onde os veículos de comunicação citam o *naming rights* adquirido pelos patrocinadores, e quando o fazem, mencionam, no máximo, o primeiro nome, geralmente cedido ao patrocinador máster ou gestor.

- **Baixo poder de decisão**: pelas características do modelo, cuja contrapartida consiste em retorno de mídia, imagem, promoção e relacionamento, o copatrocinador, em grande parte das vezes, não participa das decisões sobre o destino de sua verba no processo, sendo um contrato de "troca-troca", com o poder de decisão diminuído (um número menor de propriedades e atenções da parte do patrocinado).

3.7. Patrocinador máster

Conhecido também como patrocinador principal, ouro (*Gold*) ou *premium* é, entre todos os *players* vistos até o momento, aquele que destina o maior investimento, usufruindo, assim, das maiores oportunidades no processo. Deve ser distinguido de qualquer outra forma de auxílio como doações, filantropia, apoios anônimos e patronagem. O patrocinador máster tem objetivos comerciais, não se contentando em fornecer recursos anonimamente.

Vantagens:

- **Retorno de mídia**: o fato de possuir prioridade nos melhores espaços e posições nos uniformes (tamanho, destaque e cores, por exemplo), maior destaque nos eventos *in loco*, *hospitality*, entre outras propriedades, torna o retorno sobre a exposição da marca, produtos e/ou serviços extremamente significativo.

Banco de Reserva no Estádio Santiago Bernabéu — Real Madrid F.C. — Madri — Espanha

Fonte: Arquivo pessoal.

- ***Naming rights***: em alguns casos, o patrocinador máster assume o nome da equipe, isto é, a entidade esportiva cede o primeiro nome ou o próprio nome para o seu principal parceiro. Nos raros casos em que os veículos de comunicação citam o verdadeiro nome da entidade esportiva, o patrocinador máster possui uma garantia de menção.
- **Retorno institucional**: com uma associação significativa aos valores da entidade patrocinada, atores esportivos e/ou da modalidade esportiva como um todo, o patrocinador máster pode alcançar um (re)posicionamento no mercado. Em grande parte das vezes, é reconhecido pelos seus públicos como um investidor com responsabilidade social por meio do fomento ao esporte (*goodwill*).
- ***Brand awareness***: ocupando com sua logomarca os melhores espaços (frontal dos uniformes de jogo e treino, placas, tempo significativo nos painéis de *led*, tapetes no campo etc.), o patrocinador máster alcança um reconhecimento de marca significativo.

- **Relacionamento**: geralmente previsto em contrato, o patrocinador máster detém o direito de explorar um espaço físico nas instalações esportivas para ações de relacionamento com seus parceiros, endomarketing, promoções, entre outras ações.

Camarote para Hospitality — Estádio do Dragão — F.C. Porto — Porto — Portugal

Fonte: Arquivo pessoal.

- **Retorno promocional e de vendas**: além do retorno de mídia e imagem, o patrocinador máster pode valer-se da entidade esportiva como uma significativa plataforma promocional e de vendas, como pode-se ver no exemplo:

> Em uma determinada oportunidade, pedimos ao marketing do Banco do Brasil que entrasse em contato com os superintendentes da instituição financeira em todas as regiões do Brasil oferecendo os jogos da

Seleção Brasileira de Voleibol para os prefeitos e governadores. Quando estes (prefeitos ou governadores) nos ligavam com o intuito que levássemos a equipe para a sua cidade ou estado, afirmávamos: "Levamos a Seleção, mas vocês devem fazer um depósito no Banco do Brasil equivalente ao preço do espetáculo ou deixando este valor por um período (ao menos um ano) em RDB ou CDB, ou, ainda, realizar uma atividade bancária qualquer junto ao Banco do Brasil para gerar um lucro capaz de pagar, no mínimo, o nosso patrocínio do mês". E assim vem sendo feito. Em todos os nossos eventos acertamos um negócio para o Banco do Brasil.

Ary Graça, então presidente da Confederação Brasileira de Voleibol, em entrevista a Caballero (2013).

- **Direito ao uso da imagem individual e coletiva**: a possibilidade de explorar a imagem individual e coletiva dos protagonistas esportivos, seja em seus produtos, serviços, campanhas publicitárias ou promocionais, por exemplo, apresenta-se como uma das principais vantagens para o patrocinador máster (na concretização da parceria, a empresa deve certificar-se do direito legal do detentor das propriedades em poder oferecer e, garantir, esse ativo).

Desvantagens:

- **Desorganização dos patrocinados**: apesar de *cases* pontuais de sucesso, parte significativa das entidades esportivas estão distante da adoção de eficientes modelos e processos de gestão e profissionalização.
- **Falta de controle sobre as ações do patrocinado**: o patrocinador máster está à mercê do comportamento dos dirigentes e protagonistas esportivos, e ações equivocadas podem ocasionar danos significativos à sua imagem.
- **Médio poder de decisão**: apesar de destinar o maior montante de recursos e almejar uma participação cada vez maior nas deliberações do processo no patrocínio, salvo exceções, o patrocinador máster, embora atento e monitorando as ações de seu patrocinado, exigindo atitudes que valorizem (ou não desvalorizem) suas imagens, condicionando, remanejando ou até mesmo encerrando investimentos

a partir de atitudes que não condizem com seus valores e crenças, não interfere significativamente nas decisões da entidade esportiva, principalmente no que tange o destino de sua verba investida (relação baseada no repasse de verbas em contrapartida de propriedades estabelecidas).

3.8. Patrocinador exclusivo

Apesar de ser um dos mais desejados entre as empresas (maior exploração das propriedades) é, de longe, o modelo menos desenvolvido nos processos de patrocínio, visto a dificuldade de um único *prospect* arcar com os custos totais do projeto da entidade esportiva.

Vantagens:

- **Inexistência de concorrência na exposição**: com exceção do fornecedor oficial de material esportivo e de outro(s) apoiador(es) imprescindíveis para o desenvolvimento das atividades, nenhuma outra marca, além do patrocinador exclusivo estará inserido nas propriedades da entidade esportiva (como em uniformes, espaços exibitécnicos, *hospitality* e plataformas digitais).
- **Maior atenção por parte do patrocinado**: devida a inexistência de outros patrocinadores, a entidade esportiva direciona total atenção para o investidor exclusivo, propiciando uma maior exploração promocional do processo (amistosos de interesse do patrocinador, visita ao *trade*, endomarketing, entre outros).
- **Alto poder de decisão**: apesar de não se constituir em um modelo de cogestão ou gestão, onde muitas vezes existe uma divisão de poderes, ou muitas vezes um total poder de decisão sobre as ações do patrocinado, este modelo de investimento propicia, ao investidor, o direito de discutir e opinar a respeito das estratégias a serem desenvolvidas durante o processo de patrocínio, principalmente quando se tratar de ações oriundas especificamente de sua verba (contratação e comportamento de protagonistas esportivos, participação em competições e eventos, entre outras).

Desvantagens:

- **Maior investimento**: dentre as poucas desvantagens que um patrocinador exclusivo possui, encontra-se os altos custos do investimento, arcando praticamente com a totalidade ou com grande parte dos recursos para o desenvolvimento das ações da entidade esportiva.
- **Identificação com o patrocinado**: apesar de obter uma exposição significativa, possíveis deslizes de conduta da entidade esportiva e seu elenco podem afetar significativamente a imagem do investidor, visto a grande identificação alcançada pelo patrocinador exclusivo (em muitos casos, o patrocinador exclusivo é confundido com o próprio gestor da entidade esportiva).
- **Provável dependência**: a entidade esportiva, em grande parte das vezes, pode-se tornar dependente financeiramente do patrocinador exclusivo, não possuindo outros meios para suprir sua possível saída (é imprescindível que a detentora de propriedade esteja em busca permanente de *prospects* para uma necessária substituição).

3.9. Parceiro

Forte tendência na atual indústria esportiva, o modelo de parceria, ou *partnership* como mundialmente é conhecido, transcende a relação patrocinador/patrocinado.

Reconhecendo que uma das principais reivindicações dos investidores em processos de patrocínio reside na possibilidade de serem ouvidos e até mesmo negociarem as ações a serem desenvolvidas, este modelo abre um canal de diálogo permanente, promovendo ações em busca de ganhos entre as partes (intercâmbio e cooperação). Com a proposta de parceria, as entidades esportivas agregam maior credibilidade ao processo, além de segurança e confiabilidade a seus patrocinadores (cada parte é livre para aceitar, ou não, a oferta do *partner*).

A parceria não se expressa única e exclusivamente por meio de recursos financeiros (relação meramente comercial), mas sim, por meio de transmissão de *know how*, gestão e estratégia de mercado. A parceria implica interesse, consideração e negociação, com total transparência, boa vontade e profunda integração.

Vantagens:

- **Comprometimento nos objetivos mútuos**: o processo de parceria representa um maior compartilhamento e consequente alinhamento dos patrocinadores e patrocinados em relação às metas estabelecidas no início da relação (maior atenção, comunicação e intercâmbio de ambas as partes).
- **Verbas atreladas ao desempenho**: na direção contrária de muitas entidades esportivas, que enxergam os patrocinadores apenas como financiadores de seus projetos, sem preocupações com contrapartidas, em processos de parcerias negocial, o estabelecimento de comissões, bônus e prêmios, por exemplo, vinculados ao alcance dos objetivos e metas dos investidores, é uma constante (sociedade comercial entre as partes).
- **Relação longínqua**: o modelo de parceria, baseado em *performance* esportiva e colaboração em estratégias de *branding*, relacionamento e vendas, propicia o desenvolvimento de uma relação de longo prazo entre as partes (marketing de relacionamento).
- **Alto poder de decisão**: empresas patrocinadoras buscam, nesse modelo, a possibilidade, ou obrigatoriedade, de serem consultadas, podendo aceitar, ou não, a oferta e procedimentos da outra parte (significativo poder de influência no processo).

Desvantagens:

- **Amadorismo da entidade esportiva**: entre as grandes reclamações dos investidores da indústria do esporte, está a falta de compreensão de muitas entidades esportivas a respeito da importância de os patrocinadores alcançarem suas metas com objetivo de uma relação a longo prazo (relação ganha-ganha).
- **Maior direcionamento de recursos**: tendo em vista o comprometimento nos objetivos do parceiro esportivo, um maior investimento e/ou aporte(s) financeiro(s) em determinados períodos do contrato, podem ser necessários (verbas complementares além das estabelecidas previamente).

3.10. Cogestor

Modelo onde as tomadas de decisões são realizadas em conjunto e não de forma isolada, obedecendo às metas preestabelecidas para o alcance dos objetivos propostos. De acordo com Caballero e Carvalho (1998), esse modelo procura transformar, por meio de acordos e cláusulas contratuais, os antes denominados patrocinador e patrocinado, em parceiros de investimentos, oferecendo uma maior garantia para os *players* no processo.

Entre os *cases* de maior sucesso deste tipo de investimento (retorno significativo para empresas e entidades esportivas), estão as cogestões desenvolvidas pela Empresa Alimentícia Parmalat junto à S.E. Palmeiras (São Paulo) e ao E.C. Juventude (Caxias do Sul), e da Unimed-Rio junto ao Fluminense F.C. (Rio de Janeiro).

Vantagens:

- **Comprometimento nos objetivos mútuos**: tendo em vista o fato das decisões serem tomadas em conjunto, as ações dos cogestores (patrocinador e entidade esportiva) são direcionadas em prol dos objetivos mútuos.
- **Barreiras ao desperdício de recursos**: os recursos (financeiros e/ou materiais) são direcionados única e exclusivamente para ações que estejam em conformidade com os objetivos do cogestor e não para custear demandas específicas da entidade esportiva (pagamento de antigas dívidas fiscais e trabalhistas, construção e/ou reforma de equipamentos e instalações, investimento em modalidades sem expressão e/ou potencial consumo). Um exemplo:

> A Empresa Alimentícia Parmalat foi cogestora única e exclusivamente no Departamento de Futebol Profissional da S.E. Palmeiras, não direcionando seus recursos para outras modalidades do clube como voleibol, hóquei sobre patins, basquetebol, entre outros.

- **Transferência de *know how***: além do repasse de recursos financeiros, o modelo privilegia a transferência de conhecimento entre os profissionais da empresa patrocinadora e os dirigentes da detentora de propriedades (gestão, governança, *compliance*, planejamento estratégico, recursos humanos, controle financeiro, marketing estão entre os processos a serem assessorados e/ou desenvolvidos conjuntamente).

- **Inserção de profissionais na entidade esportiva**: procurando um maior controle *in loco* das ações, bem como o alcance dos objetivos, a empresa cogestora pode inserir profissionais de seu *staff* na estrutura organizacional da entidade esportiva (estes profissionais podem atuar na parte técnica e/ou de gestão da entidade).
- **Parceria a longo prazo**: tendo em vista que o cogestor possui um maior comprometimento, se comparado a outros investidores (objetivo além da mídia espontânea e/ou imagem institucional), os contratos tendem a ser de longo prazo (reconhecimento por parte da empresa que os resultados em parcerias esportivas propiciam maiores retornos quando desenvolvidos por um período mais longínquo).
- **Alto poder de decisão**: por meio deste modelo, o investidor alcança grande poder de influência e intervenção na entidade esportiva, com acesso total a elementos informativos e documentos do patrocinado, tendo o direito a ser ouvido, debater, fiscalizar, apresentar sugestões, reclamar, aprovar, contestar e, até mesmo, vetar procedimentos e/ou ações que não estejam de acordo com os objetivos estabelecidos no início do processo.

Desvantagens:

- **Maior investimento**: devido à própria natureza do modelo, em que o sucesso de uma parte depende diretamente do desempenho da outra, o repasse de recursos financeiros junto à entidade esportiva torna-se significativo.
- **Barreiras ao ingresso de demais parceiros**: com exceção de apoiadores e fornecedores oficiais, o modelo dificulta o ingresso de outros parceiros, seja pela restrição contratual (cogestor detém praticamente todas as propriedades), seja pela probabilidade da pouca atenção destinada aos demais investidores por parte do patrocinado (as decisões e, consequentemente, as ações, serão direcionadas em função dos objetivos do cogestor).
- **Criação de estrutura fora do *core business***: procurando manter um controle maior das ações da entidade esportiva, bem como uma máxima exploração mercadológica e promocional do processo,

muitas vezes a empresa cria um departamento para administrar seu investimento no esporte (investimento em uma área que não é sua de origem). Essa estrutura pode ser dentro da própria empresa (*in house*) ou a partir da contratação de empresas e/ou assessorias externas.

- **Perda de autonomia**: diferentemente do modelo tradicional de patrocínio, onde a entidade esportiva controla totalmente sua gestão, no modelo de cogestão a decisão das ações passa a ser compartilhada, principalmente quando se trata especificamente do destino da verba do investidor (verba condicionada para a tomada de decisão).
- **Grande dependência**: principalmente em contratos de longo prazo, a dependência junto ao cogestor é visível, tornando-se fundamental a procura por outros parceiros e verbas alternativas, antecipando-se a uma possível saída do investidor quando este atingir seu objetivo no processo (o desafio é aproveitar e se beneficiar do período de conquistas provenientes da cogestão para potencializar resultados financeiros, aprimorar a gestão, absorver *know how*, experiências e maturidade, promovendo sua imagem para prospecção de novos parceiros).
- **Identificação com o cogestor**: por assumir uma notoriedade a partir do processo, quando a entidade esportiva for negociar projetos com recursos próprios (contratação de atletas e reformas em suas instalações, por exemplo), o mercado pode considerar tratar-se de verba proveniente da cogestão, estabelecendo condições e/ou valores não compatíveis com a realidade da entidade (como visto anteriormente, a cogestão pode dar-se apenas em determinados departamentos e/ou modalidades).
- **Comportamento de protagonistas e dirigentes**: problemas de conduta indevida de dirigentes e comportamento dos atletas, dentro e fora das competições, podem atingir diretamente a imagem da empresa investidora.
- **Possíveis desgastes à imagem institucional**: apesar de a cogestão propiciar inúmeros retornos para as partes, *stakeholders* da entidade esportiva (dirigentes, torcedores, veículos de comunicação, parceiros, órgãos governamentais, entre outros) podem criar barreiras à empresa investidora, tendo em vista as próprias características do processo (controle das ações da entidade esportiva).

Na pesquisa realizada pela empresa Sport Track (2011) no que tange os patrocinadores da S.E. Palmeiras, é possível perceber o retorno alcançado em termos de *brand awareness* em um processo de cogestão (deve-se ressaltar que a cogestão entre a S.E. Palmeiras e a Empresa Alimentícia Parmalat se encerrou no ano de 2000).

Tabela 1: Lembrança de Patrocinador

	2007		2008		2009		2010		2011
parmalat	54,4	parmalat	37,6	parmalat	37,4	parmalat	41,0	parmalat	42,1
PIRELLI	23,0	FIAT	30,1	SAMSUNG	32,2	FIAT	33,0	FIAT	33,8
FIAT	12,9	Suvinil	17,4	adidas	21,9	SAMSUNG	20,2	adidas	25,1
adidas	7,6	adidas	12,6	FIAT	10,0	adidas	19,5	SAMSUNG	7,1
TRAFFIC	2,0	PIRELLI	12,5	PIRELLI	6,7	PIRELLI	7,0	BANCO BMG	4,3
Santander	1,1	TRAFFIC	6,2	Suvinil	4,5	Nike	3,4	Nike	4,0

Pergunta: Lembrança de PATROCINADOR de algum time — Total de menções (Espontânea / Resposta Múltipla). Amostra São Paulo.

Fonte: Relatório Sport Track (2011).

Outro aspecto a ser destacado, diz respeito ao retorno alcançado pela multinacional italiana com a cogestão desenvolvida junto ao clube paulista em comparação aos seus demais investimentos no esporte. Analisando as bases históricas de lembrança e construção de marca apontadas até o ano de 2019, a cogestão apresentou um percentual significativamente superior em relação aos patrocinados da Fórmula 1 e futebol em geral, por exemplo. De igual forma, apesar de uma queda gradual e natural, e 22 anos após o encerramento da parceria, a marca da empresa ainda apresenta índices significativos de lembrança.

Gráfico 2: Cogestão Empresa Alimentícia Parmalat e S.E. Palmeiras *versus* demais patrocínios

Empresa Alimentícia Parmalat	Histórico	2020	2021	2022
Que marcas vem a cabeça quando pensa em Futebol	1,3%	0,9%	0,4%	0,2%
Que marcas vem a cabeça quando pensa em Fórmula 1	0,2%	0,1%	0,1%	0,0%
Qual é o Patrocinador do seu time	36,2%	18,5%	11,1%	8,2%

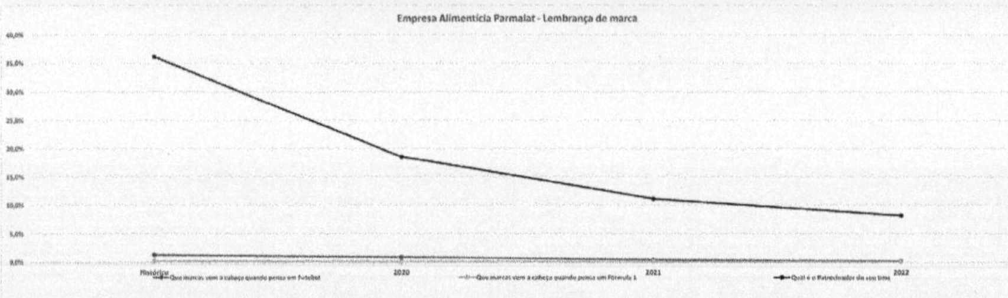

Fonte: Relatório Sport Track (2022).

Os principais processos de cogestão no Brasil proporcionaram resultados extremamente significativos em termos de *performance* para as entidades esportivas. Junto à Empresa Alimentícia Parmalat, a S.E. Palmeiras conquistou 24 títulos nacionais e internacionais. Já o E.C. Juventude conquistou três campeonatos, entre estaduais e nacionais. Com relação ao Fluminense F.C., a cogestão junto à Unimed-Rio propiciou a conquista de 25 títulos, entre regionais e nacionais. Já a empresa investidora, obteve um retorno de mídia espontânea de 23 para 1, alcançando o Top of Mind em seu segmento, bem como uma baixa rejeição junto às torcidas adversárias *Denise Liporaci, então coordenadora de marketing esportivo da Unimed-Rio, em entrevista a Caballero, (2013).*

3.11. Gestor

Ocorre quando uma determinada empresa, em vez de patrocinar uma entidade esportiva já existente e/ou consolidada em seu segmento, opta por criar uma equipe, clube, associação ou evento esportivo.

Apesar de possuir pontos em comum (formas de entrada, gestão financeira, etc.), deve-se diferenciar o modelo de gestão de investidor. No primeiro, os objetivos consistem na exploração do esporte como plataforma de mídia, reconhecimento de marca, endomarketing, relacionamento, geração de negócios, vendas etc. No segundo, o objetivo final consiste na busca por lucratividade.

Vantagens:

- **Controle total das ações**: por tratar-se de uma entidade esportiva proprietária (equipe, atleta ou evento), a empresa gestora possui liberdade para comandar suas ações. Mesmo que não exerça este poder, decisões como nome da equipe, local da sede, inserção de marcas, capital humano, competições a participar, entre outras, podem permanecer a cargo da empresa gestora.
- **Gestão profissional**: o modelo de gestão permite a adoção, junto à equipe, atleta ou evento esportivo, de procedimentos gerenciais idênticos aos desenvolvidos em uma estrutura organizacional de uma empresa (alinhamento entre os colaboradores da entidade e as estratégias corporativas do gestor).
- **Alcance dos objetivos**: com um controle de grande parte das ações, aliada a um processo de gestão profissional, o gestor tende a obter maiores retornos, valendo-se da entidade esportiva como uma de suas principais plataformas de relacionamento e geração de negócios.
- **Interação com o público interno da empresa**: com um maior controle, a empresa gestora pode valer-se da entidade esportiva para desenvolver ações de endomarketing, contribuindo tanto para a melhoria do clima organizacional, quanto da produtividade, diminuindo resistências ao investimento além de prover, em última instância, o interesse e predisposição em torcer pela entidade (colaboradores da empresa como fãs da entidade esportiva).
- **Mudança territorial**: além de promover amistosos e participar de competições em praças de interesse da empresa gestora, esta pode transferir territorialmente a entidade esportiva de acordo com a aceitação (absorção) da população e demais *stakeholders* locais (órgãos governamentais, apoiadores, mídia), bem como de seus objetivos mercadológicos e/ou comunicacionais. Alguns exemplos:

Este modelo é constantemente utilizado por meio do sistema de franquias das NBA.

A empresa Red Bull leva seus eventos (Red Bull Cliffers e Red Bull Air Racing, por exemplo) para mercados (países) com grande potencial de consumo de seus produtos.

O Circuito Banco do Brasil de Vôlei de Praia obedece a um cronograma, de acordo com os objetivos promocionais e/ou mercadológicos da instituição financeira.

Durante sua existência, a equipe de voleibol da Olympikus instalou-se em três cidades brasileira distintas, procurando uma maior inserção na comunidade e promoção institucional.

- **Total poder de decisão**: por tratar-se de uma criação da empresa, esta mesma possui total poder de decisão no processo, definindo orçamentos, investimentos, estratégias e ações a serem desenvolvidas.

Os jogadores do Cimed Esporte Clube, tricampeão da Superliga de Voleibol Masculina, já sabem que quando formos jogar em uma determinada cidade, chegaremos um ou alguns dias antes para visitar redes de farmácias, organizar sessão de autógrafos, fotos etc.

Renan Dal Zotto, então gerente de esportes do Cimed Esporte Clube, em entrevista a Caballero (2013).

Desvantagens:

- **Inexistência de torcida**: a carência inicial de fãs apresenta-se como um dos principais entraves para criação, ou adoção com mudança de *naming rights*, de uma entidade esportiva, tendo em vista que projetos recém-lançados dificilmente contarão com uma torcida consolidada, fiel, envolvida e apaixonada como em entidades esportivas tradicionais ou clubes de camisa, por exemplo (apesar de demandar tempo e recursos, deve-se promover ações junto a colaboradores e comunidade em geral para criação de uma base de fãs ou prover uma associação junto a uma entidade de "camisa", inserindo o *naming rigths*).
- **Barreiras à mídia espontânea**: tendo em vista as dificuldades impostas pelos veículos de comunicação para menção e aparição respectivamente do nome (*naming rights*) e da logomarca da empresa

gestora em reportagens e transmissões de eventos, o retorno sobre exposição (ROE) pode ficar aquém do esperado (a não citação do *naming rights* pelos principais veículos de comunicação foi a causa apontada para o encerramento das atividades das equipes de voleibol Finasa, Brasil Telecom, Ulbra, Unisul e Cimed, em 2009).

- **Resistência interna**: mesmo reconhecendo que toda empresa necessita desenvolver algum tipo de estratégia promocional para manter-se competitiva no mercado, os colaboradores da empresa gestora (funcionários, gerentes, diretores, acionistas etc.) podem levantar questionamentos a respeito da validade e, principalmente, necessidade do direcionamento de verbas para um patrocínio esportivo, em detrimento de investimentos em infraestrutura, melhores condições de trabalho, aumento de salários, entre outros benefícios (cabe à empresa gestora criar uma conexão emocional entre os colaboradores e a entidade criada ou incorporada).
- **Maior identificação com a equipe e atores esportivos**: tendo em vista o controle total das ações, problemas de ordem gerencial e/ou esportiva como dívidas, manipulação de resultados e comportamento do elenco, serão diretamente vinculados à empresa gestora, diferentemente de um patrocínio tradicional, onde o investidor mantém única e exclusivamente uma relação comercial com a entidade esportiva por meio de gestões autônomas.
- **Criação de estrutura fora dos negócios da empresa**: considerando que a legislação esportiva brasileira estabelece que atletas não podem estar filiados ou vinculados a empresas, torna-se necessário a criação de um clube ou associação esportiva, bem como um braço esportivo ou departamento para administrar do investimento no esporte (divisão de esportes).
- **Maior investimento**: tendo em vista tratar-se de uma entidade esportiva, cujo *naming rights* e principais propriedades estão associados à empresa gestora, dificilmente outro parceiro investirá recursos significativos no projeto.
- **Possível perda de identidade**: prática comum neste tipo de processo, nomes, cores, brasão, escudo, símbolo, hino, apelido, identidade visual, etc, são modificados e/ou adaptados em função dos objetivos da empresa gestora. Clube dos Bagres já foi denominado

Emmanuel, Amazonas, Francana, Ravelli, Sabesp e All Star/Sapesp; Rio Claro Basquete teve como *naming rights* Polt/Vaporeto e Blue/Life, bem como Esporte Clube União Corinthians já assumiu os nomes de Arcal, Pitt e Pony. Neste aspecto é recomendável, sempre que possível respeitar, ao máximo, as tradições e características das entidades esportivas sob pena de críticas da opinião pública (fãs, mídia, demais parceiros etc).

3.12. Investidor

Procurado por terceiros que almejam retornos além das tradicionais propriedades e ativos do esporte, é um dos modelos de maior interesse atualmente na indústria esportiva, seja pela lucratividade direta junto à entidade esportiva, seja pela possibilidade de geração de *share of market*, *business-to-business*, abertura de novos mercados, entre outras vantagens.

Entre os investidores mais comum estão fundos de investimento (*private equities*), SPACs (*Special Purpose Acquisiton Company*), MCO (*Multi Club Ownership*), empresas, organizações governamentais (*Soft Power*), bem como pessoas físicas (neste caso deve-se diferenciar do mecenato, visto o enfoque profissional e interesse financeiro).

Além de um trabalho de *valuation* detalhado do potencial parceiro, é imprescindível um sistema jurídico seguro que componha o ecossistema da entidade (marco regulatório), contrato equilibrado, sustentabilidade ao modelo de negócio, previsibilidade, desenvolvimento das ações e proteção ao investimento.

Vantagens:

- **Aporte significativo de capital**: processo baseado em análise de mercado, objetivos pré-definidos e estimativa de retorno, o ingresso em projetos e/ou entidades esportivas ocorre, na maioria das vezes, com um montante de capital significativo se comparado a outros modelos de investimentos.
- **Percentual de aquisição**: o investidor, dependendo de seus objetivos, *budget* e abertura da entidade esportiva, pode delimitar um papel

de acionista minoritário, recebendo dividendos por isso, ou assumir um papel majoritário no processo, detendo o controle da maioria das ações (51% ou mais) e assim controlar os ativos (protagonistas sob contrato, recebíveis de patrocínios, direitos de transmissão).

- **Diversas fontes de ingresso**: o aporte financeiro do investidor pode dar-se por meio de uma participação acionária, contratos de patrocínio e verbas complementares, valendo-se da detentora de propriedades como plataforma de promoção, negócios e relacionamento.
- **Direcionamento das ações em prol dos objetivos preestabelecidos**: reconhecendo que o investidor possui objetivos claros de lucro (vê na entidade uma oportunidade de negócio), a gestão, decisões e ações são direcionadas para os objetivos preestabelecidos no início do processo (como departamento de esportes específicos, contratações de atletas, por exemplo).
- **Equilíbrio financeiro**: o ingresso de investidores propicia às entidades esportivas a possibilidade de recuperação financeira (saneamento de dívidas, renegociações, obstáculos ao *transfer ban* etc.), seja por meio dos aportes realizados, seja por meio de processos de gestão eficientes como gastos controlados, planejados e direcionados, responsabilidade financeira ou quitação de dívidas.
- **Valorização do investimento**: o investidor pode ter seu retorno impactado com premiações de *performance* esportiva, valorização do elenco (direitos econômicos), participação na construção e/ou reforma de arenas e estádios, centros de treinamento etc., bem como negociação junto aos veículos de comunicação e demais investidores.
- **Promoção da imagem pessoal**: diferentemente do mecenas, cujo interesse em repasse de verbas está na realização pessoal, o investidor pessoa física procura *status* e prestígio, oportunizando novos relacionamentos pessoais, parcerias e negócios para as organizações que preside. Em grande parte das vezes, e em projetos de sucesso, o reconhecimento por parte dos fãs da entidade, e do mercado como um todo, é significativo.
- **Transferência de notoriedade para a entidade**: a imagem pessoal do investidor pode representar a voz da marca corporativa da entidade esportiva, endossando e propiciando credibilidade ao seu parceiro, transformando o *co-branding* em uma significativa vantagem competitiva.

- **Controle sobre as tradições clubísticas**: situações como estatutos ultrapassados, necessidade de aprovação em conselhos ou entraves políticos, realidade que historicamente domina as entidades esportivas, acabam por afastar *players* do mercado (dependendo do poder acionário assumido pelo investidor, ou do estabelecimento de direitos e deveres na operação, é possível amenizar, controlar, ou até mesmo eliminar qualquer processo ou obstáculo interno para o alcance dos objetivos).
- **Alto poder de decisão**: para ir ao encontro das metas estabelecidas (lucratividade esperada), o investidor, em grande parte dos casos, lidera ou participa, de forma determinante, da gestão de todo o processo, independentemente da cota assumida (criação de um comitê ou equipe de gestão).

Desvantagens:

- **Maior transação financeira**: o alcance dos objetivos do investidor está relacionado aos resultados obtidos no processo, seja eles em ganhos financeiros, imagem e/ou relacionamento, partindo deste a origem dos maiores recursos para o sucesso do projeto (financeiro, estrutural, contratação e inserção de protagonistas na entidade esportiva etc.).
- **Vínculo com o *sportswashing***: quando uma entidade esportiva concretiza um processo junto a investidores, pessoas físicas, organizações ou órgãos governamentais com imagens negativas e/ou desgastadas, fruto de denúncias ou má práticas (como origem de recursos ilícitos, posturas e declarações inadequadas ou restrições à liberdade), a entidade pode enfrentar resistências por parte de fãs, mercado e opinião pública em geral.
- **Resistência à perda de autonomia**: o investidor pode enfrentar barreiras na entidade esportiva e/ou opinião pública (dirigentes, torcedores, fãs, indústria esportiva, órgãos governamentais, veículos de comunicação etc.) durante a aprovação do processo, controle da gestão, bem como na promoção de mudanças, inclusive estatutárias, para o alcance de seus objetivos (não concordância com a história, tradição, filosofia, crenças, missão e valores da entidade esportiva).

- **Interesse único e exclusivamente financeiro**: quando se tratar de SAF, entidades podem vislumbrar o processo como forma de alavancar receitas e honrar seus compromissos financeiros (dívidas ou fluxo da caixa, por exemplo) em detrimento de objetivos estratégicos e de mercado.
- **Gestão temerária**: caso um ou mais investidores não assumam o controle majoritário no processo, estes podem permanecer à mercê da decisão dos conselhos e dirigentes estatutários da entidade esportiva.
- **Inexistência de um eficiente *background* em gestão financeira**: com exceções, historicamente as entidades esportivas brasileiras não apresentam solidez financeira, fruto da falta de gestão, governança e leis de responsabilidade fiscal.
- **Dificuldade de *valuation***: apesar do crescimento da indústria esportiva, a mensuração de ativos tangíveis (bens próprios, instalações, contratos de recebíveis, direitos e receitas futuras), bem como intangíveis (paixão, fidelidade dos fãs) para embasar o processo decisório ainda enfrenta inúmeros desafios.
- ***Doping* financeiro**: o ingresso de investidores com significativos montantes financeiros pode ter, como consequência, a disparidade entre as entidades esportivas, causando desequilíbrio nas competições, além de uma inflação do mercado, com o aumento nos preços dos produtos da indústria esportiva, principalmente no que tange propriedades dos patrocinados e direitos de transmissão.
- **Descontinuidade na filosofia de investimento**: ao alcançar os objetivos e metas estabelecidas com a entidade esportiva (implantação de processos, valorização do ativo, aumento de faturamento, participação em competições e séries especiais, por exemplo), o investidor pode colocar à venda e/ou negociar ativos junto a *players* cujos objetivos e estratégias de investimento sejam diversos dos desenvolvidos até então, comprometendo o trabalho, planejamento e *performance* esportiva como um todo.

Embora não sejam considerados modelos de investimento diretos em patrocínio, outras operações comerciais valendo-se de produtos e serviços da indústria esportiva podem aumentar a competitividade e conquista de mercado para empresas e marcas, bem como propiciar uma significativa fonte de recursos para as entidades esportivas. É o caso do licenciamento (*licensing*) e franquias (*franchising*), as quais, apesar de já mencionadas anteriormente, merecem um papel de destaque como estratégias de investimentos.

3.13. Licenciamento

O licenciamento diz respeito à concessão a terceiros do direito de explorar comercialmente uma marca, imagem ou propriedade, tendo como contrapartida *royalties*, adiantamento de recebíveis, entre outras vantagens mercadológicas e financeiras.

Neste caso específico, deve-se considerar o lançamento de produtos e/ou serviços também por parte de empresas cujo *core business* não seja o esporte e/ou qualidade de vida (como visto no capítulo "Fornecedor Oficial").

Para o desenvolvimento de um programa eficiente de *licensing* por parte das entidades esportivas, a procura por parceiros com interesse estratégico no processo, reputação de mercado, respeito com a marca, capacidade de produzir e reagir às demandas, reabastecer estoque, capitalizar momentos importantes da temporada com lançamentos rápidos, além de distribuir e promover eficientemente os produtos licenciados, torna-se fundamental. Por outro o lado, estas devem assumir uma postura ativa no processo, produzindo um Manual de Identidade Visual atraente, disponibilizando protagonistas (atletas, comissão, técnica, *legends* etc.) para ações mercadológicas e/ou promocionais dos produtos nos meios *online*, *offline*, *trade*, PDV´s, entre outras ações.

Contratos com cláusulas de responsabilidades para as partes, duração, exclusividade, abrangência territorial, ativos explorados e valores negociados, são fundamentais para a segurança e alcance dos objetivos dos *players* do processo (CABALLERO, 2012).

Vantagens:

- **Receita extra para a detentora de propriedades**: valores oriundos de programas de licenciamento eficientes muitas vezes podem se aproximar dos ganhos financeiros como bilheteria e patrocínios.

- **Aproxima a marca do fã**: o público-alvo incorpora a marca da entidade em seu estilo de vida, usando e consumindo produtos oficiais, seja no *match day*, períodos de competições, bem como em seu dia a dia.
- **Alto grau de fidelidade**: empresas licenciadas encontram um público extremamente receptivo aos produtos e/ou serviços ofertados, tendo em vista seu apelo e associação à valores emocionais.
- **Alcance de novos públicos-alvo**: a partir do lançamento de um portfólio de produtos, é possível prospectar e/ou fidelizar novas gerações de fãs, simpatizantes e/ou consumidores para as entidades esportivas e marcas.
- **Globalização da marca**: a comercialização de produtos licenciados para além do mercado doméstico pode contribuir com a internacionalização da entidade esportiva, maximizando oportunidades de crescimento em novos países e continentes (considerar diferentes demandas, preferências e dinâmicas de cada praça).
- **Ação integrada ao patrocínio**: empresas podem valer-se de um investimento 360° em patrocínio esportivo lançando produtos licenciados com as propriedades do parceiro, obtendo uma associação efetiva e aumento de *share*.
- **Vantagem competitiva para marcas**: com a crescente similaridade entre os produtos existentes no mercado, a transferência de prestígio de um determinado evento, entidade esportiva e/ou atleta (*co-branding*) apresenta-se como uma significativa vantagem competitiva.
- **Utilização de inúmeros ativos**: o licenciado pode valer-se de inúmeras propriedades da entidade esportiva como nome, apelido, imagem individual e/ou coletiva dos atletas, escudos, mascotes, estádios, ginásios, bandeiras e expressões, por exemplo, para inserção e/ou associação a seus produtos e/ou serviços.
- **Inovações tecnológicas**: *eSports*, *games*, NFTs, colecionáveis, metaverso, entre outros, amplificam as oportunidades, operações e contratos para os licenciados e licenciadores na indústria esportiva.
- **Evolução do mercado**: novos produtos (versões, tamanhos, *design*, preços), metodologias de controle de vendas, somados a mecanismos

cada vez mais eficientes de combate à pirataria, aumentam a efetividade do licenciamento esportivo.

- **Aumento de participação no processo**: ao identificarem o potencial de associação e a geração de valor às suas marcas, empresas licenciadas podem assumir novas formas de investimento junto à detentora de propriedades, como patrocinadores, copatrocinadores, fornecedores oficiais, entre outros.
- **Possibilidade de distribuição *omnichanel***: a entrega por diversos canais, sejam eles físicos (lojas oficiais, exclusivas, multimarcas), sejam eles digitais (*e-commerce*, *marketplace*, redes sociais), aumentam os pontos de contato com os públicos-alvo, bem como a redução dos custos do processo.

Desvantagens:

- **Maior custo**: com o pagamento dos acordos comerciais entre o licenciador e o licenciado (*royalties* e mínimo garantido), o custo e, consequentemente o preço final dos produtos praticados ao consumidor final, apresentam-se elevados se comparado aos produtos concorrentes sem contratos de licenciamento.
- **Imediatismo no processo**: muitos detentores de propriedades não reconhecem o licenciamento como uma estratégia capaz de gerar resultados a longo prazo, a partir de um volume de venda em escala, exigindo mínimos garantidos, taxa de royalties e cotas de produtos desproporcionais e não assertivos com a realidade do processo.
- **Pirataria**: a violação dos direitos adquiridos por empresas ou indivíduos desautorizados, somada à falta de uma fiscalização eficiente e rigorosa, caracteriza-se como um dos principais motivos para evasão de divisas entraves para o desenvolvimento e eficiência do licenciamento esportivo.
- **Dificuldades em parceiras coletivas**: grande parte dos projetos de licenciamento são concretizados de forma individual, como consequência de uma desunião e/ou não acerto de valores equiparados entre os potenciais licenciadores (exigência maior de mínimo garantido, *royalties*, formatação dos produtos, entre outros).

Produtos Licenciados do New York Yankees — Nova York — EUA

Fonte: Arquivo pessoal.

Produtos Licenciados do Arsenal F.C. — Londres — UK

Fonte: Arquivo pessoal.

3.14. Franquia

Formato de expansão de negócios onde uma determinada entidade esportiva torna-se franqueadora cedendo, a terceiros (franqueados), o direito de uso da sua marca, transferindo *know how* operacional, obtendo, em troca, vantagens financeiras (pagamento de *royalties*, taxa de franquia, fundo de marketing etc.).

Lojas oficiais, loja conceito, quiosques, escolinhas, centros de treinamentos, *camps*, parques ou *playground* temáticos, por exemplo, estão entre os produtos passíveis de serem franqueados.

Exige contrato com cláusulas específicas a respeito da conduta do franqueado (replicar adequadamente em diferentes locais um modelo reconhecido e bem-sucedido de exploração de mercado).

Observa-se que as vantagens e desvantagens do *franchising* são, em muitos casos, idênticas ao modelo de *licensing*.

Vantagens:

- **Imersão no universo da marca**: é possível desenvolver um ambiente temático, propiciando experiências multissensoriais, de consumo e experimentação para os fãs.
- **Expansão da marca**: por meio do modelo de franquia, é possível as entidades esportivas ingressarem em novos mercados consumidores com mais efetividade, sejam eles geográficos e/ou demográficos.
- **Renda extra**: o escalonamento de operações comerciais pode representar um ingresso financeiro significativo para a entidade esportiva franqueadora.

Desvantagens:

- **Vendas e expansão condicionadas ao desempenho esportivo**: o sucesso e expansão das operações franqueadas, em grande parte das vezes, está atrelada ao sucesso esportivo do detentor de propriedades e sua consequente promoção institucional (trabalho com o imaginário da marca).

- **Abertura dos processos internos**: por ser um modelo de negócio baseado na transmissão de conhecimento para o franqueado, a entidade esportiva deve disponibilizar o acesso às suas informações estratégicas e operacionais.
- **Risco na relação com os franqueados**: mesmo em processos estruturados, a possibilidade de divergências entre a entidade esportiva e seus franqueados pode apresentar-se como uma realidade (comprometimento da imagem e credibilidade da marca).
- **Falta de autonomia na gestão do negócio**: o franqueado vê sua autonomia e/ou flexibilidade diminuída em termos de proposta de mudanças ou processos, por exemplo, tendo que seguir as diretrizes e padrões da franqueadora.

NBA Café Barcelona — Barcelona — Espanha

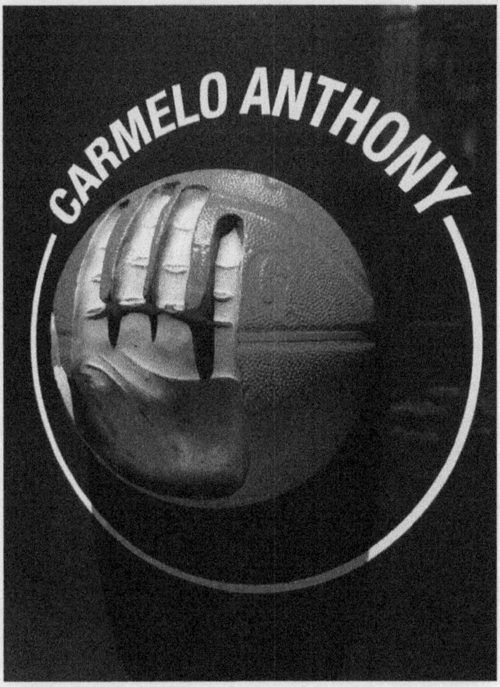

Fonte: Arquivo pessoal.

NBA Café Barcelona — Barcelona — Espanha

Fonte: Arquivo pessoal.

No Quadro 3, observa-se as vantagens e desvantagens dos modelos de investimento no esporte.

Quadro 3: Vantagens e desvantagens dos modelos de investimentos

Modelo de investimento	Vantagens	Desvantagens
Mecenas	• Aporte financeiro • Ingressos variáveis • Facilidade na prospecção • Transformação em parceiro corporativo • Promoção da imagem	• Investimento sem critérios técnicos • Barreiras para um investimento 360º • Imprevisibilidade no investimento a longo prazo • Dificuldades de estabelecer cláusulas contratuais • Dívida com o mecenas • Identificação com o mecenas • Barreiras à entrada de demais parceiros • Baixo poder de decisão

Modelo de investimento	Vantagens	Desvantagens
Permuta	• Objetivos comerciais • Produtos existentes no portfólio • Insumos para o detentor de propriedades • Redução de custos • Relação contratual	• Barreiras de *co-branding* • Pouco poder de decisão
Apoiador Oficial	• Baixo investimento • Inserção da logomarca em espaços específicos • Credibilidade para o ingresso de outros parceiros • Ambiente receptivo a novos projetos esportivos • Desenvolvimento de ações promocionais	• Quantidade de produtos e/ou serviços • Dependência à política de investimento • Baixo poder de decisão
Fornecedor Oficial	• Mídia espontânea • Segurança na exposição • Retorno institucional • Retorno promocional • Plataforma de vendas • Expansão de mercado • Patrocínios individuais • Desenvolvimento de novos produtos • Recursos financeiros • *Collab* entre atuais e/ou novos parceiros • Inserção dos embaixadores da marca • *Cross* entre atletas patrocinados • Geração de novas parcerias e negócios • Alto poder de decisão	• Imprevisibilidade das entidades e protagonistas esportivos • Resultado comercial atrelado à *performance* esportiva • Carência de dados • Barreiras à exclusividade por categoria de produto • Quantidade de produtos fornecidos • Risco de *ambush marketing*
Patrocinador Pontual	• Alto impacto • Retorno imediato • Possibilidade de permanência • Ingressos na alternância de parceiros • Aumento do portfólio de *cases* de sucesso • Menor custo	• Dificuldades de *co-branding* • Desconhecimento das potencialidades do investimento • Barreiras a longo prazo • Adoção de uma política permanente • Distanciamento de parcerias • Nenhum poder de decisão

Modelo de investimento	Vantagens	Desvantagens
Copatrocinador	• Menor investimento • Adequação à disponibilidade de recursos • Investimento financeiro e fornecimento de produtos e/ou serviços • Inserção da marca em espaços alternativos • Exclusividade na categoria de produto e/ou serviço • Direito ao uso da imagem coletiva dos protagonistas esportivos • Desenvolvimento de ações promocionais • *Business-to-business* • Possibilidade de maior envolvimento no projeto	• Menor exposição • Divisão da atenção e do retorno • Obstáculos ao *naming rights* • Baixo poder de decisão
Patrocinador Máster	• Retorno de mídia • *Naming rights* • Retorno institucional • *Brand awareness* • Relacionamento • Retorno promocional e de vendas • Direito ao uso da imagem individual e coletiva	• Desorganização dos patrocinados • Falta de controle sobre as ações do patrocinado • Médio poder de decisão
Patrocinador Exclusivo	• Inexistência de concorrência na exposição • Maior atenção por parte do patrocinado • Alto poder de decisão	• Maior investimento • Identificação com o patrocinado • Provável dependência
Parceiro	• Comprometimento nos objetivos mútuos • Verbas atreladas ao desempenho • Relação longínqua • Alto poder de decisão	• Amadorismo da entidade esportiva • Maior direcionamento de recursos
Cogestor	• Comprometimento nos objetivos mútuos • Barreiras ao desperdício de recursos • Transferência de *know how* • Inserção de profissionais na entidade esportiva • Parceria a longo prazo • Alto poder de decisão	• Maior investimento • Barreiras ao ingresso de demais parceiros • Criação de estrutura fora do *core business* • Perda de autonomia • Grande dependência • Identificação com o cogestor • Comportamento de protagonistas e dirigentes • Possíveis desgastes à imagem institucional

Modelo de investimento	Vantagens	Desvantagens
Gestor	• Controle total das ações • Gestão profissional • Alcance dos objetivos • Interação com o público interno da empresa • Mudança territorial • Total poder de decisão	• Inexistência de torcida • Barreiras à mídia espontânea • Resistência interna • Maior identificação com a equipe e atletas • Criação de estrutura fora dos negócios da empresa • Maior investimento • Possível perda de identidade
Investidor	• Aporte significativo de capital • Percentual de aquisição • Diversas fontes de ingresso • Direcionamento das ações em prol dos objetivos preestabelecidos • Equilíbrio financeiro • Valorização do investimento • Promoção da imagem pessoal • Transferência de notoriedade para a entidade • Controle sobre as tradições clubísticas • Alto poder de decisão	• Maior transação financeira • Vínculo com o *sportswashing* • Resistência à perda de autonomia • Interesse único e exclusivamente financeiro • Gestão temerária • Inexistência de um *background* em gestão financeira eficiente • Dificuldade de *valuation* • *Doping* financeiro • Descontinuidade na filosofia de investimento
Licenciamento	• Receita extra para a detentora de propriedades • Aproxima a marca do fã • Alto grau de fidelidade • Alcance de novos públicos-alvo • Globalização da marca • Ação integrada ao patrocínio • Vantagem competitiva para marcas • Utilização de inúmeros ativos • Inovações tecnológicas • Evolução do mercado • Aumento de participação no processo • Possibilidade de distribuição *omnichanel*	• Maior custo • Imediatismo no processo • Pirataria • Dificuldades em parceiras coletivas
Franquia	• Imersão no universo da marca • Expansão da marca • Renda extra	• Vendas e expansão condicionadas ao desempenho esportivo • Abertura dos processos internos • Risco na relação com os franqueados • Falta de autonomia na gestão do negócio

Fonte: Elaborado pelos autores.

Apesar do patrocínio esportivo tratar-se de um segmento altamente rentável, são inúmeras as variáveis incontroláveis. Assim, para que os objetivos dos *players* sejam alcançados, é necessário a adoção uma série de procedimentos e cuidados, desde a prospecção, desenvolvimento de estratégias e monitoramento sobre os resultados. A adoção ou não destes procedimentos, pode ser a linha divisória entre o sucesso e fracasso do processo.

4. O Processo de Patrocínio Esportivo

O processo de patrocínio pode ser dividido basicamente em cinco etapas. A primeira, a estruturação e consolidação da entidade esportiva, suas propriedades e ativos; a segunda, a captação, com a seleção, elaboração e apresentação da proposta junto aos *prospects*; a terceira, o processo de análise por parte dos *players*; a quarta, a negociação, com estabelecimento de direitos e deveres de ambas as partes e celebração do contrato; e a quinta, e última, consiste no desenvolvimento de estratégias para uma maior exploração das potencialidades do processo e entrega do retorno alcançado pelos detentores de propriedades, investidores e demais *stakeholders* da indústria.

A procura por uma eficiência em todas as etapas do processo deve ser uma constante das partes envolvidas, com vistas ao desenvolvimento de um marketing de relacionamento (parceria a longo prazo).

4.1. Trabalho prévio

Um trabalho da detentora de direitos antes de encaminhar aos *prospects* e/ou apresentar sua proposta ao mercado como um todo, possibilita, além da abertura e/ou ampliação de inúmeras oportunidades e investimentos, a criação de valor, impacto e retorno, com vistas a receitas escaláveis.

Mesmo reconhecendo as diferentes realidades que permeiam as entidades esportivas no que diz respeito à história, tradição, conquistas, premiações, bilheteria (*match day*), quantidade de fãs, programa sócio torcedor, direitos de transmissão, licenciamentos, transações de atletas, faturamento, *budget* para investimentos etc., estas devem desenvolver, de acordo com suas possibilidades, processos para a composição de um produto eficiente, atrativo e com potencial de entrega ao mercado. São eles:

- **Eficientes processos de gestão**: além de desenvolver constantes *business plan* para o alcance de seus objetivos, a entidade deve promover permanentes melhorias em seus processos de gestão, incluindo auditorias permanentes, boas práticas de governança, *compliance*, transparência, gestão ágil e conhecimento, por exemplo, assegurando seriedade e confiança aos atuais e futuros parceiros.
- **Interesse pelo ingresso de patrocinadores**: a importância do ingresso e permanência de parceiros comerciais para uma sustentabilidade econômica e consequente eficiência na *performance* esportiva deve permear as decisões e procedimentos desenvolvidos por todos os departamentos e colaboradores da entidade (Alta Administração, Conselho de Gestão, Conselho de Administração, departamentos técnicos, comissão técnica, atletas).
- **Abertura e flexibilidade para os parceiros**: exigência cada vez maior dos investidores da indústria esportiva, a entidade deve apresentar, garantir e entregar modelos de investimento onde os *prospects* possam participar, cada vez mais, das decisões de seus patrocinados, tendo garantias sobre destino correto de suas verbas, bem como dos resultados preestabelecidos.
- **Departamentos e profissionais**: a entidade deve criar e/ou estruturar departamentos (marketing, comercial, inteligência), com profissionais com *know how* da indústria e ecossistema esportivo, para uma gestão estratégica, desenvolvimento de ativos e resultados de seus patrocínios (prospecção, ativação, ROI).
- ***Branding***: a preocupação com o *brand equity* da entidade deve ser uma constante, principalmente quando da negociação de suas propriedades

e ativos (*assets*) no mercado. Dessa forma, estratégias de marca (*brand strategy*) com padronização, manual de identidade visual, escudo, logo, mascotes, símbolos, expressões, *rebranding* (modernização, revitalização e/ou expansão das marcas) e posterior registro no INPI (Instituto Nacional de Propriedade Industrial), devem ser desenvolvidos para uma maior atratividade e competitividade nos mais diversos mercados-alvo.

- **Entendimento dos fãs**: para uma maior assertividade no processo de patrocínio, desde a prospecção até o retorno sobre o investimento, a entidade esportiva precisa conhecer, analisar e entender o perfil, comportamento, interesse, preferências, jornada de compra e ciclo de vida de sua base de fãs, sendo hábil no desenvolvimento e proposições de ações. Estratégias e indicadores como *Data Driven*, *Consumer Relationship Management* (CRM), *User Experience*, *Customer experience*, *Fan Relationship Management* (FRM), *Costumer Success*, taxa de retenção, *leads*, suporte ao cliente, abrangência, cobertura, audiência (acumulada, bruta, líquida, média, primária, secundária), adequação, custo por mil (CPM), custo por *click* (CPC), frequência e impacto, devem alimentar um banco de dados único para uma inteligência de mercado (*Bussiness Inteligence*, *Data Science*, entre outros) garantindo, assim, um ativo valioso no relacionamento e *touch point* (ponto de contato) dos investidores com os fãs da detentora de propriedades.
- **Cultura inovadora**: visto atualmente como um diferencial competitivo na indústria do patrocínio, as entidades esportivas precisam acompanhar as mudanças e tendências do mercado, gerando inovação por meio de tecnologias exponenciais e/ou emergentes, contribuindo para a composição de banco de dados (promoções, conectividade, *e-commerce*, entre outros), relação com os fãs, estratégias de ativação e conversão (mapeamento e entendimento, soluções, prova de conceito, *output* etc.).
- **Estruturação dos ativos**: previamente à negociação no mercado, a entidade deve estruturar e qualificar suas propriedades (*valuation*). Uma definição, quantificação e precificação correta de seus *assets*, enriquecimento da experiência do evento *in loco* e/ou no digital (*Total Brand Experience*), promoção e humanização de seus protagonistas, vitrine de negócios (parceria negocial), por exemplo, devem ser considerados.

Restaurante do Estádio Millennium — Cardiff — País de Gales

Fonte: Arquivo pessoal.

US Open Complexo Flushing Meadows — Nova York — USA

Fonte: Arquivo pessoal.

- **Criação de novos produtos e experiências**: além das tradicionais propriedades negociadas junto aos *prospects*, a entidade deve estar em constante processo de inovação de seus ativos e formas de investimento. Novas estratégias de exposição, ampliação na experiência do consumidor, digitalização e/ou hibridização do produto (com vivência presencial do evento e/ou ação acompanhada de plataforma, comunidade e experiência estendida), colaboração, cocriação com os fãs/consumidores engajados, adequações por meio de um *Minimum Viable Product* (MVP), inclusive em períodos *off seasons*, estão entre as estratégias a serem desenvolvidas.
- **Geração de conteúdo proprietário**: com o aumento da competitividade e o surgimento de novas tecnologias e plataformas digitais, as entidades esportivas devem desenvolver, cada vez mais, uma cultura de conteúdo, criando, produzindo e veiculando seus produtos (competições, jogos, amistosos, bastidores, histórias, conquistas etc.) em seus canais oficiais (mídias *online* e/ou *offline*) e/ou distribuindo para demais veículos, aumentando pontos de contato, informação, emoção e engajamento com a marca e seus *players*.

Experiência como tripulação na embarcação oficial da America's Cup — Auckland — Nova Zelândia

Fonte: Arquivo pessoal.

- **Aceleração e expansão das plataformas digitais**: atualmente, uma presença, personalidade e/ou identidade impactante no ambiente digital é imprescindível para a entidade esportiva. Além de materialização de ativos, é possível criar e cultivar conexões, dentro de redes e macroambientes, espaços, comunidades, subculturas, microcomunidades, tribos, nichos temáticos, identificar base e jornada dos fãs, *lead* e *lead* qualificado, os transformando em base proprietária (monetização, *assets* negociáveis, valores de mídia). Deve-se trabalhar cada plataforma dentro das suas características e ambiente, com *design* atrativo, diferentes idiomas (dependendo dos objetivos geográficos), bem como com diferentes conteúdos (notícias, narrativas, histórias, *lifestyle*), somado a postagens constantes e atraentes, relevantes e interativas (*trending topic*). Todas estas ações tornam-se imprescindíveis para ganho de relevância, aumento de carga de *performance*, potencialização e amplificação do impacto, senso de pertencimento e engajamento dos seguidores.
- **Imersão em métricas e indicadores de desempenho**: reconhecendo que um dos principais aspectos em um patrocínio é visualização, por parte do parceiro, do retorno alcançado durante o investimento, a entidade esportiva deve inserir em seus processos, análises e materialização de ROE, ROO, ROI, valendo-se de métricas e indicadores de desempenho.
- **Aprovação de projetos incentivados**: cada vez mais empresas procuram desenvolver investimentos junto a projetos esportivos que propiciem incentivos fiscais. Buscando uma maior competitividade no mercado, e dependendo do segmento, modalidade, evento e/ou ação oferecida no mercado, a entidade esportiva deve elaborar e submeter propostas a partir de editais de incentivo ao esporte, seja em órgãos municipais, estaduais e/ou federais.
- **Parceria com as demais entidades esportivas**: a entidade esportiva pode promover e/ou participar de negociações em conjunto com seus pares para mudanças e/ou redirecionamentos em seu ecossistema, obtendo vantagens operacionais, segurança e retorno a seus parceiros (definição e cumprimento do calendário, substitui de transmissão, número de jogos transmitidos, participação nos lucros, exposição e citação do *naming rights* dos patrocinadores, placas, *backdrop* etc.).

Figura 1: Trabalho prévio no patrocínio

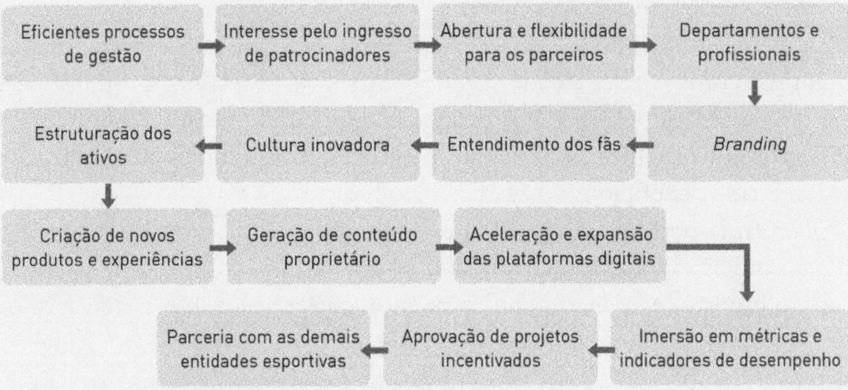

Fonte: Elaborada pelos autores.

Atualmente, a busca das entidades esportivas, tanto por uma alta *performance*, por uma sustentabilidade econômica, dificilmente terá êxito sem o auxílio de investidores externos em seus projetos. Dessa forma, a prospecção de parceiros, garantindo recursos para o desenvolvimento de suas operações, torna-se, cada vez mais, uma constante na indústria esportiva.

4.2. Fase de captação

Uma assertividade em todas as fases do processo de patrocínio torna-se fundamental. No período de captação, isso não difere. Na verdade, é imprescindível o detentor de propriedades assumir, nessa etapa, uma postura extremamente profissional, estratégica e mercadológica.

No entanto, o que se observa no mercado é que muitas parcerias acabam não se concretizando devido a falhas ocorridas justamente na apresentação das propostas. Prospecções aleatórias, projetos fora dos objetivos, realidade e necessidades do *target*, inexistência de dados a respeito do potencial de mercado, isolamento da proposta em relação às outras estratégias promocionais, apresentação, discussão e convencimento ineficientes, estão entre os principais fatores para essa realidade.

Cada vez mais, o número de propostas recebidas pelas empresas para um investimento promocional, geração de conteúdo, relacionamento e negócios é extremamente significativo. Reconhecendo que os projetos de patrocínio esportivo apresentados aos *prospects* disputam o *budget* promocional com estratégias tradicionais já consolidadas no ecossistema mercadológico como a publicidade, venda pessoal, *merchandising*, promoção de vendas, relações-públicas, entre outras, esse investimento deve se apresentar como a melhor, ou uma das melhores opções, quanto à criação de valor, custo-benefício e/ou alcance de objetivos.

Por fim, por tratar-se de uma estratégia promocional relativamente nova, muitas empresas, além de não possuírem um histórico de patrocínio no esporte, não detém conhecimento a respeito de suas potencialidades, gerando, assim, dúvidas e/ou resistência a este investimento. Cabe ao detentor de propriedades tornar essa proposta atraente e segura.

Na fase de prospecção, algumas etapas tornam-se fundamentais: seleção e estudo detalhado dos *prospects*; adequação e elaboração da proposta; definição de propriedades a serem oferecidas; estabelecimento do preço; inserção no plano de comunicação mercadológica; ingresso de demais *players* no processo; além de uma apresentação assertiva.

4.2.1. Seleção dos *prospects*

Uma análise para seleção das empresas a serem prospectadas constitui-se uma das fases mais importantes do processo de patrocínio, devendo receber atenção especial por parte dos detentores de propriedades. Além de contribuir com uma maior efetividade na prospecção de futuros investidores, um estudo detalhado pode evitar que empresas com grande potencial de investimento sejam, dentro de uma perspectiva equivocada, descartadas.

Como visto no subcapítulo "Vantagens do Investimento no Esporte", existem inúmeras oportunidades para empresas alcançarem vantagens competitivas a partir desta estratégia promocional. Realizando uma análise e correlação entre seus objetivos, características e realidade em que se encontram no mercado, é possível elencar organizações com maior receptividade às propostas e predisposição de investimento. São elas:

- Empresas recém-constituídas que procuram uma exposição e/ou promoção no mercado (*brand awareness*, criação de valor etc.);

- Empresas cujo segmentos foram recentemente e/ou serão regulamentados, almejando um reconhecimento e promoção de marca.
- Empresas cujo segmento apresentaram e/ou apresentam um potencial de crescimento significativo no mercado.
- Empresas cujo segmentos sejam sensíveis às estratégias mercadológicas e/ou promocionais, destinando em seus planejamentos estratégicos, um percentual de seu faturamento para o desenvolvimento de ações.
- Empresas com tradição que procurem construir um novo posicionamento, reposicionamento, rejuvenescimento ou jovialidade no mercado.
- Empresas já consolidadas que precisem renovar sua carteira de clientes.
- Empresas de desejam revitalizar sua(s) marca(s).
- Empresas com marcas icônicas que necessitem de destaque, reforço de identidade e relevância.
- Empresas que historicamente, ou recentemente, enfrentam problemas e/ou desgaste em suas imagens junto aos seus mais variados públicos-alvo.
- Empresas que desenvolvam e/ou procurem uma comunicação diferenciada com relação às demais organizações de seu segmento.
- Empresas com política expansionista e/ou com objetivo de ingresso em novos mercados geográficos e de consumo.
- Empresas que desejem criar laços emocionais com seus públicos-alvo.
- Empresas que procuram acompanhar a jornada de consumo de seus clientes, atuais e/ou potenciais, com aberturas de PDV´s (físicos e/ou virtuais) em diferentes praças que não de sua origem (*offshore*).
- Empresas com planejamento e/ou programação para lançamento de novos produtos e/ou serviços no mercado consumidor.
- Empresas cujo orçamento não contemplem os altos custos das principais e tradicionais estratégias promocionais como a publicidade, procurando alternativas com um custo/benefício mais adequado à sua realidade.
- Empresas com *budget* de investimento limitado, mas com *mindset* de exploração de oportunidades, desenvolvimento de ações e maior participação financeira crescente no decorrer da parceria.
- Empresas com investimento promocional diversificado.

- Empresas endêmicas, com um DNA na modalidade esportiva proposta e/ou no segmento esportivo em geral.
- Empresas alçadas a verdadeiros *cases* de sucesso em patrocínio esportivo, que suspenderam ou encerraram seus contratos por razões específicas (alcance de objetivos, redefinição de estratégias, carência de recursos etc.), no entanto, são passíveis de retornar a investir no ecossistema esportivo, seja na antiga entidade parceira, seja em outros segmentos da indústria.
- Empresas com histórico em patrocínio esportivo com resultados já consolidados, cuja filosofia de investimento seja de longo prazo e/ou reserva de mercado.
- Empresas com tradição e *know how* em investimento no esporte em determinadas praças (cidades, estados, países), passível de ser replicado em outros mercados, seja nas mesmas ou em diferentes condições.
- Empresas sócias, subsidiárias de *holdings*, componentes de conglomerados, grupos empresariais, econômicos, industriais, entre outros, cujos parceiros já possuam histórico de investimento no esporte.
- Empresas cujos parceiros promocionais (agência de publicidade, promoção, PDV, entre outros) possuam clientes com histórico de investimento no esporte, tendo participado da ativação do processo, reconhecendo as suas potencialidades e oportunidades.
- Empresas que necessitem de uma aproximação com seu *trade*.
- Empresas que tenham histórias para contar e que se aproximem das narrativas da entidade e/ou de seus atletas propostos.
- Empresas sem histórico de investimento no esporte, sendo única e exclusivamente por desconhecimento das potencialidades de retorno.
- Empresas cujos concorrentes diretos constituem-se em verdadeiros *cases* de sucesso de investimento no esporte.
- Empresas com respeitabilidade e credibilidade no mercado, passíveis de agregar e/ou aportar valor e prestígio à entidade esportiva, atraindo e/ou encorajando o ingresso de demais parceiros no processo.
- Empresas com atuação em mercados-alvo da detentora de propriedades e que possam vir a ser parceiras e/ou facilitadoras para o ingresso da entidade esportiva, sua marca e/ou produtos, promovendo sua regionalização, nacionalização e/ou internacionalização territorial.

- Empresas cujos incentivos e/ou renúncias fiscais tenham influência em suas políticas e/ou diretrizes de investimento promocional.
- Empresas que possuam programas e/ou editais para projetos incentivados.
- Empresas estatais que sigam as diretrizes do governo (municipal, estadual e federal) as quais indiquem desenvolver investimentos em esporte.

Por outro lado, uma mesma análise auxilia a limitar a seleção e universo de quais empresa não prospectar, evitando, desta forma, o desperdício de tempo e recursos. É possível citar determinadas características de empresas cuja dificuldade na apresentação e concretização de propostas possam ser maiores. São elas:

- Empresas cujo segmentos não sejam sensíveis à Comunicação Integrada de Marketing.
- Empresas com inexistência de *budget* para investimento em estratégias promocionais.
- Empresas cujo orçamento e objetivos promocionais, inclusive de investimento no esporte, extrapolem as possíveis entregas da proposta de patrocínio.
- Empresas cujo segmentos tenham uma resistência significativa a determinadas propostas e/ou modalidades (empresas de saúde junto a esportes de risco, radicais, resistência do *target*, entre outros).
- Empresas com imagem negativas no mercado que, apesar de constituir-se em campo fértil para concretização de parcerias, podem comprometer e/ou prejudicar a aceitação da entidade esportiva perante seus fãs, *players* e demais *stakeholders*.

Muitas vezes, os proponentes podem não entender e/ou reconhecer as necessidades do potencial patrocinador para o qual está sendo apresentado a parceria. Algo que é evidente para o primeiro, pode não parecer interessante para o segundo, visto que empresas possuem diferentes objetivos e realidades no mercado. Estudar detalhadamente o cliente para qual será exposta a proposta é imprescindível para atingir o sucesso na conquista de novos parceiros.

4.2.2. Estudo detalhado dos *prospects*

Uma análise dos potenciais parceiros deve levar em conta alguns aspectos como *share of mind*, *share of market*, *share of voice*, pontos fortes e fracos, objetivos a curto, médio e longo prazo, faturamento, volume de vendas (atual e projetado), projeto de expansão para novos mercados, novos negócios e relacionamentos, entre outras ações e/ou estratégias.

Tendo em vista que cada empresa possui necessidades diversas e empreende um investimento no esporte com propósitos específicos (exposição, retorno institucional, ampliação de mercado, elevar de vendas, respeito da comunidade, entre outros), o reconhecimento desta realidade é fundamental para a elaboração de uma proposta *tailored-made*, isto é, com aderência, propriedades e ações adequadas a cada caso. De igual forma, a entidade esportiva terá possibilidade de julgar e ter uma projeção do nível de investimento e envolvimento do potencial patrocinador (postura pró-ativa, respeito ao contrato ou desenvolvendo estratégias de ativação em conjunto, por exemplo).

Além do objetivo final, esse estudo deve levar em conta outras variáveis do ecossistema, as quais podem refletir diretamente no potencial patrocinador, como o ambiente (cenários) e mercado (fornecedores, concorrentes, consumidores, linha de comunicação, entre outros aspectos). Além do levantamento das informações, essa fase exige uma correta interpretação. Aspectos a serem levantados:

- Qual setor de atividade da empresa (indústria, comércio, serviços, agronegócio, outros)?
- Qual o porte da empresa (micro, pequena, média ou grande)?
- Qual a origem do capital predominante (nacional-privado, nacional-aberto, nacional-estatal, multinacional-privado, multinacional-aberto, outros)?
- Em quais mercados opera (local, estadual, regional, nacional, internacional)?
- Qual são seus mercados-alvo?
- Qual a dinâmica do mercado que está inserida?
- Qual o nível de maturidade jurídica, leis e regularizações que regem seu segmento?

- Qual são seus públicos-alvo?
- Com quais audiências está conversando?
- Qual seu posicionamento (atual e desejado)?
- Qual é o seu fator de sucesso?
- Quais seus pontos fortes (vantagem competitiva)?
- Quais seus pontos fracos (vulnerabilidades)?
- Quais são seus atributos de marca?
- Quais atributos estão consolidados e quais necessitam de desenvolvimento?
- Quais são seus desafios no mercado?
- Está em um período de expansão ou de crise?
- Qual seu modelo de gestão (vertical ou horizontal)?
- Quais são seus problemas de comunicação?
- O que está demandando?
- Qual é seu potencial econômico?
- Quanto de seu faturamento investe em marketing?
- Qual o seu *budget* anual de marketing?
- Possui verba para investimento em promoção?
- Qual seu *budget* para investimento em promoção?
- O projeto concebido se encaixa na cultura da empresa?
- Possui experiências passadas de investimento em patrocínio no esporte?
- O resultado do investimento no esporte foi positivo ou negativo?
- Seu histórico de investimento no esporte é perene, de oportunidade e/ou pontual?
- O patrocínio esportivo dentro da empresa é considerado uma estratégia promocional dentro do CIM, uma ação isolada, não planejada ou de oportunidade?
- Desenvolve algum tipo de patrocínio atualmente?
- Possui uma política de patrocínio definida?
- Quantas e quais tipos de entidades esportivas patrocina atualmente (confederação, federação, clube, equipe, atleta)?
- Existem objetivos claramente estabelecidos por ocasião do investimento no esporte?
- Como é desenvolvido o investimento em patrocínio esportivo?
- Existe um modelo a ser seguido?

- Qual o tipo de investimento historicamente realizado no esporte?
- Quem recebe e analisa o investimento em patrocínio esportivo (presidente, vice-presidente, diretor, *head* de marketing, *chief marketing officer*, *head* de patrocínios, *head* de comunicação, *brand manager*, gerente, supervisor, assistente, outro(s))?
- A tomada de decisão sobre o investimento recai em níveis superiores (*top down*) ou a partir da escolha e/ou decisão de um maior número de pessoas (*bottom up*)?
- Possui consistência institucional (meritocracia) em detrimento de interesses pessoais nas decisões de investimento em patrocínio?
- As motivações para a tomada de decisão são racionais, emocionais ou políticas?
- A decisão da empresa quanto ao investimento em patrocínio ocorre de forma isolada ou em concordância com demais parceiros como agências, fornecedores, *trade*, entre outros?
- O que é levado em conta no processo de decisão para aprovação de projetos e/ou propostas de patrocínio esportivo?
- Que percepções querem gerar com o patrocínio?
- Quais atributos são desenvolvidos durante o patrocínio?
- Quais são os principais indicadores que avaliam a escolha dos projetos?
- Nas parcerias concretizadas, a prospecção partiu da entidade esportiva, da empresa, de ambas as partes ou por intermediação de assessorias externas?
- Os projetos de patrocínio apresentados atenderam às necessidades de comunicação e de mercado da empresa?
- Os projetos inicialmente apresentados sofreram alterações e/ou adaptações a partir das necessidades, objetivos de mercado e de comunicação da empresa?
- Quais são os critérios levados em consideração para a definição do valor total e/ou das propriedades de patrocínio apresentadas na proposta (projeção do retorno, valores investidos pelos demais patrocinadores da indústria)?
- Existe um controle sobre o destino da verba investida em patrocínio junto à entidade esportiva?

- Como é realizado o controle dos investimentos realizados pela empresa para patrocínio esportivo (auditorias internas, externas, relatório e prestação de contas por parte da entidade esportiva patrocinada etc.)?
- A empresa desenvolveu estratégias de ativação durante o investimento em patrocínio esportivo, seja com recursos do patrocínio, seja com verba complementar?
- Quais estratégias de ativação foram desenvolvidas durante o processo de patrocínio esportivo?
- A empresa utiliza algum método, métrica e/ou indicador para a avaliação da performance do investimento em patrocínio esportivo?
- A empresa trabalha com edital público de patrocínios para submissão e seleções dos projetos?
- Qual visão e/ou percepção (anterior e atual) sobre a entidade esportiva proposta?

Por fim, devem ser levantadas outros aspectos para mapear o perfil e características do *prospect*, como organização apoiadora do Fórum de Empresas e Direitos LGBTQIAPN+ (órgão que visa discutir políticas de inclusão no mercado), engajamento na Agenda ESG (Governança Ambiental, Social e Corporativa), entre outros.

Para consecução de um diagnóstico, entendendo tanto a realidade que envolve os *prospects*, seus concorrentes, bem como todo o ecossistema esportivo onde estão inseridos, os responsáveis pela elaboração do projeto podem valer-se de determinadas fontes de pesquisa:

- Entrevistas pessoal com os colaboradores.
- Pesquisa documental interna.
- Pesquisas de mercado (disponíveis, compradas e/ou encomendadas).
- Periódicos e relatórios.
- Balanços auditados e publicados.
- *Sites*, plataformas digitais, *blogs* e mídias sociais oficiais.
- *Ranking's*, anuários de *branding*, mídia, anunciantes, mercado, vendas, faturamentos etc.
- Reportagens, entrevistas e/ou artigos publicados na mídia especializada e em geral da empresa e/ou de seus gestores.
- Banco de dados geográficos, entre outros.

Após a coleta das informações, é necessário consolidá-las em um documento atrativo e coerente com as oportunidades levantadas. Este deve conter informações/dados que sustentem o processo decisório, tanto para concretização, quanto para um prolongamento da parceria.

4.2.3. Elaboração da proposta

A etapa posterior ao estudo do *prospect* por parte da detentora de direitos diz respeito à materialização dos dados em um projeto de patrocínio (adequação e/ou adaptação a todas as informações), com sistematização da proposta e estratégias a serem desenvolvidas.

Nos últimos anos, inúmeros autores e especialistas da área buscaram apresentar formatos e metodologias adequadas para a concepção e elaboração de propostas de patrocínio esportivo. Além de sugestões a respeito do envelopamento (formato, *layout*), o número de seções e o tipo de conteúdo a ser abordado nas mesmas também foi levantado. Apesar de reconhecer a importância de uma eficiente organização (sequência lógica, identidade visual), somado a dados para sustentar o processo decisório, pode-se afirmar que não existe um modelo ideal ou, até mesmo, um padrão de proposta a ser apresentada.

Em muitos casos, um dos grandes erros que os *players* da indústria esportiva incorrem é na formatação de uma proposta padrão de patrocínio e posterior envio para todo e qualquer *prospect*. Ignoram, dessa forma, o fato de as empresas possuírem gestões, posicionamentos, características, objetivos, desafios, *budgets*, *share* e público-alvo diferentes, aguardando, assim, propostas adequadas às suas realidades e/ou necessidades.

Na verdade, a concepção de um projeto de patrocínio não se constitui em uma tarefa simples. Os projetos devem ser o resultado da própria análise da situação do *prospect* e das oportunidades relacionadas para com as suas metas (proposta não uniformizada, mas sim, personalizada).

Contudo, não possuir uma normatização não significa dizer que o projeto não seja obrigado a conter dados que possam influenciar, positivamente, a tomada de decisão por parte empresa investidora em potencial. Como já mencionado, um projeto de patrocínio compete, direta e/ou indiretamente, com campanhas apresentadas por agências de propaganda (acompanhados de planos de mídia com estudos de audiência, impacto, cobertura etc.), ações de ponto de venda propostas por agências de *merchandising*, entre outras. Assim, para obter sucesso, os responsáveis pelo patrocínio devem valer-se de informações e dados para propiciar uma confiabilidade e um retorno sobre o investimento. Isto é, um projeto de patrocínio deve conter o maior número de informações possíveis, atraindo e fornecendo segurança ao investidor prospectado. Dados quantitativos e qualitativos, apresentando aspectos sociodemográficos, estilo de vida, universo, tendência, jornada e experiência de consumo do público, da entidade e do ecossistema esportivo como um todo, entre outras informações, devem ser considerados.

Muito além da concretização do patrocínio (assinatura do contrato), um projeto com dados fidedignos e aprofundados de mercado auxiliará o investidor a explorar as potencialidades do processo (segmentação de suas ações, ativação de sua marca).

Pilares de um projeto eficiente e customizado:

- **Objetividade**: a partir de uma análise detalhada do *prospect*, o projeto deve apresentar e enfatizar as oportunidades para resolução dos problemas reais de mercado do investidor, bem como as demais potencialidades a serem exploradas no processo.
- **Visão holística e plataforma integrada**: para um aceite e melhor *performance* de resultados, a proposta deve estar alinhada e atender a múltiplos interesses dos núcleos de negócios da empresa. Com ativos passíveis de apropriação por departamentos, como marketing, vendas, recursos humanos, produção, finanças etc., e/ou por determinados colaboradores como *key accounts*, *public relations*, entre outros, é possível diminuir a resistência, divindo custos, bem como aumentando a atratividade.
- **Propriedades e ativos**: devem ser apresentadas oportunidades previamente asseguradas e com total direito de uso e exploração por parte da entidade esportiva (imagem dos atletas, calendário de competições, uso das instalações esportivas, por exemplo).
- **Recursos tecnológicos**: muito mais que um projeto, pode ser criado uma experiência, imergindo o *lead* nas instalações do evento (estádio, ginásio, circuito, pista, entre outros), apresentando o trajeto,

exposição das marcas, narrativas etc. Nesse caso, deve valer-se de recursos audiovisuais, *links*, realidade aumentada, *tours* virtuais, *QR Code*, entre outros.

o **Portfólio e *background* de sucesso**: sempre respeitando dados confidenciais, apresentar os principais cases (*lead case*) de sucesso que os atuais parceiros obtiveram com investimento junto à entidade esportiva.

Figura 2: Pilares de um projeto customizado e eficiente

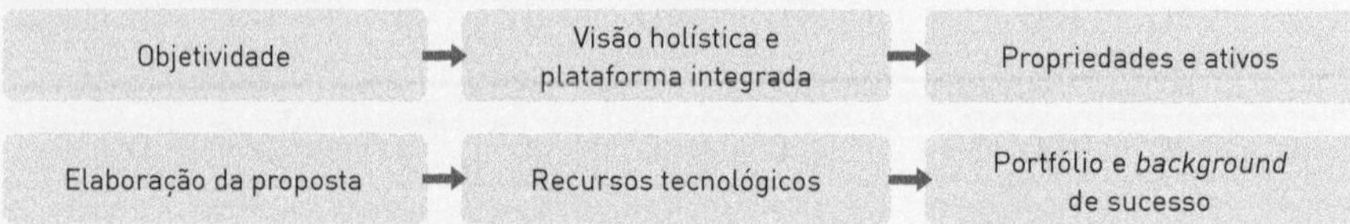

Fonte: Elaborada pelos autores.

Dependendo da situação (*rapport*) junto ao *prospect*, o projeto de patrocínio pode assumir determinados formatos e conteúdos. Caso a apresentação seja exponencial junto aos executivos tomadores de decisão, o projeto deve servir como apoio e referência durante a venda. Caso não seja possível um acesso pessoal e/ou apresentação *in loco*, o projeto deve procurar ser auto vendável, valendo-se dos mais variados recursos e apelos. Existem, ainda, aquelas empresas (de origem estatal e/ou privado) que disponibilizam em seus *sites*, e demais canais oficiais, campos para submissão de propostas com formatos e informações padrões a serem seguidas.

Por fim, com um projeto customizado, isto é, ajustado às necessidades do patrocinador, bem como a existência de dados que sustentem ações para explorar, por completo, o processo de investimento, existe uma maior possibilidade de se alcançar uma eficiente aceitação perante o investidor em potencial.

4.2.4. Propriedades oferecidas

Tendo em vista a atual variedade de esportes, eventos, ações, formatos de transmissão, estratégias de ativação etc, torna-se praticamente impossível enumerar todos os ativos que podem ser oferecidos aos *prospects*. No entanto, é possível apresentar algumas propriedades, servindo de base e/ou balizamento para a confecção de um projeto viável e com forte apelo.

Deve-se ressaltar que os números e, principalmente, as características de cada propriedade oferecidas serão de acordo com os objetivos e necessidades dos *propects*, levando em conta seu modelo de investimento, nível de participação e verba investida.

Muitas destas propriedades serão detalhadas mais profundamente em capítulos a seguir, tendo em vista sua importância para o sucesso do processo de patrocínio.

a) **Exposição e *co-branding***

- Inserção do logotipo ou logomarca em todos os uniformes (treino, jogo, concentração, passeio), produtos, equipamentos, acessórios.
- Utilização do título patrocinador exclusivo, máster, oficial, parceiro, investidor, fornecedor, apoiador, em todas as campanhas promocionais e publicitárias.
- *Naming rights* da equipe e/ou evento.
- *Naming rights* 360° ou *sector naming rights* do local da ação esportiva (complexo, estádio, ginásio, quadra, parque).
- Direito ao uso do selo de patrocinador oficial no portfólio de produtos da marca.
- Uso da entidade e de seus atletas para campanhas publicitárias em veículos *online* e/ou *offline*.
- Inserção da marca nas campanhas publicitárias da entidade esportiva.
- Inserção da marca no material promocional e/ou de comunicação (físico e/ou digital) como *release*, catálogos, e-mails, mensagens, ingressos, revista do *match day*, material promocional e de torcida (camisetas, bonés, bolas, bandeiras, bate-bate inflável, mão de EVA etc.).

- Marca em *backdrops* fixos, móveis, digitais e/ou virtuais, seja nas entrevistas em campo, quadra, pistas, centro de treinamento, coletivas de imprensa, por exemplo.

Backdrop Zona Mista Nou Camp — F.C. Barcelona — Barcelona — Espanha

Fonte: Arquivo pessoal.

Backdrop Estádio Nou Camp — F.C. Barcelona — Barcelona — Espanha

Fonte: Arquivo pessoal.

- Inserção da marca em placas, LED, tapetes, placares, telões, portões de acesso, corredores, setores, estacionamento (propriedades específicas quando a entidade for mandante ou visitante).

Sinalização Estádio Nou Camp — F.C. Barcelona — Barcelona — Espanha

Fonte: Arquivo pessoal.

- Inserção de publicidades, vinhetas, *teasers* etc., do patrocinador nos telões da arena de competição.
- Veiculação *spots*, *jingles*, *sound branding*, entre outros, do patrocinador nos equipamentos de áudio dos locais dos jogos.
- Inserção da marca em placas e demais materiais promocionais no centro de treinamento, local de pré-temporada e projetos sociais.
- Inserção da marca e/ou produtos do patrocinador nas entrevistas e coletivas de imprensa (bancada, canopla).
- Inserção da marca nas plataformas digitais oficiais da entidade esportiva.

- Inserção da marca e demais propriedades da entidade nas plataformas digitais oficiais do parceiro.
- Uso da imagem individual e/ou coletiva dos protagonistas esportivos (atletas, comissão técnica, pós-atletas).

b) Conteúdo

- Conteúdos de arquivo para promoções e negócios (caso seja um patrocinador recente e não possua conteúdo proprietário da parceria).
- Conteúdos para redes sociais do parceiro, incluindo produções de vídeos exclusivos sobre o segmento, entregue em todas as plataformas digitais.
- Cocriação de conteúdo para inserção em seus canais oficiais e distribuição para os demais *players*.

c) Promoção, relacionamento e vendas

- Formação de torcidas em arenas, ginásios, quadras etc.
- Participação dos atletas e comissão técnica em ações promocionais e de relacionamento (visita a pontos de venda, feiras, congressos, meios de comunicação, *hospitality*, entre outros).
- Mecanismos de promoção, como concursos, sorteios especiais, descontos em compras.
- Investimento 360° (*naming rights*, equipes, atletas).
- Convites, ingressos, bilhetes, crachás, credenciais, para apresentações, torneios, jogos oficiais, amistosos, pré-temporada, eventos.
- *Wild card* para atletas e/ou entidades-alvo dos parceiros.
- Experiência em Centros de Hospitalidade (*Hospitality Center*).
- Visita guiada ao estádio, arena, centro de treinamento, sede social, administrativa, museu, percorrendo campo, quadra, vestiários, camarotes.

Visita Guiada Campo Estádio Camp Nou — F.C. Barcelona — Barcelona — Espanha

Fonte: Arquivo pessoal.

Visita Guiada Vestiário Estádio do Dragão — F.C. do Porto — Porto — Portugal

Fonte: Arquivo pessoal.

Visita Guiada Vestiário Estádio do Dragão — F.C. do Porto — Porto — Portugal

Fonte: Arquivo pessoal.

- Utilização das instalações da entidade esportiva (estádio, ginásio, pista, centro de treinamento, arquibancadas, estacionamentos, camarotes, sala *vip*, memorial, sala de troféus, auditórios, museu, sala de imprensa, vestiários, salas de musculação, entre outros) para realização de promoções, encontros, treinamentos, jogos e/ou eventos corporativos dos parceiros.
- Participação e/ou menção do parceiro nas conferências de imprensa, competições (abertura, encerramento, premiação, entre outros), bem como em eventos oficiais e/ou festas comemorativas da entidade esportiva.
- Palestras, mentorias e *workshops* de capacitação com a temática esporte, ministrados pelos atletas, pós-atletas (lendas) e/ou comissão técnica junto ao público interno e demais clientes do parceiro em eventos e/ou ações como convenções, treinamentos ou capacitações.
- Torneios virtuais reunindo os atletas, colaboradores e clientes do parceiro.

- Participação em experiências multissensoriais da entidade, como *games*, *fantasy games*, e-museu, galeria virtual, *tour* virtual.

Tour virtual Estádio Camp Nou — F.C. Barcelona — Barcelona — Espanha

Fonte: Arquivo pessoal.

- Disponibilizar dados a respeito dos fãs da entidade patrocinada (*mailing list*, *business manager*, etc.), respeitando a Lei Geral de Proteção de Dados LGPD).
- Promover uma *Experience* entre entidade/parceiro, com promoção de atividades para os colaboradores e clientes, com desafios, competições, concursos, interação com a entidade e seus protagonistas.
- Parceria em *licensing*, *franchising* e/ou *collab* valendo-se da imagem da entidade e de seus atletas.
- Fornecimento de produtos oficiais (camisas, camisas autografadas, bolas, produtos licenciados com outros parceiros, entre outros).
- Amistosos de interesse do parceiro, em conformidade com o cronograma da entidade.

Figura 3: Propriedades negociadas

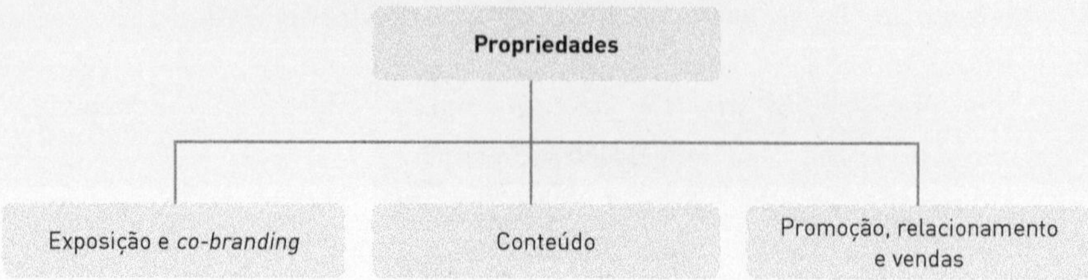

Fonte: Elaborada pelos autores.

Por fim, como visto no subcapítulo "Trabalho prévio", respeitando a estrutura dos direitos, as entidades esportivas devem criar e/ou desenhar permanentemente novos ativos para atrair seus parceiros, oferecendo projetos e soluções inteligentes. Na verdade, mais que diversificar propriedades, devem criar experiências.

Com o desenvolvimento do esporte como um eficiente ativo para as empresas, os custos para uma associação junto ao esporte aumentaram significativamente. Saber dimensionar seu preço, em razão de seu retorno, torna-se fundamental.

4.2.5. Precificação do patrocínio

Um dos aspectos fundamentais na fase de prospecção e, consequentemente, na elaboração da proposta, diz respeito ao estabelecimento do preço do patrocínio.

Apesar de tratar-se de um produto, na maioria das vezes inconstante, em que determinadas variáveis podem determinar o sucesso e/ou fracasso do processo (desempenho em competições, comportamento dos atletas, torcida, mídia, *players*, demais *stakeholders*, por exemplo), a não definição e/ou implantação de uma política eficiente desta variável mercadológica pode comprometer o ingresso de novos ou renovação dos atuais parceiros da detentora de propriedades.

Tal como no mercado de produtos e serviços, o preço deve atender às necessidades e expectativas do público-alvo, sendo compatível com as possibilidades do patrocinador e em conformidade com o produto que está sendo negociado. Oferecer determinados ativos esportivos com preços distantes da realidade, poder de compra e/ou percepção de valor dos *prospects* (tanto para mais, quanto para menos), é um dos principais erros que se pode incorrer na indústria esportiva.

Assim como em produtos e/ou serviços, a definição do preço das propriedades e dos ativos das entidades esportiva pode basear-se em três das principais estratégias clássicas de precificação existentes no mercado, isto é: 1. custos; 2. valor; e 3. concorrência.

a) **Precificação baseada em custos**: trata-se de uma estratégia simples de determinar os preços, mesmo que, em grande parte das vezes, seja vulnerável à ação competitiva. Nesse caso, o detentor da propriedade fixa os preços em função das próprias necessidades (cobrir ao máximo os custos do seu projeto esportivo). Soma-se a isso, ou não, a adição, de um montante de lucratividade para a entidade esportiva.
b) **Precificação baseada em valor**: ao contrário do baseado em custos, esse método parte da percepção que os *prospects* possuem com relação ao valor das propriedades negociadas. Exige pesquisa e inteligência de mercado e *valuation* dos ativos e da entidade esportiva como um todo.
c) **Precificação baseada na concorrência**: nesse modelo, o estabelecimento do preço está baseado na política adotada pelas entidades de seu segmento na indústria esportiva. Em muitos casos, torna-se necessário um *benchmark* de ofertas incorporadas pelo mercado. Deve-se levar em conta as diferenças das entidades esportivas e dos *prospects*, bem como dificuldade de estabelecer preço quando da criação de novos ativos.

Apesar da possibilidade de se estabelecer o preço do patrocínio com base nos modelos acima apresentados, deve-se levar em consideração determinadas particularidades da indústria esportiva. Investimentos adicionais e/ou paralelos para o desenvolvimento de estratégias de ativação com objetivo de potencializar, promover e/ou alavancar a sua filiação ou associação com a entidade esportiva, podem acabar somando-se aos custos totais do projeto. Por outro lado, podem ser destinadas verbas extras complementares e/ou não previstas para o alcance dos objetivos de *performance* esportiva, favorecendo, em última instância, o patrocinador (retorno de imagem, mídia, transmissão de valores, *co-branding*, por exemplo).

O preço dos ativos das detentoras de propriedades pode ser composto, ainda, por outros benefícios obtidos e/ou almejados durante o processo de patrocínio, sejam eles tangíveis (ingressos, credenciais, camarotes, *hospitality center*, NFT, promoções etc.), quanto intangíveis (*co-branding*, relacionamentos, entre outros).

Por fim, a composição do preço do patrocínio pode constituir-se de um valor fixo, acrescido de remunerações variáveis com gatilhos (*trigger*) como bônus, recompensa, gratificações, percentuais, de acordo com desempenho esportivo da entidade (séries disputadas, títulos, passagem de fase, progresso, número de partidas, vitórias, participação em competições internacionais, por exemplo), bem como resultados alcançados pelos investidores em parcerias negociais (geração de negócios, relacionamento, vendas, *royalties* entre outros). Nesse caso, deve-se ressaltar que o mesmo vale, para o não cumprimento e/ou atingimento das metas preestabelecidas pelos investidores (não concretização de vendas, abalos em sua imagem, ações de *ambush marketing*) e das entidades esportivas (declínio, desistência de competições, comportamento dos atletas), originando renegociação dos valores do contrato (desinvestimento, redução ou cancelamento).

Com a crescente profissionalização do mercado, somado a um aumento do número de propostas de patrocínio recebidas, os responsáveis pela tomada de decisão nas empresas possuem, além de métricas cada vez mais avançadas de análise do potencial de retorno, a política de preços praticada pelos *players* da indústria esportiva.

Dessa forma, o detentor de propriedades, para uma definição assertiva de seus preços deve reconhecer o valor de seus ativos, potencial de entrega, bem como objetivos, anseios, necessidades e realidade financeira das empresas-alvo.

Apesar de tratar-se de uma ação com grande vantagem competitiva, o patrocínio esportivo pode gerar um resultado mais significativo se estiver integrado às outras estratégias promocionais da empresa a ser prospectada. A própria apresentação, bem como sugestão, por parte da entidade esportiva, em prover ações em conjunto com outras variáveis comunicacionais, pode facilitar, em muito, a aceitação da proposta apresentada.

Assim, o desenvolvimento de um processo de patrocínio tange à inserção da referida estratégia no planejamento de comunicação mercadológica das empresas, bem como o ingresso dos já existentes parceiros comerciais dos *prospects*.

4.2.6. Proposta no Plano de Comunicação Integrada de Marketing

Com o aumento da concorrência no mercado, associada à crescente similaridade dos produtos e/ou serviços, as empresas voltam-se, cada vez mais, à integração de seus planejamentos comunicacionais. Assim, as entidades esportivas devem procurar inserir suas propostas de patrocínio no plano de Comunicação Integrada de Marketing (CIM) dos *prospects*, propiciando, a estes, uma maior exploração do processo.

Porém, até um tempo atrás, não era essa a realidade que imperava no segmento. Como resultado, além da recusa da maioria das propostas, os projetos desenvolvidos não alcançavam os resultados esperados, comprometendo novas prospecções na indústria esportiva.

Assim, o patrocínio deve estar alinhado às políticas e estratégias da empresa (planejamento estratégico).

Para que a proposta de patrocínio possa se inserir de uma forma eficiente na comunicação institucional e/ou promocional da empresa, esta deve ser flexível, isto é, que possa se adaptar às necessidades e às situações do patrocinador em potencial, podendo surgir desta, inclusive, novas estratégias a serem seguidas por ambas as partes (patrocinador e patrocinado).

Por fim, de nada adianta um estudo detalhado da empresa a ser prospectada, com a materialização dos dados em um documento eficiente e inserção no plano de comunicação mercadológica, se a ação sofrer barreiras e/ou boicotes por parte de outros parceiros do marketing do investidor. Incorporá-las ao processo pode, além de facilitar a prospecção, potencializar o investimento a partir de uma predisposição do desenvolvimento de estratégias em conjunto e consequente suporte de estratégias como publicidade, propaganda, relações públicas, *merchandising*, promoção de vendas, venda pessoal, entre outras.

4.2.7. Demais *players* no processo

Além de integrar a proposta de patrocínio junto às demais estratégias promocionais propiciando, assim, resultados mais satisfatórios, com essa ação é possível evitar e/ou amenizar o boicote por parte de outras organizações parceiras da empresa prospectada, como exemplo, agências de propaganda, comunicação, marketing promocional, consultorias de negócios, entre outras.

Nos Estados Unidos e em países da Europa, a decisão sobre uma empresa investir em algum tipo de patrocínio, muitas vezes recai sobre sua(s) agência(s) de propaganda. No Brasil, apesar do principal, ou dos principais executivos da empresa ainda deterem a palavra final sobre o processo, cada vez mais as agências e/ou consultorias têm voz ativa na definição, podendo ser justamente estas, as grandes responsáveis pela concretização, ou não, da parceria.

Entre os motivos para este possível entrave, encontra-se o desconhecimento, por parte das agências de propaganda e/ou consultorias, das potencialidades que o esporte, como estratégia promocional, oferece (associação aos valores do esporte, mídia espontânea, retorno institucional, possibilidade de ativação, geração de negócios, entre outros aspectos).

Outro fator que pode fazer da agência de propaganda um grande entrave para a concretização do patrocínio diz respeito ao aspecto econômico. Por ter o seu lucro originado a partir da criação, produção e veiculação de campanhas publicitárias, seja em veículos *online* e/ou *offline*, a agência, muitas vezes, pode não ter interesse que a verba promocional se disperse para outras estratégias que não a propaganda.

Assim, a partir da inserção da proposta dentro do planejamento comunicacional do cliente, e dependendo do caso, deve-se apresentar o projeto paralelamente à agência de propaganda e demais agências e/ou assessorias existentes, transformando-as, assim, em parceiras no investimento. Deve-se ressaltar, nesse caso, que o patrocínio esportivo não está substituindo e/ou diminuindo a verba da propaganda ou outra estratégia promocional, mas constitui-se em uma ação complementar e/ou de apoio ao alcance dos objetivos dos clientes.

Após um *overview* e de posse de um projeto adaptado à realidade e necessidades e expectativas do *prospect*, a próxima etapa para concretização de uma parceria diz respeito à apresentação da proposta.

4.2.8. Encaminhamento da proposta

Uma assertividade em aspectos como a quem apresentar dentro da empresa, preparação, exposição e período de explanação da proposta, torna-se fundamental para o sucesso do processo.

a) Os interlocutores nos *prospects*

Os responsáveis pela elaboração e, principalmente, pela apresentação de projetos de patrocínio dos detentores de propriedades, devem ter claro que os colaboradores das empresas que por ventura tenham poder e/ou influência de decisão sobre um investimento de patrocínio possuem perfis, características, opiniões, experiências e expectativas diversas entre si. Assim, deve-se reconhecer para qual(is) profissional(is) deve(m) ser apresentado e/ou entregue as propostas, bem como a necessidade de sua (re)adequação.

Aspectos a serem analisados junto aos gestores e/ou tomadores de decisão para direcionamento e/ou apresentação das propostas:

- Possui autonomia de decisão dentro da empresa?
- Possui poder de decisão e/ou influência junto a conselhos de administração, presidência, vice-presidências, departamentos e colaboradores da empresa?
- É fã, aficionado ou entusiasta por esportes (possui o esporte em seu DNA)?
- É atleta ou pós-atleta, tanto profissional como amador?
- É ou foi praticante da modalidade que está sendo proposta?
- É fã ou torcedor da entidade esportiva que está sendo apresentada?
- Possui histórico familiar, parentes ou círculo de amizade ligado ao esporte, seja profissional ou amador?
- Possui conhecimento a respeito das potencialidades do esporte como estratégia promocional, mercadológica ou relacionamento, por exemplo?
- Atuava na empresa quando a organização experienciou um investimento no esporte?
- Possui experiência em empresas com histórico de investimento no esporte?

Assim como na análise detalhada da empresa, tornam-se necessários determinados procedimentos para levantar informações a respeito das características dos colaboradores. São eles:

- Estudar o perfil em seus *sites* de procura, Linkedin, Instagram, Facebook, Twitter, TikTok e demais mídias sociais oficiais (pessoais e/ou profissionais).
- Analisar em periódicos e/ou programas em veículos *offline* (TV, jornais, revistas) e/ou *online* (programas, *lives*, *podcasts*) do segmento, suas entrevistas, depoimentos, colunas, *blogs*, artigos, produção científica, entre outros.
- Acompanhar suas explanações em palestras, cursos, congressos, seminários, mesas redondas, sejam elas presenciais e/ou *online*.
- Analisar sua jornada de vida, seja ela pessoal e/ou profissional, seu perfil empreendedor, ambições, agressividade de mercado, desenvolvimento de trabalhos sociais.
- Verificar sua formação profissional e/ou escolaridade (se em exatas, para apresentação de números, ou da indústria criativa, para recursos audiovisuais).
- Investigar seu sistema de decisão não excludentes, mas sim, podendo ser complementares, isto é, racional (consciente, define critérios, realiza cálculos, busca avaliações especializadas), intuitivo (envolve sentimentos, instintos, impressões, experiências vividas), dependente (procura e projeta orientações em outras pessoas), procrastinador (busca adiar, delegar, tomar por alternativas acessórias) ou espontâneo (parcialmente impulsivo, procura tomar decisão o mais breve possível).
- Mapear um *networking* de acesso e/ou influência junto ao mesmo (pessoas em comum, colaboradores, sócios, fornecedores, concorrentes etc.).

Existem ainda outros detalhes extremamente importantes que podem determinar a concretização ou não da parceria.

b) Preparação da apresentação

A falta de uma preparação eficiente da apresentação pode ser uma das principais causas para as propostas de patrocínio serem rejeitadas. Os responsáveis pelas prospecções de parceiros na entidade devem investir tempo e recursos para tornar a apresentação uma experiência de convencimento e venda. Procedimentos a serem adotados:

- Tratar cada negociação como única, criando uma estratégia específica para cada abordagem.
- Elaborar um plano para conduzir a conversa.
- Reunir o máximo de dados relacionados às características e problemas do cliente (números exatos e atualizados), bem como da entidade esportiva (pontos positivos e negativos, concorrentes, potencial de entrega, entre outros).
- Elaborar um material de apoio consistente para uma abordagem positiva (dados, indicadores, pesquisas, tendências).
- Ter clareza do que é possível conseguir junto ao potencial investidor;
- Selecionar os ativos e/ou programas mais relevantes para oferecer de acordo com as necessidades dos *prospects*.
- Compreender o valor real da oferta para o *prospect*.
- Convidar um ou mais atletas da entidade para participar da apresentação.

Em meio a um mundo diversificado por histórias ímpares e singulares, o tempo para absorvê-las tornou-se cada vez mais escasso. No mundo dos negócios, principalmente, essa realidade se mostra presente na apresentação dos projetos-alvo e/ou passíveis de investimento. Deve-se, dessa forma, construir uma narrativa direta, efetiva e convincente sobre importância da proposta apresentada.

c) Exposição da proposta

Assim como na elaboração dos projetos de patrocínios, não existe um modelo e/ou roteiro a ser seguido para a apresentação das propostas de patrocínio. Tudo dependerá do tempo disponível, audiência, bem como ativos a serem expostos. Isso não quer dizer que algumas estratégias não possam ser adotadas para uma maior eficiência de negociação e convencimento:

- Eficácia na abordagem (clareza e objetividade).
- Desenvolvimento de mensagens persuasivas.

- Valer-se de técnicas de *storytelling*.
- Deter-se primeiramente na qualidade da oferta e não nos valores do patrocínio.
- Ir valorizando a oferta do programa de patrocínio no decorrer da apresentação.
- Demostrar os ativos de forma prática, conseguindo a atenção dos investidores para um objetivo comum.
- Oferecer resultados plausíveis, dentro de variáveis controláveis, além de retornos reais de negócios.
- Apresentar e disponibilizar diferentes formas de investimentos, propriedades e ativos, a partir da descoberta de outra realidade, cultura, objetivos e expectativas da empresa.
- Apresentar programas de ativação.
- Apresentar as metodologias de medição do ROI a serem desenvolvidas;
- Negociar os valores financeiros do projeto logo após o cliente ter comprado a ideia.

Um processo e/ou modelo de apresentação pode se aproximar do método desenvolvido por agências, assessorias e/ou consultorias de marketing, comunicação, publicidade, entre outros, quando se tratar de uma exposição de seus planos de marketing, estratégias, campanhas, participação em concorrências, licitações etc.

Em termos gerais, pode-se dividir a apresentação em 5 partes: diagnóstico, problema, solução e/ou oportunidade, argumentações e conclusão.

1. **Apresentando o diagnóstico**: deve ser demonstrado um conhecimento profundo a respeito da empresa, reconhecendo o ambiente e mercado onde ela está inserida, seus públicos-alvo, seus concorrentes, *trade*, *stakeholders*, posicionamento atual e desejado, vantagens e desvantagens competitivas, representatividade, *share* (surpreender o *prospect* com dados inéditos e desconhecidos por ele até então). Deve ser contextualizado a realidade que envolve o investidor em potencial.
2. **Contextualizando o problema**: reconhecendo que os *prospects* não compram patrocínios, mas soluções para seus problemas, deve ser apresentado o desafio a ser alcançado e/ou superado. Devido ao acirramento da concorrência e novas jornadas de consumo, as empresas, muitas

vezes, podem sofrer entraves na busca pela manutenção de uma competitividade no mercado (essa realidade pode envolver, tanto empresas líderes e/ou consolidadas, bem como recém-constituídas que almejam crescimento em determinados segmentos, por exemplo).

3. **Solução e/ou oportunidade**: etapa em que é demonstrado, e/ou visualizado, que o projeto de patrocínio (propriedades e ativos) representa a oportunidade, ou é um dos fatores de contribuição, para solução do problema levantado anteriormente. Apresenta-se uma razão clara para o investimento. Nesta fase, é imprescindível apresentar estratégias, *cases*, depoimentos, projeções de retorno (qualificar e quantificar), entre outros.

4. **Argumentações e alinhamento**: dúvidas, problemas, questionamentos, objeções ou empecilhos podem permear todo o período de apresentação. Essa realidade deve ser vista como um momento de convencimento ainda maior para concretização da proposta, reforçando a vantagem e diferencial do projeto, ajustando e redefinindo objetivos, estratégias.

5. **Conclusão**: após a explanação, é possível desenvolver um estímulo a mais para atrair e/ou concretizar a parceria, com convites para visitar a entidade, evento e/ou ação, ingresso gratuito na propriedade, evoluindo posteriormente para um parceiro oficial, entre outras estratégias.

Abaixo, exemplos dessas estratégias postas em prática:

> Começamos, na verdade, com o S.C. Corinthians no primeiro jogo da final do Campeonato Paulista de 2009 contra o Santos F.C. Neste jogo, entramos gratuitamente. O Andrés Sanches (presidente do clube) estava precisando de um patrocinador para a manga da camisa. Eles não tinham ninguém. E através de pessoas em comum, diretores, acionistas, entre outros, propuseram um teste. No início, afirmamos que não queríamos investir no futebol. "Apenas entrem em um jogo", responderam. "Vocês anunciam tanto em TV que verão o retorno que alcançarão com o Corinthians neste jogo." Concordamos. Assim, fechamos a manga da camisa para um primeiro jogo. E tivemos um grande retorno. Naquela mesma semana, fechamos a manga do Corinthians até o final de 2009.

Bruna Dias Magarotti, então coordenadora de marketing esportivo da Hypermarcas, em entrevista a Caballero (2013).

> A partir do objetivo da Cimed Indústria de Medicamentos de entrar na grande rede de farmácia do Walmart, sem custo algum, a equipe jogou, durante seis meses, com o logo do Walmart em sua camisa sem nenhuma contrapartida. A partir desta ação, o Walmart abriu as portas para a Cimed Indústria de Medicamentos entrar nas farmácias da rede em todo o Brasil. A empresa acabou concretizando um grande negócio. Fazemos tudo o que podemos para gerar negócios para o nosso investidor.
>
> *Renan Dal Zotto, então gerente de esporte da Cimed E.C., em entrevista a Caballero (2013).*

d) Período de apresentação

Ter assertividade no período do encaminhamento das propostas de patrocínios apresenta-se como um grande desafio, tendo em vista as diferentes características de cada empresa e, consequentemente, a época de tomadas de decisão por parte das investidoras. No entanto, essa variável pode se caracterizar como um dos fatores determinantes para a concretização, ou não, de uma parceira.

Grande parte dos especialistas da área recomendam que os detentores de propriedades apresentem seus projetos durante a elaboração e aprovação dos planejamentos estratégicos das empresas, os quais ocorrem, geralmente, ao fim de cada ano (meses de setembro, outubro e/ou novembro). Dessa forma, além de garantir um destino de verbas promocionais específicas, propicia a inserção do patrocínio esportivo no Plano de Comunicação Integrado de Marketing do *prospect*, trabalhando sua ativação em conjunto com outras estratégias e agências parceiras (agências de publicidade, comunicação, *in house*, relações públicas, *merchandising*, marketing digital, conteúdo, *design*, *social media*, *live marketing*, *branding*, endomarketing, OOH, entre outras), ou ainda sendo mote para a criação e desenvolvimento de campanhas promocionais e/ou comunicacionais do investidor.

Por outro lado, devido ao aumento de competitividade no mercado, ao avanço tecnológico e às novas jornadas de consumo, cada vez mais empresas reservam verbas adicionais para investimentos em eventos e/ou ações de oportunidade que porventura possam surgir de forma atrativa no decorrer do ano.

Outro aspecto a ser considerado diz respeito aos intervalos pré e pós-eventos esportivos, sejam eles de pequeno, médio ou grande porte (megaeventos).

Em períodos que antecedem competições nacionais e/ou internacionais, o interesse e a expectativa da população elevam, ainda mais, a atratividade do evento esportivo para os veículos de comunicação, empresas e, consequentemente, o mercado publicitário. De igual forma, o período pós-evento pode se apresentar extremamente propício para a apresentação e concretização de parcerias, principalmente se as competições alcançarem audiências significativas, e atletas oriundos de determinadas cidades, estados, regiões ou países-alvo das empresas obtiverem conquistas significativas nas competições que participaram, tornando-se verdadeiros produtos de promoção, relacionamento e conversão de vendas, mesmos oriundos de modalidades esportivas até então desconhecidas.

Por fim, antes de disponibilizar os ativos ao mercado, é possível ainda promover um *upfront* junto aos *players* da cadeia de patrocínio, isto é, agências de propaganda, assessorias, consultorias, para uma apresentação antecipada de seus ativos, bem como para uma representatividade da entidade e suas propriedades por parte destes parceiros, intermediários e demais interlocutores junto aos *leads* do mercado.

Figura 4: Fase de captação

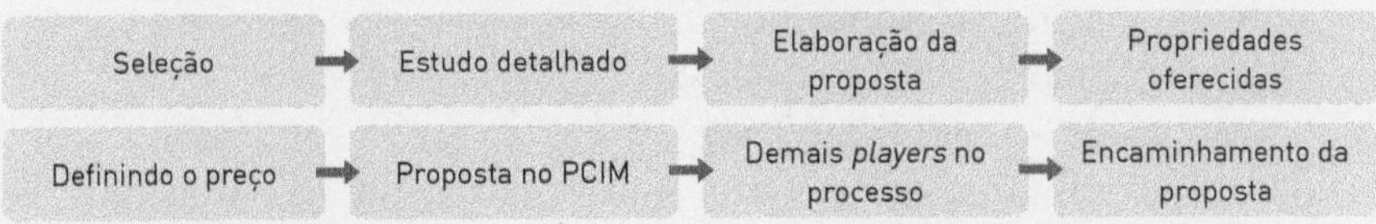

Fonte: Elaborada pelos autores.

A etapa posterior à apresentação e/ou encaminhamento da proposta, diz respeito à análise técnica e minuciosa por parte do potencial parceiro para definir a validade, ou não, do investimento junto à detentora de propriedades.

4.3. Análise do projeto

Com a profissionalização do mercado e o aumento da competitividade, as empresas procuram uma assertividade no desenvolvimento de planejamentos mercadológicos e/ou comunicacionais. No que tange o investimento no esporte, a aprovação baseia-se, cada vez mais, em métricas, escalas de retorno, indicadores de performance (KPI), entre outros aspectos. Essa realidade se observa, principalmente, em empresas com tradição em investimento na indústria, maturidade e inteligência de mercado. Mesmo reconhecendo que cada *prospect* possui realidade e objetivos diferentes, necessitando e/ou valendo-se ainda de matrizes com notas de corte, escalas, indicadores específicos, entre outros, de uma forma geral podem ser considerados determinados aspectos para uma avaliação e tomada de decisão (aprovação ou não) de investimento em patrocínio esportivo. São eles:

- Existe *fit*, aderência, sentido, DNA, alinhamento e interação entre a proposta, entidade e/ou ação e a marca?
- A empresa e a entidade são congruentes?
- É possível conectar e/ou convergir pontos em comum (ter uma relação verdadeira)?
- Histórias genuínas podem ser contadas?
- A proposta está dentro daquilo do que a empresa desenhou e espera de um patrocínio esportivo?
- O patrocínio beneficia a marca?
- É possível humanizar a marca?
- O patrocínio reitera, reforça a percepção e possibilita a recordação de marca?
- É possível inspirar e engajar durante o processo?
- É possível dialogar com os fãs do parceiro?
- É possível obter ganhos de consideração por parte do público-alvo?
- É possível envolver os mais variados públicos-alvo no processo?
- Possui um número de fãs e/ou simpatizantes significativos (entidade tradicional, de camisa etc.)?
- O número de simpatizantes, torcedores e/ou fãs da entidade é dimensionado (quantificado e qualificado) e vai ao encontro das necessidades do *prospect*?

- Possui fãs, simpatizantes e/ou torcedores em mercados geográficos de interesse do *prospect* (cidades, estados, países e/ou continentes)?
- Seus fãs, simpatizantes e/ou torcedores possuem um nível de engajamento almejado pela empresa?
- Existe adequação entre o perfil do fã da entidade esportiva e do público-alvo da marca?
- Possui programa sócio torcedor? Em caso afirmativo, qual a quantidade, perfil, características etc.?
- Possui torcedores famosos, influenciadores, *creators*, *TikTokers* passíveis de serem embaixadores da parceria?
- Existe sobreposição em relação a outro projeto e/ou entidade já patrocinada (público-alvo, comunidade, região geográfica, objetivos, operação e/ou ativação)?
- O número de praticantes da modalidade vai ao encontro dos objetivos da marca?
- É possível promover a empatia e conversão de usuários?
- Propicia a transferência de imagem e valores para a empresa (vencedora, organizada, moderna, radical, entre outros)?
- Possibilita ações de relacionamento (*networking*)?
- Cria oportunidade de prospecção para novos negócios?
- Propicia parcerias negociais e financeiras?
- É possível converter no ponto de venda?
- É possível inserir outras estratégias promocionais no processo?
- E possível inserir e/ou englobar diferentes departamentos da empresa (unidades de negócio) no patrocínio?
- Qual perfil, características e relevância dos atletas da entidade esportiva?
- É possível uma apropriação da imagem (individual e/ou coletiva) dos atletas?
- A entidade, e seus atletas, possuem rejeição de torcedores de equipes rivais?
- Trata-se de um esporte com forte penetração no alvo territorial da marca?
- Trata-se de um esporte olímpico?
- Possui forte presença e relação eficiente na mídia (*online* e *offline*)?
- Possui *site*, canais e demais plataformas digitais bem estruturadas?
- Possui frequência, impacto e engajamento significativo nas plataformas digitais, com *followers* quantificados e qualificados?

- Seu *site*, *blog*, canais e demais mídias sociais possuem versões em outras línguas?
- Pode auxiliar na melhoria do clima organizacional da empresa?
- A entidade é organizada, com respeitabilidade e credibilidade no mercado?
- A entidade desenvolve boas práticas e política de governança?
- Possui um departamento de marketing e comunicação estruturado para desenvolvimento de estratégias, seja de forma individual, seja em parceira?
- A entidade está em período eleitoral?
- A entidade pode mudar a direção durante a vigência do contrato comprometendo as cláusulas contratuais?
- O histórico da relação da entidade com seus atuais e/ou antigos parceiros é pautada pelo respeito ao contrato, atenção, comprometimento e trabalho em função dos objetivos mútuos?
- A marca é de fácil inserção e/ou simbiose nas propriedades propostas (uniformes, placas, telões etc.)?
- Em caso de necessidade, existe a possibilidade de mudanças nas propriedades (*design* dos uniformes, cores, entre outros)?
- É possível trocar a marca original do patrocinador inserida nas propriedades (*master branding*) por outras subjacentes para promoção específica de produtos e/ou serviços da empresa?
- A entidade possui um histórico de posicionamento social sobre temas sensíveis em conformidade com o *prospect*?
- Aumenta e/ou permite o acesso do LGBTQIAPN+ ao evento, entidade e/ou modalidade?
- O ecossistema onde a propriedade está inserida apresenta uma organização e respeitabilidade, regendo e regulando o mercado (elaboração e cumprimento do calendário, negociação em conjunto, inexistência de conflitos, não sobrepõe outros eventos importantes)?
- Quantas e quais competições, amistosos e eventos a entidade participará no período de vigência do contrato?
- Está assegurado o número de transmissões e coberturas em meios *online* e *offline*?
- O calendário de competições coincide com as estratégias previstas no planejamento estratégico da empresa (lançamento de produtos, ingressos em novos segmentos, reposicionamento)?

- A entidade possui histórico de sucesso (*performance* esportiva) nas competições?
- A entidade possui potencial de sucesso (*performance* esportiva) em competições futuras?
- A entidade possui potencial em atingir os objetivos desejados pela marca/empresa?
- É possível desenvolver algo maior do que simplesmente um patrocínio?
- O patrocínio pode ser o propulsor de uma nova fase da entidade esportiva?
- Consiste em um projeto de recuperação, ajuda ou reconstrução da entidade?
- É possível resgatar a autoestima da entidade e dos fãs com o patrocínio?
- O patrocínio possui legitimidade?
- O patrocínio possui uma causa?
- O patrocínio deixará um legado?
- A entidade esportiva possui sede e/ou penetração na região onde a empresa está localizada e/ou deseja estar inserida?
- A empresa será o primeiro patrocinador da entidade?
- É possível se apropriar do *naming rights* da entidade?
- O *naming rights* da entidade muda com frequência?
- A mudança de *naming rights* foi bem assimilada pelos fãs?
- É possível e/ou necessário ativar o investimento?
- Existem estratégias de ativação definidas para potencializar o processo, tanto no ambiente físico (arenas, *match day*, HC, *trade*) quanto no virtual (experiências digitais paralelas, interatividade)?
- Possui uma arena, estádio, ginásio, CT próprio, passível de hospedar ações de ativação?
- É possível uma capilaridade de ações em conjunto entre a entidade e a empresa?
- Os demais parceiros da entidade possuem uma imagem eficiente e respeitabilidade no mercado?
- Existe possibilidade e/ou receptividade por parte dos demais parceiros da entidade em desenvolver estratégias de ativação em conjunto?
- Foram estabelecidas o desenvolvimento, apresentação e entrega de metodologias de análise sobre o retorno?

- Qual a projeção de retorno, seja em termos de mídia, *brand awareness*, conteúdo, geração de negócios, vendas?
- É possível a empresa licenciar produtos e/ou estruturar franquias junto à entidade esportiva?
- O retorno alcançado por antigos e/ou atuais parceiros junto à entidade esportiva foi significativo (mídia espontânea, institucional, relacionamento, geração de negócios)?
- O preço está compatível com o valor da oferta?
- Os custos de investimento estão dentro da disponibilidade de recursos da empresa?
- O risco de insucesso está dimensionado?
- Existem barreiras e/ou leis para a exposição e/ou dimensão das marcas nos uniformes, desenvolvimento de estratégias (inserção, ativações, vendas), exigência de inserção de *patches* etc., nas competições que a entidade for participar?
- Os *players* de transmissão possuem regras e/ou barreiras de não exibição, menção e/ou promoção das marcas patrocinadoras (*naming rights*, marca) da entidade durante os jogos, treinamentos, coberturas, *higlights*, entre outros?
- Existem restrições de investimento e/ou exposição para o segmento em que a empresa está inserida?

Por fim, é cada vez mais comum que empresas façam uso de suas agências de propaganda, assessorias de comunicação e/ou marketing esportivo para aprovação e/ou oportunidades no segmento esportivo. A decisão deve ser essencialmente técnica e estratégica.

Após o estudo e a adequação da proposta pela entidade esportiva, bem como a análise por parte do *prospect* (ou vice-versa, caso for a empresa que procure a entidade esportiva para um investimento), e havendo interesse em levar adiante a parceria, inicia-se a fase de negociação e estabelecimento de direitos e deveres de ambas as partes.

Esta etapa se constitui de grande valia, visto a oportunidade de concretização do patrocínio, bem como a real definição dos benefícios e responsabilidades no processo.

4.4. Negociação da proposta

A etapa posterior à análise das propostas e predisposição em levar a cabo o investimento em patrocínio esportivo é o processo de negociação, seguido de uma oficialização jurídica (celebração do contrato), estabelecendo direitos e deveres de ambas as partes envolvidas no processo.

No que tange à negociação, é imprescindível que o processo ocorra dentro da perspectiva de atender às necessidades e aos objetivos das entidades esportivas e empresas investidoras (benefícios mútuos), em uma clara relação ganha-ganha.

Assim, deve-se adotar uma série de cuidados para alcançar sucesso nessa etapa. Além de objetivos claros e do desenvolvimento de um programa integrado às metas empresariais e de *performance* esportiva, deve-se estabelecer o nível de poder e influência de cada uma das partes envolvidas no processo (empresas investidoras e entidades esportivas), considerando aspectos como controle sobre a verba investida e comportamento dos membros da entidade esportiva (atletas, comissão técnica), investimentos em infraestrutura e/ou capital humano, calendário, monitoramento sobre o retorno, entre outros.

Esse nível de influência dependerá, em um primeiro momento, das características da proposta, exigências do(s) investidor(es), bem como da amplitude de abertura proporcionada pela própria entidade esportiva ao(s) mesmo(s).

Independentemente do modelo de investimento e nível de influência e/ou decisão, é fundamental que haja uma boa relação entre as partes, conhecendo seus objetivos e necessidades, dentro de uma atmosfera de confiança e respeito mútuo.

No período de prospecção de um parceiro, muitas entidades esportivas se valem única e exclusivamente do trabalho realizado na etapa prévia à apresentação e/ou envio da proposta, ou seja, na elaboração de um projeto adaptado. Apesar de reconhecer a significativa importância de um projeto com dados fidedignos, direcionamento mercadológico, deve-se levar em conta que este se trata, na verdade, de um documento físico, o qual, em grande parte das vezes, necessita ajustes, complementos e/ou redirecionamentos.

Dessa forma, os *prospects* exigirão o direito de adequar determinadas propriedades, estratégias e/ou ações de acordo com as suas necessidades. Nesse caso, o período de negociação constitui-se em um momento ideal para estes prováveis e/ou necessários procedimentos.

Por outro lado, uma empresa investidora além de receber uma proposta de patrocínio esportivo, pode buscar no mercado oportunidades neste segmento. Apesar das diferenças, principalmente no nível de interesse, uma negociação para um melhor alcance dos objetivos torna-se fundamental.

Nesse sentido, as entidades esportivas e empresas investidoras devem adotar, durante a fase de negociação, uma postura e/ou atitude com o objetivo de concretizar a parceria. Alguns pontos importantes:

- Evitar uma postura intransigente com relação às exigências e/ou recomendações dos potenciais parceiros (concessões mútuas para uma solução de compromisso).
- Flexibilidade para reconsiderar pontos estabelecidos inicialmente na proposta apresentada, indo ao encontro dos objetivos mútuos.
- Receptividade quanto às expectativas da outra parte, resultando a parceria de uma construção conjunta.
- Não estar sujeito a propostas que não atendam às necessidades de mercado (no caso dos patrocinadores) ou valores financeiros irrelevantes e/ou ações que comprometam, de alguma forma, os objetivos, desempenhos, calendários, tradição, cultura organizacional, regimento interno (no caso de entidades esportivas).
- Colocar-se na posição do parceiro, apercebendo que cada lado pode ter percepção de valor e interesses múltiplos distintos.
- Identificar, além das metas próprias desejadas, as do outro negociador.
- Propiciar condições adequadas ao seu parceiro para o alcance de resultados significativos, revertendo e colhendo, desta forma, resultados paralelamente satisfatórios.
- Comprometer-se e exigir uma postura estratégica e profissional do parceiro durante o processo.
- Entender o processo de negociação como um momento extremamente vantajoso, visto a oportunidade da defesa da proposta, elucidação de dúvidas, estabelecimento de novos procedimentos e/ou ações, redução de custos ou, até mesmo, incremento nas verbas investidas.

Finalizada essa etapa, e havendo interesse em levar adiante a parceira, ambas as partes devem valer-se do aspecto jurídico, assegurando assim, legalmente, os compromissos assumidos durante a negociação (relacionar o processo de marketing ao jurídico).

4.5. Celebração do contrato

Uma vez finalizada a transação, a negociação se converte em um contrato firmado.

Por meio de um acordo jurídico, é possível, além de iniciar oficialmente o processo, nortear grande parte das decisões a serem tomadas, formalizando os atos e dando respaldo e segurança às partes envolvidas.

Entre uma entidade esportiva e seus parceiros deve existir, impreterivelmente, uma relação contratual, que descreva o conteúdo da relação e mecanismos para a mediação de possíveis disputas e/ou conflitos.

Além de detalhar os aspectos negociados (duração, vigência territorial, verba investida, confidencialidade, estratégias a serem desenvolvidas, mudanças necessárias), o contrato estabelece normas e textos legais a serem cumpridos e executados.

Apesar da impossibilidade de apontar todos aspectos e cláusulas a serem estabelecidas na assinatura do contrato pelas entidades esportivas e empresas nos mais variados patrocínios (considerar o tipo e modelo de investimento), somado ao dinamismo da indústria esportiva, é possível assinalar pontos em comum e determinantes que devem ser minimamente assegurados, diminuindo variáveis incontroláveis que permeiam o processo (prejuízos de imagem, comportamento dos protagonistas esportivos, entre outros), propiciando conformidade, concordância e garantia para o alcance dos objetivos.

No Quadro 4, são apresentados os direitos e deveres a serem considerados na elaboração dos contratos

Quadro 4: Direitos e deveres entre as partes

Players	Direitos	Deveres
Entidade esportiva	Recebimento do montante financeiro acordado	Entrega fidedigna do acordado na concretização do contrato (propriedades e estratégias negociadas)
	Respeito aos seus valores, tradição, imagem, marca, atletas, colaboradores, fãs e demais parceiros	Respeito à marca, imagem e valores do parceiro
	Respeito ao planejamento, cronograma e atividades para a performance esportiva	Propiciar segurança mediante um comportamento adequado
	Apoio nas ações a serem desenvolvidas durante o processo	Proatividade na solução dos problemas
	Cláusulas terminativas quando da não entrega do acordado	Disponibilizar colaboradores para uma eficiência na parceria
	Recebimento dos valores de rescisão (indenização, multa) por quebra de contrato	Avaliar e apresentar os retornos obtidos com o processo (ROE, ROO e ROI)
Patrocinadores	Respeito à sua marca, imagem e valores	Pagamento integral e no prazo estipulado das cotas, verba complementar, entre outros, do patrocínio
	Entrega de todas as propriedades estabelecidas em contrato	Respeito aos valores, tradição, imagem, marca, atletas e fãs dos parceiros
	Comportamento dos atletas, comissão técnica, colaboradores, dirigentes etc., em conformidade com sua imagem e/ou valores	Comprometimento e desenvolvimento de ações em conjunto
	Utilização dos atletas e comissão técnica, de forma individual e/ou coletiva, em ativações, campanhas publicitárias, promocionais	Postura proativa em função dos objetivos do parceiro
	Geração de relacionamento, negócios e vendas	Não emitir pronunciamentos em nome do parceiro
	Comunicação permanente e informações com respeito ao destino da verba investida, desenvolvimento de ações, planejamento de novas estratégias etc.	

	Taxa de retorno mínima	
	Cláusulas terminativas quando da não entrega do acordado	
	Recebimento dos valores de rescisão (indenização, multa) por quebra de contrato	

Fonte: Elaborado pelos autores.

Por atuarem em mercados altamente competitivos, empresas investidoras esperam, naturalmente, uma postura profissional das entidades esportivas, semelhantes aos seus demais históricos *stakeholders* (fornecedores, intermediários, agências de propaganda, consultoria de negócios). Por outro lado, fazendo valer seus direitos, e honrando seus deveres, a detentora de propriedades pode alcançar seus objetivos com significativo sucesso.

Outro aspecto que é objeto de análise na negociação e/ou concretização do patrocínio diz respeito ao período de parceria entre as partes.

4.5.1. Duração do contato

É consenso que investimentos duradouros e com maior frequência estabelecem uma maior estabilidade e identificação, construindo conexões, relacionamentos e, por consequência, alcance dos objetivos. Essa realidade pode ser observada em campanhas publicitárias com maior longevidade, reforçando o posicionamento, argumentos, *endorsement*. No caso do investimento no esporte, isto não difere.

Sem desprezar patrocínios e/ou ações pontuais (como visto anteriormente, possuem características, objetivos e retornos específicos), uma parceria perene e/ou longínqua pode proporcionar uma maior exploração de todas as potencialidades do processo.

Não é possível estabelecer um prazo mínimo de sucesso para a permanência das empresas nos contratos de patrocínio. Isso dependerá, entre outros fatores, das características do investidor, orçamento disponível, metas alcançadas, ação da concorrência, envolvimento dos *players*. No entanto, considerar a etapa inicial do contrato (primeiro ano, primeira edição etc.) como um período de tangibilidade dos ativos, teste, experimentos, ajustes, adaptações, adequações aprendizado e amadurecimento, procurando obter retornos qualificáveis e/ou quantificáveis nos períodos subsequentes, apresenta-se como uma estratégia cada vez mais assertiva na indústria esportiva.

Havendo predisposição para uma extensão do contrato, os *players* voltam-se para uma renegociação da parceria, redefinindo objetivos, estratégias e ações e serem desenvolvidas. O processo exige análise criteriosa do ROI, retroalimentação e planejamento estratégico.

4.5.2. Renovação do contrato

Renovar um contrato de patrocínio muitas vezes pode se tornar tão ou mais difícil do que concretizá-lo. Na verdade, pode-se afirmar que a renovação e/ou prorrogação de um contrato de patrocínio inicia no primeiro dia da assinatura da parceria.

Para uma predisposição em permanecer no processo, os investidores devem perceber o valor de retorno de seu investimento. Isso passa, impreterivelmente, pela postura e trabalho desenvolvido durante a parceria pela entidade esportiva e/ou demais *players* envolvidos no processo (intermediários, agência e consultoria de marketing esportivo).

Dentro de uma perspectiva mercadológica, os detentores de propriedades devem adotar procedimentos e/ou desenvolver processos idênticos às tradicionais empresas parceiras dos investidores, como agências de propaganda, comunicação, relações públicas, promoção, *merchandising*. Muitas destas agências passaram de prestadores de serviços de comunicação integrada, a verdadeiros consultores e curadores dos negócios do parceiro, envolvendo-se com os pontos estratégicos do *business*, entregando mais soluções para as marcas, muitas vezes não necessitando de *briefing* para o desenvolvimento das ações (conhecimento completo de seu cliente).

Aspectos a serem verificados para renovação do patrocínio:

- Elevou a percepção de valor da marca?
- Apresentou resultados de *co-branding* (transferência de atributos de imagem da propriedade para o patrocinador)?
- Contribuiu para um reposicionamento?

- O investimento proporcionou visibilidade e/ou notoriedade?
- Houve lembrança da marca além do período do evento e/ou ação permaneceu para outras datas (residual)?
- Aumentou o engajamento junto à empresa?
- Houve uma melhora na imagem junto à comunidade onde está inserida?
- Houve ganhos em termos de relacionamento, negócios e vendas?
- O detentor de propriedades apresentou uma postura proativa e comprometimento no desenvolvimento de estratégias, entregando o acordado no contrato?
- A relação foi sólida e transparente, pautada por um respeito constante?
- Ocorreu abertura na recepção de *feedbacks*, promovendo melhoria contínua durante o processo?
- Estes *feedbacks* foram analisados, quantificados e apresentados por meio de relatórios periódicos de ROE, ROO e ROI?

Caso o investidor demonstre interesse e leve adiante um prolongamento do patrocínio junto à entidade esportiva, esta renovação será:

- Nas mesmas condições do atual contrato?
- Com aumento no montante financeiro?
- Com diminuição no valor financeiro?
- Maior número de ativos, propriedades, ações de ativação, experiências, conteúdo, entre outros?
- Maior participação nas decisões da entidade esportiva por parte do patrocinador?

Além de renovar, com maiores ou menores valores, outras propriedades e contrapartidas, o período de renovação deve valer para revisar o contrato assegurando que ele permaneça alinhado e adequado à sua finalidade (manter cuidados contínuos e proatividade para reagir as mudanças com o tempo).

Por fim, independentemente da real possibilidade de renovação e ciclo de vida do patrocínio nos atuais *players*, é imprescindível que a detentora de propriedades mantenha contato permanente com o mercado, prospectando novas oportunidades, não permanecendo à mercê de um círculo restrito de parceiros bem como de revisão, suspensão ou cancelamento de contratos.

4.6. Término do contrato

Assim como no ciclo de vida das campanhas publicitárias, quando o mercado der a resposta desejada e as metas forem alcançadas, o investimento poderá ser reduzido ou suspenso definitivamente pela empresa anunciante, redirecionando, ou não, a verba promocional para outras estratégias. Da mesma forma, são poucas as organizações que possuem recursos financeiros significativos para permanecer com ações e/ou campanhas publicitárias por longos períodos de forma interrupta. No caso do patrocínio esportivo, isso não difere.

Salvo exceções, como relações pessoais, interesses políticos, reserva de mercado (entrada vetada de concorrentes na propriedade esportiva parceira), entre outros, praticamente nada justifica um prolongamento do processo de patrocínio quando os objetivos forem atingidos e não existirem metas futuras a partir desse investimento.

Alguns aspectos podem ser determinantes para uma não renovação do patrocínio por parte da empresa junto à entidade esportiva. São eles:

- Já alcançou os objetivos desejados com o patrocínio esportivo.
- Não obteve o retorno esperado com o patrocínio esportivo.
- Falta de recursos para uma continuidade do investimento.
- Mudança na filosofia e gestão do investidor.
- Redirecionamento de objetivos e estratégias do investidor.
- Redirecionamento do *budget* para outras estratégias promocionais.
- Histórico de conflitos entre a empresa e a entidade esportiva durante a vigência do contrato.

Por outro lado, o mesmo vale para a entidade esportiva. Não são poucas as entidades que encerram seus contratos junto a empresas patrocinadoras por não cumprimento de contrato, desrespeito aos seus valores e fãs, novas oportunidades de negócios, entre outros fatores.

Tão bem como saber ingressar em um processo de patrocínio, explorando o máximo de visibilidade, *brand awareness*, geração de relacionamento, por exemplo, é possuir uma estratégia de saída eficiente para não ocorrer desgastes perante seus mais variados públicos-alvo.

4.7. Mecanismo de saída

Um dos grandes entraves para as empresas ingressarem no esporte diz respeito ao receio de um abalo em suas imagens quando da suspensão de seus patrocínios ou encerramento das atividades de suas próprias entidades esportivas.

Dessa forma, um cuidado no término do investimento torna-se fundamental, evitando comoção, manifestação, repúdio ou até mesmo boicote às suas marcas, produtos e/ou serviços. Nesse sentido, algumas estratégias podem ser desenvolvidas:

- Explicitar, na assinatura do contrato, seja na coletiva de imprensa e/ou na divulgação junto aos veículos de comunicação, o período de duração da parceria, isto é, início e fim (caso haja uma prorrogação ou renovação, será comunicado no momento oportuno).
- Apresentar os objetivos da empresa quando da construção e/ou ingresso no projeto esportivo, tanto em termos mercadológicos e/ou promocionais (inserção no Plano de Comunicação Integrada de Marketing), quanto de *performance* da entidade esportiva patrocinada.
- Trabalhar, em parceria com a entidade esportiva, o ingresso de novos investidores para amenizar o impacto financeiro de sua saída, propiciando uma continuidade do projeto esportivo eficiente.
- Remanejar, dividir e/ou abdicar, quando for o caso, e próximo ao período estabelecido de encerramento do patrocínio, de propriedades exclusivas para os *prospects* e/ou atuais parceiros para aumento de receita das entidades esportivas.
- Produzir e veicular campanhas publicitárias e veículos *online* e/ou *offline*, evidenciando o investimento realizado pela empresa, bem como os resultados alcançados pela entidade esportiva durante o período.
- Publicar, por parte da entidade patrocinada, manifestos, campanhas publicitárias etc., agradecendo e/ou reconhecendo a importância da parceria junto à empresa patrocinadora.

De nada adianta empreender inúmeros cuidados para o sucesso do patrocínio se o público-alvo não associar o patrocinador à detentora de propriedades, evento e/ou ação. De igual forma, muitas vezes a entidade esportiva possui potencialidades que acabam não sendo exploradas ao máximo pelas empresas investidoras.

Dessa forma, é imprescindível o desenvolvimento de estratégias eficientes, bem como um monitoramento minucioso sobre os resultados alcançados.

4.8. Desenvolvimento de estratégias

O investimento em patrocínio esportivo pode propiciar resultados extremamente significativos para as partes envolvidas no processo (entidades esportivas e empresas investidoras). No entanto, o simples desenvolvimento desta estratégia não significa garantia de sucesso. São inúmeros os exemplos de empresas que direcionam verbas significativas e não obtém o retorno esperado ou até mesmo não são reconhecidas perante seu *target* como parceiras oficiais do processo.

Entre as causas, pode-se citar uma postura passiva e desinteressada, ou até mesmo uma falta de conhecimento a respeito das oportunidades a serem exploradas. De igual forma, além de trabalhar o patrocínio de forma isolada de seus planejamentos de Comunicação Integrada de Marketing, muitas vezes limitam suas ações à inserção de suas marcas nas propriedades estabelecidas no contrato, restringindo o investimento a uma simples compra direta de mídia.

Nesse contexto, a denominada ativação, ou marketing de ativação, assume uma importância significativa, maximizando as oportunidades de retorno, independentemente dos objetivos iniciais preestabelecidos (exposição na mídia, retorno institucional, relacionamento, vendas etc.).

4.9. Ativação do patrocínio esportivo

Apesar de sua importância dentro do processo, são poucas as definições na literatura a respeito da ativação como estratégia de promoção do patrocínio.

Ferrand, Camps e Torrigiani (2007) definem ativação como uma estratégia de marketing, cujo objetivo é proporcionar às pessoas implicadas uma experiência com a marca do patrocinador em relação ao evento. Já para Collet e Fenton (2014), ativação é o processo de trazer um patrocínio à vida por meio da transformação dos direitos adquiridos em benefícios significativos que ajudem uma empresa a alcançar seus objetivos de patrocínio.

Com base na importância assumida nos últimos anos no composto promocional e/ou mercadológico das empresas, objetivos perseguidos, novas tecnologias e pontos de contato junto aos mais variados públicos-alvo, é possível definir ativação como:

Estratégia de promoção, imagem, relacionamento e vendas, desenvolvida por uma empresa, marca e/ou entidade esportiva, para potencializar o retorno do investimento em processos de patrocínio por meio de experiências, conteúdos proprietários e engajamento.

A evolução da ativação apresenta-se como uma tendência natural ao crescimento, desenvolvimento e transformação do patrocínio esportivo, passando de uma simples exposição de marca, a uma plataforma de relacionamento e geração de negócios. Soma-se a isso, o conhecimento e o interesse, cada vez maior, dos parceiros estratégicos promocionais e/ou comunicacionais das empresas (agências de propaganda, promoção, PDV, entre outras) em valer-se do esporte, e consequentemente do patrocínio de seus clientes, como mote para o desenvolvimento de suas campanhas e/ou ações.

4.9.1. Vantagens da ativação do patrocínio

Um planejamento estratégico de ativação pode trazer inúmeras vantagens, tanto para as empresas investidoras, quanto para as entidades esportivas:

- Explora todos os direitos contratuais no processo de patrocínio.
- A empresa e/ou marca alcança notoriedade, reforçando seu papel de patrocinador e/ou parceiro no processo.
- Imagem de marca não intrusa, sendo parte integrante e efetiva da entidade, evento e/ou ação esportiva.
- Alcança um pertencimento junto à entidade, evento e/ou ação esportiva, justificando e/ou demonstrando um sentido autêntico e genuíno em sua existência no ecossistema.
- Demonstra engajamento com o esporte, entidade, evento e/ou ação.
- Potencializa e intensifica o *co-branding* (elementos distintivos e identificáveis), retorno de mídia, *brand awareness*, relacionamento, geração de negócios e conversão de vendas.
- Por meio de experiências memoráveis, a marca se relaciona, conecta, interage e se engaja com o *target*.
- A marca oferece um benefício tangível para seu público-alvo (promoções, recompensas, conteúdo, produtos, serviços, entre outros);
- Gera conteúdo para o patrocinador, marca, entidade, ação esportiva e demais *players*.
- Impulsiona, amplia e oportuniza novas linhas de comunicação valendo-se do esporte dentro do planejamento estratégico das marcas.
- Melhora a experiência, enriquece e valoriza a entidade esportiva e o espetáculo, propiciando atividades e/ou ações *around the game*.
- Proporciona à marca, entidade esportiva e demais *players* do processo, presença e impacto *in loco* e engajamento no ambiente virtual.
- Alavanca, potencializa, valoriza e rentabiliza o trabalho em parceria, criando uma sinergia de ações e o comprometimento nos objetivos mútuos entre o investidor e a entidade esportiva.
- Torna as propostas de patrocínio mais atraentes com maior potencial de retorno junto aos *prospects*.

- Incrementa os ativos de patrocínio e/ou aumenta a participação do investidor no processo.
- Maior possibilidade de renovação, prolongamento e longevidade da parceria a partir do retorno obtido.
- Agrega valor à entidade esportiva para prospecção de novos investidores.
- Ocupa espaços estratégicos comerciais, *naming rights* e de conteúdo nos veículos de comunicação detentores dos direitos de transmissão dos eventos (*offline* e/ou *online*), reforçando sua posição e estabelecendo uma parceria comercial para exposição e/ou promoção de sua imagem, marca, produto, serviço etc.
- Reforça seu papel em eventos onde existam barreiras e/ou restrições *in loco* para presença das marcas nas propriedades adquiridas (Copa do Mundo, Jogos Olímpicos, eventos com *naming rights* e ativos exclusivos destinados a patrocinadores específicos, entre outros).
- Coíbe a entrada de empresas terceiras, combatendo ações de *ambush marketing*.

4.9.2. Os *players* na ativação do patrocínio

As empresas investidoras estão, sem sombra de dúvida, entre as partes mais interessadas em uma promoção eficiente de um processo de patrocínio esportivo. Dessa forma, não devem esperar passivamente propostas de ativação dos demais *players* envolvidos no processo (entidades esportivas, veículos de comunicação, entre outros), tomando, quando necessário para si, a liderança do processo, organizando, desenvolvendo, demandando e/ou exigindo oportunidades e/ou ações promocionais, de relacionamento, vendas, por exemplo.

Por outro lado, durante muito tempo, as entidades esportivas estiveram imersas em uma miopia em marketing, não reconhecendo seu negócio (inserção na indústria do entretenimento), potencialidades e responsabilidades, preocupadas, principalmente com sua performance, apresentando propostas padronizadas aos *prospects,* baseadas, quase que única e exclusivamente, em retorno de exposição de mídia.

As detentoras de propriedades possuem um papel fundamental para a ativação do patrocínio, participando efetivamente das ações, dando conhecer as oportunidades aos seus parceiros investidores, bem como criando, planejando, estruturando, viabilizando e disponibilizando um ambiente propício para o desenvolvimento de ações mercadológicas e/ou promocionais. As ideias e/ou iniciativas de estratégias de ativação podem ser originárias de forma unilateral ou discutidas, planejadas e operacionalizadas em conjunto entre todos *players* do processo. Soma-se a isto, estratégias criadas, planejadas e/ou propostas por empresas parceiras especializadas em *brand activation* para uma maior exploração do processo.

4.9.3. Estratégias de ativação

Assim como nas propriedades propostas, é praticamente impossível elencar todas as ações de ativação a serem desenvolvidas pelas empresas patrocinadoras e entidades esportivas. Cada marca possui uma especificidade na operação, objetivos, público-alvo e *budget*, gerando um espectro próprio de ativação. Soma-se a isto, as inovações tecnológicas e as novas plataformas existentes, as quais amplificaram significativamente sua atuação por meio de uma ativação digital.

Observa-se que, em cada etapa do patrocínio esportivo, é necessário o desenvolvimento de uma série de ações para explorar ao máximo as potencialidades do processo, conquistando resultados almejados. Essas estratégias podem variar de acordo com a fase do ciclo de vida em que se encontra o processo, bem como o interesse e predisposição dos *players* envolvidos na parceria.

Deve-se ressaltar que podem, e devem, ser consideradas como estratégias de ativação, toda e qualquer presença, participação e ação paralela, seja de pequeno, médio ou grande investimento e impacto, a qual tenha por objetivo explorar e/ou potencializar o resultado do investimento realizado no patrocínio.

Sem querer elaborar uma lista definitiva, e muito menos esgotar o assunto, a seguir será apresentado um recorte das estratégias mais utilizadas na indústria esportiva em cada fase do processo de ativação.

É possível estabelecer, durante o processo de patrocínio, quatro fases de ativação: lançamento do projeto esportivo; *branding*, conteúdo e experiências; relacionamento e conversão de vendas; e *budget* para investimento em ativação, devendo-se desenvolver uma série de estratégias em cada uma delas.

a) Lançamento do projeto esportivo

O início do processo (*kickoff*) exige um esforço significativo para tornar a entidade lançada, e/ou a parceria concretizada, conhecida e atraente, criando, além de uma atmosfera propícia, uma atitude e receptividade favorável em seu ecossistema. Ações a serem desenvolvidas:

- Utilização das dependências dos parceiros comerciais (sede central, escritórios, salas de reuniões, auditórios, fábricas) para o evento de lançamento do projeto esportivo.
- Visitas, apresentações presenciais e/ou virtuais, dos gestores, atletas, comissão técnica e parceiros comerciais aos públicos-alvo do projeto (*players* da indústria, associações, *hubs*, entidades, indústria, órgãos governamentais e demais *stakeholders*).
- Envio de *press kit* e *releases* com todas as informações a respeito da parceria (projeto, objetivos, importância, duração) com aspas dos representantes/líderes do processo de cada *player*, entre outros.
- Visitas, apresentações presenciais e/ou virtuais, dos gestores, atletas, comissão técnica, entre outros, do projeto aos veículos de comunicação (*online* e/ou *offline*), agências de notícias, agências 360°, entre outros.
- Exposição do projeto a apresentadores, comentaristas, colunistas, produtores de conteúdo, influenciadores digitais e *creators* do segmento, jornalistas autônomos, *freelancers*, independentes, entre outros;
- Conferência de imprensa, coletivas e/ou exclusivas, para apresentação da entidade, atletas, estrutura.
- Fornecimento de convites, ingressos, credenciais, material promocional (uniformes, equipamentos, brindes) para os *stakeholders* da parceria.
- Prover visitas e/ou organizar eventos em escolas, espaços públicos, *camps*, bem como gerar conteúdos em mídias sociais, *games*, *streaming*, para criação e/ou fidelização de uma base de fãs.

- Criar e produzir material promocional da entidade esportiva e seus atletas para construção e promoção de seus ativos (vídeos, fotos oficiais, mídias *online* e/ou *offline*, autógrafos, brindes, recompensas, *shooting day*, *media day*, entre outros).
- Criar um repertório, estratégia e atratividade digital para promoção da entidade esportiva, *buzz marketing*, engajamento do público-alvo e sustentação de propriedades negociadas no mercado (*site*, Instagram, Twitter, *trending topics*, Facebook, YouTube, TikTok, WhatsApp, Telegram, e-mail marketing, *apps*).
- Divulgar a efetivação da parceria nos canais oficiais dos patrocinadores e das entidades esportivas (*sites*, *blogs*, mídias sociais, WhatsApp, Telegram, Intranet, material interno).

Nessa fase, é imprescindível monitorar as interações nas mídias sociais, mapeando as citações da entidade e da marca patrocinadora, *hashtags* relacionadas e palavras-chave, reunindo *feedbacks* a respeito do sentimento do público-alvo e da opinião pública com a divulgação e/ou promoção do patrocínio (*social listening*).

b) *Branding*, conteúdo e experiências

Uma das fases mais importantes da ativação do patrocínio, consiste em associar, de forma contundente, a marca dos parceiros à entidade, atletas, evento e/ou ação esportiva. Exige sinergia, além uma postura proativa e colaborativa dos *players* do processo. Ações a serem desenvolvidas:

- Associar a equipe, atletas, gestores, fãs, simpatizantes à imagem e/ou marca dos parceiros.
- Prover o uso e/ou demonstração dos produtos e/ou serviços do patrocinador por parte dos atletas da entidade esportiva.
- Lançar produtos e/ou serviços relacionados a temática esporte ou se valendo do patrocínio esportivo para ampliar seu portfólio e, consequentemente, suas vendas (edições especiais, coleções-cápsulas, *collabs*, embalagens temáticas e personalizadas, *souvenirs*).
- Ambientalizar pontos de venda dos patrocinadores (*in store activation*), como lojas próprias, conceito, multimarcas, físicas, *online* e/ou

e-commerce (*cross channel*) com material de *merchandising* com a imagem da entidade e atletas patrocinados (fachada, cenografia para vitrines, envelopamento, banners, displays, bandeirolas, precificadores, régua ou faixa de gôndola, *stoppers*, *wobbler*, móbile, totens, adesivos, cubos, faixa, folders, cartazes, entre outros).

- Usar, como parte da força de venda da empresa no PDV, uniformes, equipamentos e/ou acessórios oficiais e/ou promocionais da equipe, patrocinadores e/ou torcida.
- Promover a conectividade e/ou interatividade do público-alvo nos pontos de venda com as propriedades adquiridas na parceria por meio de experiências multissensoriais e inovações tecnológicas (projeções holográficas interativas, simuladores, realidade virtual, demonstrações em 3D, tela *touchscreen*, *games*, entre outras).
- Definir espaço físico, loja, sessão quiosque e/ou *corner point* nas instalações do patrocinador (fábrica, lojas e demais PDV) para inserção de produtos da entidade esportiva patrocinada (camisas oficiais, equipamentos, produtos licenciados).

Quiosque da Associação Carlos Barbosa de Futsal (ACBF) na Megastore de seu histórico patrocinador Tramontina — Carlos Barbosa — Rio Grande do Sul

Fonte: Arquivo pessoal.

- Abrir loja oficial de vendas dos produtos da detentora de propriedades dentro do portal de *e-commerce* da empresa patrocinadora.
- Desenvolver campanhas publicitárias assertivas em veículos *online* e/ou *offline*, na mídia, *out of home* (OOH) no entorno, pontos de largada, chegada, valendo-se das propriedades adquiridas na concretização do processo de parceria, para promoção do investimento realizado e reconhecimento do público-alvo a respeito do patrocinador, suas características, produtos, segmento de atuação, distribuição.
- Valer-se, desde que assegurado pelo detentor de propriedades, dos atletas e comissão técnica para atuarem como garotos-propaganda em campanhas publicitárias e/ou embaixadores em ações promocionais, comunicacionais, sociais e/ou motivacionais do parceiro.
- Cocriar histórias (*storytelling*) entre a empresa patrocinadora e a entidade esportiva, criando pontos de contato, conexões e vínculos emocionais com os consumidores.
- Parcerias junto a *social influencers*, *creators*, *TikTokers*, para serem embaixadores da marca, criando conteúdo para a propriedade e parceiros (marketing com comunidades).
- Patrocinar transmissões, cobertura e programas em veículos detentores de direitos de transmissão, reforçando seu papel no processo, além de buscar uma parceria para uma maior e/ou eficiente cobertura e/ou exposição de sua marca, produto e/ou serviço.
- Planejar, discutir *layout*, estruturar, facilitar e disponibilizar Centros de Hospitalidade ou *Hospitality Centers* (HC) como camarote, área VIP, *lounge* etc., criando uma atmosfera e personalização da experiência durante a vivência esportiva para o entretenimento de clientes e grupos de interesse (corporativos, tomadores de decisões, autoridades oficiais etc.), alavancando benefícios aos parceiros por meio de novas oportunidades de relacionamentos, parcerias e geração de negócios (valer-se das instalações e/ou recursos existentes no local ou portar sua estrutura própria para efetivar a ação).
- Planejar e ambientar locais para transmissões e/ou cobertura *in loco* dos detentores de direitos, bem como produção de conteúdo por parte de influenciadores, *creators*, entre outros (cenários, estúdios, entre outros).

- Dispor cotas, credenciais, programas de relacionamento e recompensa aos gestores e colaboradores do parceiro, cujos departamentos atuem no *business-to-business*, proporcionando, aos seus atuais e potenciais clientes estratégicos, a experiência de assistir às competições, jogos, HC, visitas ao CT, acompanhar a equipe e atletas no ônibus, avião, hotel.
- Desenvolver estratégias de endomarketing, usando canais internos e valendo-se do investimento no esporte para uma promoção, aproximação e engajamento junto aos colaboradores do patrocinador (funcionários, gerentes, diretores e presidentes), diminuindo e/ou eliminando resistências, modificando a percepção e construindo um senso de orgulho e pertencimento.
- Estabelecer recompensas e prêmios de incentivo às metas, vendas, geração de negócios junto aos colaboradores e *trade* dos patrocinadores (viagens para assistir aos jogos, eventos, visita ao Centro de Treinamento encontros com os ídolos esportivos, entrada dos filhos em campo e/ou quadra com os atletas no início do confronto, tirar fotos com os ídolos após o encerramento).
- Realizar ações, promoções, competições esportivas, eventos corporativos, de lazer, entre outros, nas instalações da entidade esportiva como estádio, ginásio, pista, academias, sala de troféus, sala de imprensa, vestiários (transformar a instalação da entidade na casa da marca patrocinadora, orgulho corporativo para seus colaboradores), respeitando o cronograma e a performance técnica.

Antes do início das corridas da Stock Car, são promovidas visitas aos boxes, exposição dos carros, sessão de fotos e autógrafos com os pilotos (relacionamento junto aos mais variados públicos-alvo).

Fonte: Arquivo pessoal.

- Aproximar e alçar o fã, espectador, consumidor, comunidades ao protagonismo do processo (*fan centricity*), organizando competições e/ou promoções, em meios *online* e/ou *offline*, aumentando sua atenção, conexão e engajamento (*fan engagement*), seja na ampliação, imersão, experiências qualificadas e pontos de interesse com plataformas tecnológicas nos eventos *in loco*, seja por meio de concursos de *design* de uniformes, frases de incentivos, envelopamento de estádio, camarotes, avião, ônibus.
- Ampliar a vivência no evento *in loco* por meio da criação e organização de torcida, animação e animadores nos locais da competição, eventos periféricos, atrações esportivas temáticas, entre outros, fazendo valer a presença das marcas dos patrocinadores.

- Promover a apresentação, exposição, demonstração e experimentação da marca, produtos e/ou serviços do investidor nos locais das competições e junto aos mais variados públicos-alvo, valendo-se de um marketing sensorial, tecnologias imersivas, realidade mista (inserção de objetos virtuais no mundo real, com a interação do usuário), espaços instagramáveis (fotos gratuitas do evento para *download* e compartilhamento nas mídias sociais oficiais).

Assim como no lançamento, esta fase de ativação necessita, impreterivelmente, de um acompanhamento minucioso, metrificando seu retorno, bem como corrigindo e/ou direcionando, esforços e verbas a partir da identificação de estratégias não assertivas.

c) Relacionamento e conversão de vendas

Cada vez mais, deve-se criar serviços que possam estabelecer novos parâmetros de valor para o patrocínio, concebidos e executados à luz da contemporaneidade (*brand lovers, share of heart, brand awreness, share of mind, top of mind*), mas norteados pelo propósito original de uma estratégia promocional, isto é, escalar negócios, relacionamento e conversão de vendas.

Apesar das estratégias desenvolvidas nesta fase serem similares às apresentadas anteriormente, estas procuram desde um incentivo, até uma efetividade nas relações de consumo por parte dos seus mais variados públicos-alvo. Um exemplo é o patrocínio do Banco do Brasil junto à Confederação Brasileira de Voleibol (CBV):

> Não somos patrocinados pelo BB. Somos um veículo de vendas do banco, dentro de um modelo completamente novo. Temos uma plataforma de vendas extraordinária para eles. Em 2001, quando fomos ao Japão disputar a Copa do Mundo de Voleibol, solicitei ao embaixador brasileiro que chamasse as lideranças dekasséguis, pois verificamos a existência, na época, de mais de 250.000 brasileiros entre nissei e sansei morando naquele país. Assim, chamamos as lideranças e oferecemos dois jantares: um com a equipe feminina e, quinze dias depois, com a equipe masculina. E a pergunta para os dekasseguis foi muito simples: através de quem vocês mandam dinheiro de volta para o Brasil? Por que não através de um banco

brasileiro? É o mais simples, pois estes possuem rede. Você, para mandar dinheiro através do Banco de Boston, Citibank, por exemplo, terá inúmeras dificuldades, pois estes não possuem rede. Eles terão que reverter o dinheiro para um outro banco brasileiro. No caso do Banco do Brasil, irá direto para a sua agência, além de ser um banco altamente confiável. Com isso, em dois fins de semana, com dois jantares, arrecadamos 27 milhões de dólares em 2001. Fazendo de conta que tenham sido tirados 7 milhões de dólares para a compra da casa própria para a mãe, irmã, tia etc., ficou limpo para o Banco do Brasil provavelmente 20 milhões de dólares. Vinte milhões de dólares a um custo de oportunidade de CVG, cheque ouro de 60% ao ano, você tem 12 milhões de dólares de lucro líquido para o Banco do Brasil. Na ocasião, o meu contrato de patrocínio com eles não chegava à metade desse valor.

Ary Graça, então presidente da Confederação Brasileira de Voleibol, em entrevista a Caballero (2013).

Essas ações exigem um investimento significativo em logística e força de vendas. Ações a serem desenvolvidas:

- Licença para os parceiros comerciais indicarem praças (países, estados e/ou municípios) para organizar e/ou participar de competições, amistosos com vistas a um aumento de *share of market* (cuidar cadernos de encargos, infraestrutura, ginásios).
- Lançamento e apresentação, valendo-se da entidade e dos atletas, dos produtos e/ou serviços do patrocinador antes, durante e pós-evento esportivo.
- Desenvolvimento de estratégias de promoção de vendas como concursos, *quiz*, palpites, distribuição de cupons, bônus, descontos, gratificações e demais recompensas no evento *in loco*.
- Inserção de produtos e/ou serviços para compor as experiências de ativações como concursos, sorteios, arremessos, chutes, defesas, corridas.
- Comercialização de produtos e/ou serviços por meio lojas oficiais, temáticas, conceitos, de quiosques durante a realização do evento e/ou ação esportiva (consumo dentro da experiência).

Loja Oficial em dia de Match Day no Estádio Camp Nou — F.C. Barcelona — Barcelona — Espanha

Fonte: Arquivo pessoal.

- Comercialização de novos ativos como NFT, ampliando os pontos de contato e lucratividade a partir do processo de patrocínio.

Por fim, e não menos importante, deve-se definir o montante e/ou percentual a ser destinado para o desenvolvimento de estratégias de ativação durante o processo de patrocínio.

d) *Budget* para investimento em ativação

Com a crescente necessidade de desenvolvimento de estratégias de ativação, a definição do montante financeiro a ser investido durante o processo de patrocínio é cada vez mais tema de discussões por parte dos especialistas da área.

No entanto, estabelecer um *budget* e/ou um percentual padrão, ou ainda uma fórmula e/ou indicativo de cálculo para estas ações paralelas, torna-se praticamente impossível, visto o tipo de estratégias a serem desenvolvidas (publicidade, promoções, relacionamentos, geração de negócios etc.), verba investida na assinatura da parceria, característica da entidade esportiva, abertura e possibilidade de desenvolver as ações, entre outros aspectos.

Alguns especialistas defendem que, para cada valor unitário investido na concretização do patrocínio, deve-se aplicar, no mínimo, o mesmo valor em ações comunicacionais e/ou promocionais paralelas. Existem ainda aqueles profissionais que, para gerar conteúdo significativo e explorar todas as potencialidades do processo, defendem a proporção na ordem de 2 para 1, 3 para 1 ou, até mesmo, 4 para 1.

Na pesquisa realizada por Caballero (2013) junto às principais parcerias esportivas brasileiras, seja em termos de verba investida e/ou resultados alcançados, observa-se que, apesar de sua importância, não existe, até o momento, uma cultura de definição previa de verba para o desenvolvimento de ações de ativação em processos de patrocínio esportivo. O que se percebe é que, em sua maioria, as verbas vão sendo criadas, redirecionadas e/ou alocadas de forma pontual e a partir da necessidade do desenvolvimento de ações.

Figura 5: Estratégias de ativação

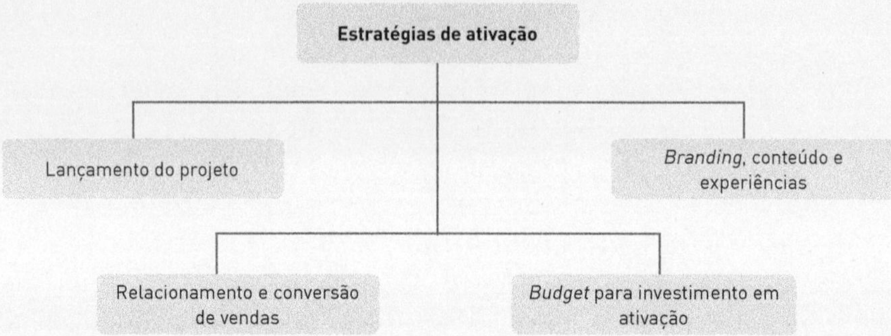

Fonte: Elaborada pelos autores.

A falta de um planejamento financeiro pode, além de comprometer os resultados almejados, onerar, e em muito, os custos do patrocínio. Dessa forma, faz-se necessário uma análise das potencialidades do processo, com base no calendário e jornada da entidade, definindo uma régua de investimentos para o período, reservando uma verba complementar para oportunidades que porventura possam surgir.

Por outro lado, cada vez mais, exige-se que as detentoras de propriedades assumam uma postura de verdadeiras consultoras nos negócios de seus investidores, propiciando retornos significativos, superando expectativas, prolongando, assim, suas parceiras. Sendo assim, quando for o caso e houver necessidade, estas podem, e devem, por iniciativa própria, destinar uma porcentagem do montante investido pelo patrocinador na concretização da parceira para o desenvolvimento de ações de ativação, mesmo não estando inicialmente previsto em contrato.

Por fim, quando se tratar de um ambiente multipatrocinado, é possível identificar objetivos similares para desenvolvimento de estratégias em conjunto, dividindo, assim, os custos de ações de ativação entre os *players* envolvidos.

Tanto as entidades esportivas quanto as empresas investidoras procuram, com a ativação, uma maior promoção dentro do processo de patrocínio. Monitorar este retorno assume uma importância significativa no processo.

Adotar uma série de cuidados, desde o período de prospecção do patrocínio, negociação e concretização da parceria, cuidado com a marca (imagem), comportamento dos protagonistas e ativação, são imprescindíveis para o sucesso do processo. No entanto, reconhecendo que os *players* possuem, cada vez mais, objetivos bem definidos, mensurar seus retornos é fundamental para um relacionamento de longo prazo entre as partes.

4.9.4. Medição e monitoramento do retorno

Com a transformação do mercado, acirramento da concorrência, novas estratégias promocionais e aumento das cotas de investimento, as empresas, cada vez mais, levam em conta aspectos estratégicos quando do desenvolvimento de processos de patrocínio esportivo. Nesse contexto, um aferimento sobre o retorno antes, durante e após o processo de patrocínio assume uma importância significativa, apresentando-se como uma ferramenta analítica e métrica de desempenho valiosa. Pode-se conceituar Monitoramento sobre o Retorno como uma:

Série de ações desenvolvidas pelas detentoras de propriedades esportivas e seus *players*, com o propósito de averiguar qual é, ou foi, o resultado positivo, ou negativo, obtido pelas partes no processo de patrocínio.

De forma objetiva, e dentro de uma perspectiva do investidor, o patrocinador calcula o que investiu no processo, verificando, e/ou materializando, o quanto de retorno obteve a partir do mesmo em termos de visibilidade, exposição, conscientização de marca, relacionamento, *share of mind*, *share of market*, negócios, ações transacionais, vendas.

Deve-se ressaltar que o desenvolvimento desta técnica deve ser de interesse tanto das entidades esportivas, quanto das empresas investidoras, sendo estabelecida na negociação do contrato por uma ou ambas as partes.

Apesar de possuir um papel imprescindível nas relações de patrocínio, até um tempo atrás esta estratégia não se caracterizava como uma prática comum na indústria esportiva brasileira. Entre os fatores alegados pelos *players* do processo pode-se citar:

- Carência histórica de dados a respeito de retornos alcançados no segmento esportivo.

- Falta de um real interesse em verificar o retorno obtido.
- Percepção ou crença pessoal sobre retorno alcançado, independentemente da utilização de métodos de avaliação.
- Decisões de investimento baseada em gostos, interesses pessoais, suposições e/ou opiniões em detrimento de critérios técnicos.
- Carência de métodos de avaliação eficientes e confiáveis.
- Falta de recursos para implantar métodos de avaliação.

Como visto em capítulos anteriores, uma das principais reclamações e consequentes entraves para o ingresso de novos patrocinadores na indústria do esporte no Brasil diz respeito à histórica falta de atenção e acompanhamento por parte dos detentores de propriedades junto aos seus parceiros posteriormente à assinatura do contrato. A ausência, não apresentação e/ou encaminhamento de relatórios contendo os resultados aferidos sobre o retorno obtido, não apontando, e/ou propiciando aos seus parceiros novas oportunidades de exposição e/ou promoção, estratégias de ativação etc., pode comprometer a manutenção, novos aportes e renovação do processo.

Por outro lado, não se pode atribuir a responsabilidade de uma aferição completa dos resultados única e exclusivamente às entidades esportivas. Além de cobrar e/ou provocar uma postura proativa dos detentores de propriedades, quando for o caso e houver necessidade, as próprias empresas devem liderar o monitoramento, vislumbrando oportunidades e redirecionando ações.

Observa-se que o desenvolvimento desta técnica, de forma profissional, ainda se apresenta incipiente no segmento esportivo brasileiro, intensificando-se apenas a partir do fim do século passado. Coincidentemente, foi a partir da evolução e modernização desta técnica (quantificação e exatidão), que se tornou possível observar o desenvolvimento significativo do patrocínio esportivo no Brasil.

Vantagens da mensuração sobre o retorno em patrocínio esportivo:

- Gera oportunidade de quantificação e qualificação dos resultados alcançados pelos *players* no processo.
- Possibilita tangibilizar o impacto, assertividade, benefícios auferidos, eficiência e validação do investimento.

- Baliza o sucesso ou o insucesso da relação de patrocínio.
- Subsidia a análise entre o acordado na concretização da parceria e retorno alcançado.
- Contribui e/ou norteia a ampliação, longevidade, prolongamento e/ou fidelização da parceria por meio da visualização dos resultados obtidos.
- Viabiliza a revisão permanente dos contratos.
- Potencializa a confiabilidade e entrega de relatórios.
- Propicia a definição de objetivos e metas passíveis de serem alcançadas pelos *players* do processo.
- Norteia a definição de verbas e prazo de retorno.
- Sustenta a tomada de decisão para a continuidade (renovação) ou não (suspensão) do investimento.
- Auxilia a prestação de contas do investimento junto aos colaboradores e auditorias internas e externas das empresas patrocinadoras.
- Contribui para o *valuation* da entidade esportiva no mercado.
- Norteia a qualificação das propriedades e/ou ativos da entidade esportiva.
- Define a valoração de exposição por propriedade (camisas, placas de led, placas estáticas, tapetes e demais espaços).
- Orienta a renegociação dos valores e propriedades para os atuais parceiros.
- Facilita a prospecção e ingresso de novos investidores por meio da visualização de retornos reais.
- Sustenta a precificação das propriedades do patrocínio junto aos *prospects*.
- Apresenta a entidade esportiva como base segura de investimento.
- Valoriza a detentora de propriedades como parceira para o alcance de objetivos estratégicos.
- Demonstra uma postura profissional e proativa do patrocinado com os objetivos e/ou necessidades dos parceiros.
- Orienta o rastreamento constante e permanente da marca (*brand tracking*) durante o processo.
- Permite rever, regular, acertar e/ou corrigir possíveis falhas durante o processo de patrocínio (exposição, estratégias de ativação, relacionamento, vendas).

- Combate o *ambush marketing* por meio do monitoramento e pesquisas a respeito do impacto de ações de emboscada.

Para um eficiente monitoramento sobre os resultados alcançados, é necessário a adoção de uma série de cuidados e técnicas de medição. Brochand e Lendrevie (2001), citando Ferrand, Camps e Torrigiani (2007), listam os passos a serem seguidos:

- Conceber o método de medição do impacto antes da tomada de decisão sobre a operação de investimento.
- Estabelecer claramente os objetivos e os indicadores que devem ser medidos.
- Realizar a medição antes, durante e após o evento e/ou ação.
- Escolher o método e as ferramentas mais adequadas para o que se deseja medir.
- Realizar medições sistemáticas e não em caráter excepcional.
- Aplicar regularmente os mesmos métodos para obter dados homogêneos e comparativos.
- Confiar os estudos a uma parte objetiva.
- Tirar o máximo proveito da análise dos resultados.

Os *players* envolvidos no processo de patrocínio devem ter, cada vez mais, o entendimento completo do desempenho das métricas selecionadas. Muito mais do que levantar dados, estes devem ser qualificados e quantificados para uma total compreensão dos parceiros. Deve-se ressaltar que esses relatórios rivalizam com as entregas de empresas concorrentes pela verba promocional dos clientes como agências de publicidade, consultorias de marketing, *live marketing*, promoção, entre outras (relatórios de audiência, comportamento, consumo).

Existem inúmeras técnicas de aferição de resultados. A escolha do melhor método, ou conjunto de métodos, dependerá dos objetivos e motivações dos investidores, disponibilidade de dados, bem como recursos disponíveis, sendo possível, e muitas vezes necessário, redirecionar a medição de acordo com as metas dos patrocinadores e/ou patrocinados no decorrer da parceria.

Devido ao desenvolvimento do mercado e exigência cada vez maior dos *players*, surgiram, nos últimos anos, inúmeros índices e métricas de análise e mensuração de retorno em patrocínio esportivo. No entanto, tendo em vista seus objetivos, basicamente é possível agrupá-los em três categorias: Retorno sobre Exposição (ROE), Retorno sobre Objetivos (ROO) e Retorno sobre Investimento (ROI).

a) Retorno sobre Exposição (ROE)

A primeira categoria de medição diz respeito à exposição e/ou visibilidade alcançada pela entidade esportiva e seus parceiros nos veículos de comunicação, sejam eles *online* e/ou *offline*, por meio de uma mídia espontânea gratuita. Para isso, é necessário monitorar os meios com o propósito de verificar aparições, citações, menções, reportagens, vídeos, fotos das partes envolvidas no processo, gerando relatórios precisos com conteúdo analítico.

Como já mencionado, o patrocínio esportivo transcende uma compra direta de mídia. Aspectos como relacionamento, negócios, vendas etc., assumem, cada vez mais, importância no processo. No entanto, uma exposição de marca, somada a um *co-branding* junto à valores únicos do esporte, pode contribuir significativamente para o alcance e consolidação de um *brand equity*.

Dependendo do perfil e do estágio de ciclo da vida da marca, uma mídia espontânea pode assumir diferentes níveis de importância dentro das corporações. Em empresas recém-constituídas ou ingressantes em novos segmentos, a divulgação, promoção e/ou reconhecimento de marca (*brand awareness*) assume um papel fundamental para o aumento da competitividade no mercado. Nesse caso, patrocinadores podem estipular, em seus contratos, retornos mínimos de exposição. Já em empresas com forte tradição e participação no mercado, *know how*, investimento promocional etc., a exposição, apesar de representar um eficiente ativo para o alcance dos objetivos, constituir-se-á em uma estratégia dentro de seu planejamento integrado de marketing para criação de valor, reposicionamento, relacionamento, vendas.

Apesar desta métrica consistir em quantificar o número de inserções, citações e/ou aparições da marca dos patrocinadores nas mídias *offline* (televisão, rádio, jornal e revista) e *online* (portais, *sites*, *blogs*, *podcasts*, redes sociais, plataformas de *streaming*), a elaboração de um *clipping* (relatório de monitoramento sobre exposição) não é suficiente para verificar o real saldo (positivo ou negativo) do patrocínio esportivo. É necessário qualificar levando em consideração qualidade e visibilidade de exposição (tamanho e dimensão da marca na tela), localização, exposição simultânea da marca (ocasiões múltiplas com atletas, placas), bem como duração (tempo de exposição), precificando o retorno por meio de valores que deveriam ser pagos oficialmente, caso as partes adquirissem os mesmos espaços nas mídias analisadas.

Para uma apresentação em termos de dados fidedignos no que tange o retorno financeiro em termos de mídia espontânea, o cálculo deve levar em conta, além do custo das inserções, a realidade e características dos meios onde a marca foi exposta. Assim, abrangência, cobertura, audiência (acumulada, bruta, líquida, média, primária, secundária), adequação, custo por mil (CPM), custo por *clique* (CPC), frequência e/ou frequência média, impacto, entre outros, devem ser considerados.

Atualmente, a Inteligência Artificial (AI) possibilita aos próprios *players* criarem parâmetros adequados para um monitoramento de acordo com os objetivos perseguidos.

No caso específico das mídias digitais e/ou redes sociais, os dados de acompanhamento estão ligados a interação do usuário (curtidas, compartilhamentos, entre outros) e histórico de navegação. Métricas de engajamento (interação com a comunicação), *softwares* de mancha de olhar, tempo de rolagem da tela, conteúdos mais lidos, retorno de navegação, interesses, por exemplo, contribuem para a eficiência no processo.

Para uma maior eficácia dessa métrica, é imprescindível que o monitoramento e análise seja desenvolvida durante o decorrer do evento e/ou ação esportiva, acompanhando o desempenho com dados e informações em tempo real, propiciando ajustes e correção de possíveis falhas para uma melhor otimização, exposição, visibilidade e clareza das propriedades e marcas (espaço e posição em uniformes, placas, telões, *backdrop*, painéis, torcida).

Atualmente, é possível formatar e apresentar relatórios de ROE atraentes e eficientes, somados a um alto grau de confiabilidade. Fotos, imagens, gravações ou áudios podem-se somar a animações, Computação Gráfica (CG), Realidade Virtual (VR), Realidade Aumentada (AR), 3D, metaverso, entre outros, contribuindo para uma real e efetiva verificação da exposição.

Apesar de reconhecer a importância em levantar dados e *insights* para apontar o retorno de mídia espontânea alcançado em um processo de patrocínio, a métrica pode apresentar determinadas limitações. A significativa quantidade de veículos *online* e *offline* existentes atualmente, somado ao seu modo de consumo (temporalidade, efeito *zapping*, *second screeners*, ultra conectividade, interatividade), apresenta-se como um grande obstáculo para uma cobertura, medição e mensuração da total exposição e, consequentemente, do real valor obtido no processo. Um segundo aspecto diz respeito à própria característica do método. Essa métrica tem como objetivo única e exclusivamente verificar a menção, inserção e/ou aparição das marcas, não revelando o impacto na recepção e/ou percepção das mensagens junto aos mais variados públicos-alvo.

O intenso fluxo de informações na mídia encontra uma audiência cada vez mais perplexa e muitas vezes incapaz de lembrar, diferenciar e/ou processar as mensagens recebidas. Assim, torna-se fundamental empregar outras estratégias de medição para o alcance das metas preestabelecidas pelos *players* do processo.

b) Retorno sobre Objetivos (ROO)

A segunda metodologia de medição, Retorno sobre Objetivos (ROO), procura avaliar os resultados alcançados pelos agentes integrantes de um processo de patrocínio.

A partir desta métrica, procura-se verificar o reconhecimento e consciência de marca, *co-branding*, associação efetiva ao patrocínio, construção e transferência de valor, mudança de percepção, (re)posicionamento, rejuvenescimento, impacto sobre a imagem corporativa, relacionamento, engajamento dos fãs, consumidores, comunidade, parceiros e demais públicos-alvo, fidelização dos clientes, público interno, *trade* (fornecedores, distribuidores, revendedores, entre outros) em relação aos *players* do processo.

Para uma aferição dos objetivos alcançados, o desenvolvimento de pesquisas junto aos públicos-alvo dos *players* do processo de patrocínio torna-se fundamental.

Dependendo do objetivo perseguido (*spontaneous remembrance*, *aided recall*) e verba disponível, o tipo de pesquisa pode variar desde uma descritiva, exploratória, quantitativa, qualitativa (*focus groups*, entrevistas em profundidade, técnicas de projeção), técnicas de observação, experimental, até Testes A/B, podendo ser aplicadas de forma presencial e/ou *online*, de forma isolada ou em conjunto.

Para uma maior eficiência, a medição deve ser realizada em três períodos: antes (pré-teste), durante (*in loco*) e após (pós-teste) o investimento, pesquisando junto ao público direto e indireto do patrocínio, evento e/ou ação, a mudança de percepção da marca, reposicionamento etc.

Por tratar-se de uma operação fora do *core business* das entidades esportivas, o desenvolvimento de pesquisas, em grande parte das vezes, recai sob empresas terceiras. No entanto, a análise e discussão dos resultados, com vistas a um melhor aproveitamento das oportunidades, deve ser, impreterivelmente, uma atribuição da detentora de propriedades e das demais partes envolvidas no processo.

Por fim, observa-se que cada vez mais investidores almejam uma medição além da aparição na mídia e objetivos institucionais alcançados. Isso passa, impreterivelmente, por uma quantificação do patrocínio esportivo no que se refere à conversão de vendas.

Com a evolução e desenvolvimento da indústria esportiva nos últimos anos, e surgimento de novas tecnologias, métricas e estratégias de análise, é possível avançar na identificação das vantagens financeiras do processo.

c) Retorno sobre Investimento (ROI)

A metodologia consiste na relação entre a quantidade investida e a quantidade de ganho obtido em um determinado projeto esportivo a partir de resultados comerciais.

Assim como outras ações promocionais, não se pode atribuir única e exclusivamente ao patrocínio esportivo a responsabilidade pelo sucesso ou fracasso de uma estratégia mercadológica nas empresas. No entanto, isso não significa a impossibilidade de aferir, em algum momento, um aumento das vendas ou ganho de rentabilidade a partir do investimento. O resultado dependerá do tipo de entidade, evento e/ou propriedades patrocinadas, ações desenvolvidas e controle de dados.

Mesmo reconhecendo a dificuldade de isolar esta estratégia promocional das demais variáveis mercadológicas que influenciam e/ou são fatores determinantes para a venda, atualmente é possível realizar determinados recortes e rastreamentos, estabelecendo associações e correlações durante o período de investimento no esporte ou a partir de determinadas ações desenvolvidas durante o processo. São elas:

- Apresentação e/ou vendas dos produtos e serviços dos parceiros nas instalações da entidade (lojas oficiais, quiosques), local do evento ou ação esportiva.
- Venda de produtos associados à marca pelo *e-commerce* do patrocinador e/ou do patrocinado.
- Venda de produtos licenciados com a marca, logo e/ou atletas dos patrocinados.
- Fornecimento de cupons promocionais no evento ou durante a ação esportiva patrocinada.
- Inserção de *QR Code*, código de barras em produtos, transmissões e/ou em eventos *in loco* da entidade patrocinada.
- Mapeamento da exposição nos universos *online* e *offline* e a busca e/ou acesso *real time* ou posterior ao *site* oficial, mídias sociais etc., das marcas patrocinadoras.
- Desenvolvimento de ações promocionais nos PDV´s dos parceiros.
- Desenvolvimento de ações promocionais no ambiente virtual dos parceiros.
- Desenvolvimento de ações promocionais relacionadas ao patrocínio.

Na indústria esportiva brasileira, durante muitos anos, a equação que aferiu a eficiência de um investimento baseou-se em relacionar única e exclusivamente o montante financeiro destinado ao retorno obtido em espécie (moeda) ou percentual. Atualmente, com o desenvolvimento do mercado, amplificação dos objetivos dos patrocinadores, bem como necessidade de identificação de retornos intangíveis, uma análise de indicadores e modelo de desempenho e/ou faturamento como KPI´s, drive de consumo, B2B, B2C procurando, além de uma metrificação e/ou monetização, um equilíbrio entre todos os canais, torna-se fundamental.

Para uma análise correta e entrega do ROI, a entidade pode pautar os responsáveis pelo processo a partir de determinados objetivos e dados a serem aferidos, bem como comprar e/ou encomendar pesquisas já disponíveis no mercado que identifiquem seus retornos e da indústria esportiva como um todo.

Figura 6: Monitoramento do retorno

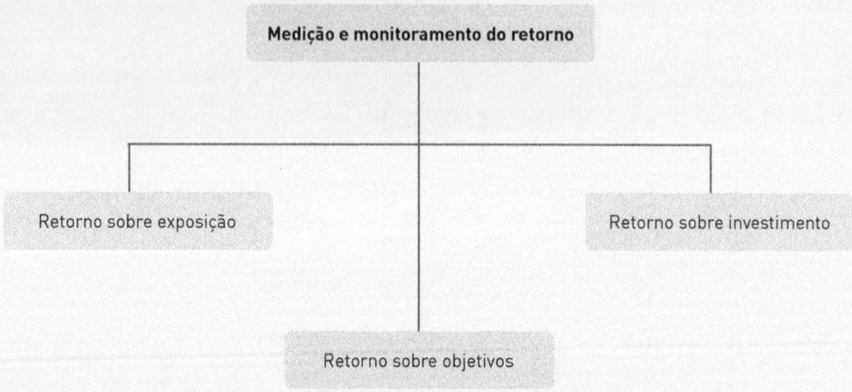

Fonte: Elaborada pelos autores.

A apresentação do retorno alcançado, bem como das estratégias desenvolvidas e ações futuras, deve ser frequente e constante. Além de individual, a entidade pode promover momentos dedicados a apresentações coletivas para todo o seu portfólio de parceiros (patrocinadores, fornecedores, intermediários, agências, consultorias, órgãos governamentais, veículos de comunicação), bem como potenciais *prospects* (*meeting*, *sponsorship summit*, *sponsor day*) propiciando, além de uma maior atratividade entre os *players*, relacionamento, interação, troca de *know how*, melhores práticas, debates, experiências, oportunidades de *collabs* e geração de negócios. Para uma maior efetividade e sucesso da ação, além da utilização das instalações da entidade (estádio, ginásio, centro de treinamento, camarotes, sala de troféus ou imprensa, arquibancadas, vestiários, museus), a presença dos principais dirigentes, atletas, comissão técnica, embaixadores, *legends*, torna-se fundamental.

Por fim, a mensuração de resultados é uma técnica indispensável para garantir destaque e excelência operacional, garantindo precisão na gestão do ciclo de vida do patrocínio. Independentemente da métrica adotadas, estas devem ser precisas, consistentes, realistas e, principalmente, compreensíveis para objetivos de avaliação multivariada pelos *players* do processo.

As fases do processo de patrocínio podem ser vistas na Figura 7.

Figura 7: O processo de patrocínio esportivo

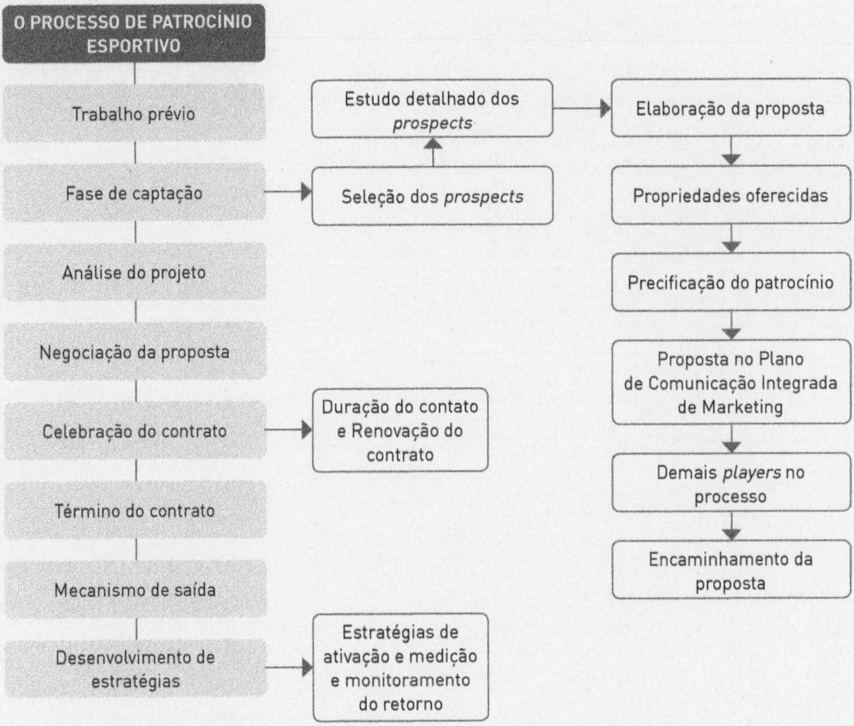

Fonte: Elaborada pelos autores.

Reconhecendo que a cultura da celebridade é importante quanto à imagem que o patrocinador deseja no mercado, atualmente muitos atletas e membros da comissão técnica constituem-se em personagens cada vez mais requisitados e disputados por grandes corporações no mundo todo com o intuito de endossar suas marcas.

5. Os Protagonistas Esportivos

Atualmente, muitas empresas se valem do esporte como plataforma promocional de suas imagens no mercado. Atributos dificilmente encontrados em outras técnicas comunicacionais são estrategicamente associados às ofertas de seus produtos e/ou serviços. No entanto, uma identificação direta com os protagonistas do esporte, isto é, atletas, comissão técnica (treinadores, preparadores físicos, psicólogos), árbitros e, até mesmos gestores (presidentes, CEO, diretores, gerentes), de ambos os sexos, orientação sexual, raça, cor e religião, constitui-se em um dos principais objetivos dos investidores. Tanto que muitos patrocinadores aportam recursos arcando com despesas de contratação, salário, direito de imagem, bônus e/ou prêmios de determinadas celebridades esportivas, valendo-se destes como seus embaixadores e/ou *endorsement* de marca. Em outros casos, podem ser os próprios astros esportivos o ativo responsável pela prospecção, concretização e/ou portabilidade das parcerias comerciais junto aos detentores de propriedades.

Os atletas, os ditos ídolos esportivos ou atletas personalidades, assumiram um papel de grande destaque na sociedade moderna, despertando interesse tanto dentro, quanto fora das arenas de competição, transcendendo a *performance* esportiva, refletindo ou representando culturas, ditando comportamentos e modelos de consumo, além de vender recortes da própria vida junto a uma audiência ávida por se relacionar e acompanhar direta e/ou indiretamente sua jornada (ícones do *show biz*).

Essa imagem dos astros esportivos sob o olhar da sociedade é alvo, cada vez mais, de empresas, consultorias e agências de propaganda.

Por fim, pode-se afirmar que os atletas e membros da comissão técnica são um dos principais produtos da indústria esportiva, sendo, além da própria entidade, o ativo mais próximo do fã. A simples presença destes pode garantir o interesse de audiência, cobertura dos veículos de comunicação e, em última instância, o início ou o incremento das verbas de um patrocínio. Já a sua falta, muitas vezes, pode comprometer a concretização e o sucesso de parcerias.

5.1. Fatos históricos de marcas e protagonistas esportivos no mundo

Historicamente, os atletas constituíram-se em *endorsements* das mais diversas empresas. Seja por sua necessidade de *performance*, seja pelos seus resultados esportivos, ou ainda pelo seu comportamento tanto dentro, quanto fora das competições, as entidades esportivas foram valorizando cada vez mais seus atletas como *assets* junto aos patrocinadores.

1924 — Nos Jogos Olímpicos de Paris, o corredor britânico Harold Abrahams conquista o ouro nos 100 metros rasos usando o calçado da empresa Foster Running Pumps.

1926 — Criada por Thomas E. Wilson, a marca Wilson Sporting Goods assina com o golfista profissional Gene Sarazen (a parceria durou até 1999, ano de seu falecimento).

1932 — A Coca-Cola lança um pôster da nadadora americana Helene Madison.

1935 — O jogador Giuseppe Meazza recomenda o uso de um creme dental. O rosto do ciclista Gino Bartali é impresso nos rótulos de um famoso vinho e em lâminas de barbear.

1936 — Nos Jogos Olímpicos de Berlim, o velocista afro-americano Jesse Owens é o primeiro atleta patrocinado pelos irmãos Dassler.

1944 A Gillette lança a campanha "*Gillette Cavalcade of Sports*" com a presença de famosos boxeadores, jogadores de basquete e de beisebol.

1948 Após uma notável *performance* nos Jogos Olímpicos de Londres, a Adidas patrocina o corredor tcheco Emil Zatopek para os Jogos de Helsinque em 1952 (o corredor solicita à Adidas que retire uma das listas características da marca, evitando problemas com o regime comunista da época).

1952 A Coca-Cola lança um pôster tendo como garoto propaganda o corredor Jesse Owens.

1961 Bill Russell, astro da NBA e do Boston Celtics, organiza um protesto dos jogadores negros da franquia após eles serem destratados no café do Hotel Phoenix, na cidade de St. Louis, Missouri (os jogadores negros do Celtics e de seu adversário, o St. Louis Hawks, não entram em quadra para o confronto).

1966 Na Copa do Mundo da Inglaterra, o astro da Seleção Portuguesa Eusébio da Silva Ferreira torna-se artilheiro da competição usando uma chuteira Puma King.

1968 Nos Jogos Olímpicos da Cidade do México, em um ano marcado por lutas sociais no mundo todo, os americanos Tommie Smith e John Carlos, respectivamente medalha de ouro e bronze na prova dos 200 metros rasos, sobem ao pódio fazendo a saudação Black Power (cabeça baixa, luvas negras, punhos erguidos e cerrados) em protesto contra o racismo e a injustiça. Impressionada com a visibilidade que Eusébio trouxe à marca anos antes, a Puma fecha um contrato para que o jogador seja seu embaixador promocional para sua linha de chuteiras.

1970 — Na Copa do Mundo do México, a Puma lança a chuteira Puma King Pelé, primeiro modelo personalizado para um jogador, pagando US$ 120 mil ao jogador Edson Arantes do Nascimento para uma exposição global (antes do início da partida das quartas de final entre Brasil e México, o atleta se ajoelha amarra os calçados procurando uma exposição para a marca).

1971 — A Puma lança a linha PUMA 71, tendo Edson Arantes do Nascimento como embaixador.

1972 — Nos Jogos Olímpicos de Munique, o nadador americano Mark Spitz carrega, após a cerimônia de premiação, um tênis da marca Adidas. Nos mesmos Jogos, o então jovem jogador holandês Johan Cruyff usa uma chuteira Puma King sob medida, conquistando a medalha de prata. A Nike fecha seu primeiro patrocínio esportivo junto ao tenista Ilie Nastase, até então patrocinado pela Adidas.

1974 — A Nike inicia um patrocínio junto ao corredor de longa distância Steve Prefontaine. A Adidas oferece R$ 1,7 milhão (valores atualizados) para Pelé repensar sua aposentadoria da Seleção Brasileira para a Copa do Mundo da Alemanha, proposta rejeitada pelo jogador. Na mesma copa, Johan Cruyff patrocinado da Puma, é o único jogador da Seleção Holandesa de Futebol a jogar a competição com duas listras na lateral do uniforme.

1975 — O New York Cosmos contrata Pelé pela quantia de US$ 2,5 milhões/ano, além de uma comissão de 50% do montante arrecadado pela Warner com produtos ligados à marca do jogador.

1977 — O Santos F.C. é convidado para um amistoso contra o New York Cosmos por um cachê de US$ 21,5 mil, além de 22 passagens e hospedagens (Pelé joga cada tempo por um clube).

1978

A Nike inicia um projeto de patrocínio junto ao tenista americano John McEnroe.

1984

Em um mercado dominado pelas marcas Converse e Adidas, a americana Nike inicia um contrato de patrocínio de cinco anos com o jogador recém-profissionalizado Michael Jordan.

1985

No Grande Prêmio da Inglaterra de Fórmula 1, o piloto da Ferrari Michele Alboreto tem a inscrição da marca Marlboro em seu capacete trocada para "M.alboreto".

1988

O surfista Kelly Slater inicia uma parceria junto à empresa de shapers Al Merricks.

1989

Kelly Slater cancela todos seus contratos de patrocínio e assina um contrato de exclusividade com a marca Quiksilver.

1990

Tom Curren, principal surfista da época, vence o evento Wyland Hawaiian Pro em Haleiwa (Havaí) com uma prancha sem os adesivos com as marcas de seus patrocinadores. A Ocean Pacific (OP) encerra a parceria com o atleta.

1991

Michael Jordan e a Gatorade assinam um contrato pelo período de 10 anos no valor de US$ 13,5 milhões, lançando a campanha: "Seja como Mike. Beba Gatorade".

1992

Como a Federação Americana de Basquete tinha o patrocínio da Reebok, muitos dos astros do chamado *Dream Team* patrocinados pela concorrente Nike ameaçam não ir aos Jogos Olímpicos de Barcelona. Na cerimônia de premiação, Michael Jordan e Charles Barkley sobem ao pódio com uma bandeira americana enrolada aos ombros, cobrindo a logo da Reebok no agasalho.

1995 — A americana Nike assina um contrato de patrocínio com o golfista Tiger Woods. Em parceira com o astro da NBA Shaquille O'Neal, a Reebok lança o tênis de basquete Reebok Shaqnosis.

1996 — O velocista Linford Christie usa lentes de contato com a logo da Puma em uma coletiva de imprensa.

1997 — A empresa Nike fatura mais de US$ 2,6 bilhões com a venda do tênis Air Jordan.

2002 — A escolha do árbitro italiano Pierluigi Collina para conduzir dois confrontos decisivos nas principais competições do futebol internacional gera grande polêmica: por possuir um contrato de patrocínio individual junto à empresa Adidas, suspeitas de favorecimento ao Real Madrid (Adidas) em seu confronto contra Barcelona (Nike) pela semifinal da Liga dos Campeões foram levantadas, assim como na grande final da Copa do Mundo do Japão e Coreia entre a Seleção Alemã (Adidas) e a Seleção Brasileira (Nike).

2003 — David Beckham assina um contrato vitalício com a Adidas. O tenista suíço Roger Federer cria a "Roger Federer Foundation" para promover programas educacionais a crianças que vivem na pobreza na Suíça e no continente africano. LeBron James assina seu primeiro contrato com a Nike.

2005 — A suspeita de doping faz a Nike suspender o contrato de patrocínio com a velocista Marion Jones. Um novo imbróglio envolve o árbitro italiano Pierluigi Collina. Apesar de já ter atingido a idade limite de 45 anos para atuar em ligas profissionais, a Associazione Italiana Arbitri (AIA), em caráter excepcional, autoriza Collina a arbitrar por mais uma temporada. Após uma análise detalhada, a AIA suspende o convite apontando conflito de interesses (Pierluigi Collina possuía um acordo publicitário com a fabricante de automóveis alemã Opel, principal patrocinador do A.C. Milan, então vice-campeão italiano).

2006

O jogador malinês convertido ao islamismo Frédéric Kanouté se recusa a vestir a camisa do Sevilla por ter como patrocinador o *site* britânico de apostas 888.com (o jogador solicita a exclusão da logomarca em seus uniformes). O tenista Roger Federer assina um contrato vitalício com a fabricante de raquetes Wilson no valor de US$ 2 milhões ao ano.

2007

O Banco Santander ingressa na principal categoria do automobilismo mundial, a Fórmula 1, como patrocinador oficial da McLaren, depois da equipe fechar com piloto espanhol Fernando Alonso.

2009

O Real Madrid contrata os astros Cristiano Ronaldo e Kaká por € 94 milhões e € 67 milhões respectivamente, encerrando a temporada com uma receita de US$ 558 milhões. Por ter batido o recorde de medalhas de ouro do nadador Mark Spitz, Michael Phelps recebe um bônus na renovação do contrato junto à Speedo (Spitz também era patrocinado pela marca).

Biênio

2009 2010

Michael Phelps e Tigers Woods, ídolos e *endorsement* do esporte mundial, tem suas imagens abaladas e contratos publicitários suspensos por escândalos de consumo de drogas e relações extraconjugais respectivamente.

2010

Acompanhando a contratação do piloto espanhol Fernando Alonso pela Ferrari, o Banco Santander encerra seu patrocínio com a equipe McLaren e concretiza uma parceria pelo período de sete anos junto à escuderia italiana no valor de € 200 milhões.

2012

Na NFL, Robert Griffin III, *quarterback* do Washington Redskins e embaixador da Adidas, esconde a logo da Nike em seu uniforme de aquecimento, escrevendo a palavra "Heart" (coração) em cima do mesmo. Já Tom Brady, *quarterback* do New England Patriots e um dos principais embaixadores da Under Armour, ao conceder uma entrevista coletiva usando o uniforme de treino fornecido pela Nike (parceira oficial da NFL), cobre sua logo com um pedaço de fita adesiva. LeBron James e seus companheiros do Miami Heat vestem agasalhos com capuz antes de um jogo em protesto pela morte de Trayvon Martin, adolescente negro assassinado no Estado da Flórida.

2013

Por abalos em suas vidas profissionais e privadas, são suspensos os contratos de patrocínio dos astros Lance Amstrong, Azafa Powel e Oscar Pistorius. Papiss Cissé, jogador senegalês e muçulmano do Newcastle da Inglaterra, nega-se a vestir o uniforme de seu clube tendo em vista a inserção da logomarca da empresa Wonga como principal patrocinadora (a religião do jogador proíbe beneficiar-se de empréstimos financeiros).

2014

LeBron James veste uma camisa com o slogan "*I can't breathe*" (Não consigo respirar), últimas palavras ditas pelo afro-americano Eric Garner após uma abordagem policial na cidade de Nova York. Na NFL, Robert Griffin III esconde novamente logotipo da Nike no uniforme de treinamento de sua equipe, causando um mal-estar entre a Nike e a liga.

2015

LeBron James assina um contrato vitalício com a Nike, constituindo-se na parceria mais valiosa da empresa até então.

2017

Durante uma entrevista de pré-temporada para o canal oficial da NFL, Tom Brady veste a camiseta da franquia com o logotipo da Nike ao avesso.

2018

Ao comemorar sua vitória no Grande Prêmio de Xangai de Fórmula 1, o piloto da RBR, Daniel Ricciardo, toma o tradicional champanhe em seu calçado com a logo da Red Bull. A FIFA ameaça barrar a participação do jogador sueco Zlatan Ibrahimovic na Copa do Mundo da Rússia pelo fato do mesmo ser patrocinado por uma casa de aposta. A CEAT, marca fabricante de pneus, fecha um patrocínio com Harmanpreet Kaur, jogadora indiana de críquete. A Juventus de Turim, após anunciar a contratação de Cristiano Ronaldo, vende, em três dias, 520 mil camisas com o nome do jogador. Por outro lado, sua contratação causa revolta nos funcionários da empresa Fiat-Chrysler, cujo acionista majoritário é o mesmo do clube, a família Agnelli. Cumprindo a cláusula *anti-doping*, Lance Amstrong devolve US$ 5 milhões à US Postal, sua antiga patrocinadora.

2019

A NBA perde inúmeros parceiros comerciais chineses após Daryl Morey, gerente geral do Houston Rockets, publicar em seu Twitter pessoal uma mensagem apoiando a liberdade de Hong Kong. O escândalo de manipulação de medicamentos dopantes suspende o treinador Alberto Salazar, contratado pela Nike para liderar o projeto Oregon.

2020

Denúncia de caso extraconjugal suspende o patrocínio da Japan Airlines ao medalhista olímpico e campeão mundial de natação Daiya Seto. *The Last Dance*, série da Netflix sobre a trajetória de Michael Jordan e do Chicago Bulls na década de 1990, é assistido por 38 milhões de pessoas no mundo. O atacante Marcus Rashford do Manchester United envia uma carta ao parlamento britânico contra a fome infantil, influenciando a criação de um fundo de £ 120 milhões para alimentar 1.3 milhões de crianças carentes. Naomi Osaka, LeBron James, Patrick Mahomes, Laurent Duvernay-Tardif e Breanna Stewart são considerados personalidades do ano pela revista norte-americana *Sports Illustrated* como atletas ativistas e inspiradores.

2021

É lançado o HQ (história em quadrinhos) narrando o encontro entre o personagem infantil suíço Globi e o tenista Roger Federer. Durante cerimônia de premiação do Super Bowl LV, Tom Brady, *endorsement* da Under Armour, interrompe seu discurso ao avistar no telão a exposição da logomarca da Nike em seu uniforme de jogo (o *quarterback* cobre imediatamente a marca com uma camisa comemorativa ao título do evento). O astro do Brooklyn Nets, James Harden, é nomeado para o Conselho de Diretores Saks Fifth Avenue (Saks). Com um conteúdo original, Ilona Maher, da Seleção de Rugby dos EUA, ganha milhões de interações com seus vídeos no TikTok durante os Jogos Olímpicos de Tóquio.

2022

Cristiano Ronaldo atinge a marca de 400 milhões de seguidores no Instagram. Procurando um incremento em seus negócios, a tenista japonesa Naomi Osaka suspende o contrato com a gigante IMG, passando a ser agenciada por sua própria agência, a Envolve. A Telefónica lança metaverso da Rafa Nadal Academy by Movistar. Um NFT do atacante Erling Haaland do Borussia Dortmund é vendido por R$ 3,6 milhões. Na Copa do Mundo do Qatar, em resposta à proibição do goleiro Manuel Neuer em utilizar a braçadeira de capitão do movimento One Love, os jogadores alemães tapam a boca na foto oficial da Seleção antes do jogo contra o Japão.

2023

Após cancelar seu contrato com a Nike, o jogador Vini Jr., do Real Madrid, entra em campo com uma chuteira totalmente preta no confronto contra o Valencia pelo Campeonato Espanhol. O bicampeão mundial da Fórmula 1 Max Verstappen, fecha patrocínio com a desenvolvedora de games EA Sports. O jogador Lionel Messi é considerado o jogador mais comercializável da indústria esportiva em nível mundial, quando levando em conta força da marca, mercado endereçável e sustentabilidade.

5.2. Fatos históricos de marcas e protagonistas esportivos no Brasil

O esporte brasileiro sempre esteve intimamente ligado ao surgimento de ídolos nacionais. Crescimento de modalidades, surgimento de fãs, além do investimento de *players* da indústria (mídia, marcas, fornecedores) possuem relação direta com o sucesso de atletas em conquistas nacionais e/ou internacionais.

1938 — Assis Chateaubriand lança a barra de chocolate Diamante Negro (Lacta), homenageando o jogador Leônidas da Silva (artilheiro da Copa do Mundo da França). Garoto-propaganda em peças de jornais e revistas, ganha a quantia de dois contos de reis e participação em futuras vendas do produto.

1942 — O São Paulo F.C. se dispõe a pagar a inimaginável quantia de duzentos contos de réis por Leônidas da Silva, chamado também de o "Homem-Borracha" (o jogador receberia ainda 350 mil réis em caso de vitória, 150 mil com o empate, além de 20 mil para cada gol marcado). A companhia Sudan, maior empresa tabagista na época, veicula anúncios do cigarro Leônidas, o Campeão dos Cigarros, com o desenho do jogador em primeiro plano. O jogador recebe 15 contos de réis da empresa cujo produto vinha com figurinhas de suas jogadas dentro do maço.

1958 — Por meio de seu pai, Edson Arantes do Nascimento (Pelé) negocia o lançamento de uma aguardente com seu nome. Após o acerto de valores, o atleta cancela o contrato temendo desgaste de sua imagem.

Anos 1960 — Valendo-se do sucesso dos campeões mundiais de futebol em 1958 e dos títulos conquistados pelo Santos F.C., o Instituto Brasileiro do Café (IBC) passa a usar jogadores brasileiros, como Pelé e Garrincha, para promover o café brasileiro no mundo.

1970 — Após a Copa do Mundo do México, 18 empresas manifestam a intenção de patrocinar o astro do torneio, Pelé. Garrincha permanece uma temporada na Itália e o Instituto Brasileiro do Café faz com que o atleta seja figura constante em feiras e eventos promovidos na cidade de Roma (mesmo não gostando da bebida, o atleta toma café ostensivamente).

1973 — Emerson Fittipaldi torna-se o primeiro piloto da Fórmula 1 a ser patrocinado pela empresa Marlboro.

1974 — Mais de duzentos jornalistas estrangeiros cobrem presencialmente o jogo de despedida do Edson Arantes do Nascimento (Pelé) no Santos F.C.

1977 — O jogador Gérson de Oliveira Nunes, um dos heróis do tricampeonato da Seleção Brasileira de Futebol em 1970, estreia a campanha denominada "Leve mais vantagem" para os cigarros Vila Rica. Apesar de o anunciante alcançar resultados extremamente positivos (o produto começa a figurar, pela primeira vez, entre os dez cigarros mais vendidos em um mercado dominado, na época, pela empresa Souza Cruz), as peças polêmicas afetam significativamente a imagem do ex-jogador, surgindo a famosa "Lei de Gérson" (levar vantagem em tudo, independentemente de qualquer situação).

1979 — O piloto de Fórmula 1, Nelson Piquet, é patrocinado pelas marcas Brastemp e Caracu.

1982 — O técnico da Seleção Brasileira, Telê Santana, grava comerciais para as empresas Topper e Banco de Minas Gerais. Dois dias antes da votação pela aprovação das eleições diretas no país, no jogo entre S.C. Corinthians Paulista e Goiás E.C., o jogador Sócrates entra em campo com tornozeleiras amarelas.

1984 — A Topper lança uma linha com óculos de natação, camiseta, agasalho moletom e bolsa do nadador, medalha de prata nos Jogos Olímpicos de Los Angeles, Ricardo Prado.

1985 — Recusando-se fazer publicidade gratuita dos patrocinadores da Seleção Brasileira de Voleibol, a levantadora Jacqueline Silva veste o uniforme pelo avesso e acaba cortada da equipe. Após um período patrocinado pelo Banerj, o piloto Ayrton Senna assina, por US$ 1 milhão/ano, um contrato de patrocínio com o Banco Nacional.

1986 — É lançado o tênis Rainha Volley Bernard, linha exclusiva em homenagem ao medalhista olímpico de voleibol, Bernard Rajzman.

1988 — A Editora Abril lança o álbum de figurinhas "Heróis do Tri". Jogadores como Emerson Leão, Jair da Costa, Zequinha, Mazola, Moacir, entre outros, processam a CBF por uso indevido de suas imagens.

1990 — Aproveitando a Copa do Mundo da Itália, a montadora Fiat, por meio de sua agência MPM, lança uma bem-humorada campanha publicitária valendo-se como garoto-propaganda o então treinador da Seleção Brasileira, Sebastião Lazaroni (em pesquisa realizada pelo Portal *Meio & Mensagem*, a campanha é eleita como uma das melhores dos últimos 40 anos).

1991 — A Companhia Aérea Vasp rompe o contrato de patrocínio com o Edson Arantes do Nascimento (Pelé) sob pretexto que ele viajava única e exclusivamente nos aviões de sua concorrente, a Varig.

1994 — A Nike assina um contrato com Ronaldo Nazário, sua primeira parceria com um jogador de futebol. A Penalty lança um tênis de futsal com a assinatura do ídolo da Seleção Brasileira Vander Iacovino.

1995

Então jogador da S.E. Palmeiras, Antônio Carlos da Costa Gonçalves, conhecido como Tonhão, após o jogo entre sua equipe e a Associação Portuguesa de Desportos, chuta e pisa na camisa do time rival. Esta atitude leva a um dos diretores do clube e do Sindicato das Panificadoras de São Paulo a propor um boicote aos produtos da Empresa Alimentícia Parmalat, cogestora do Palmeiras. Amargando inicialmente um prejuízo de R$ 100.000,00 junto às padarias da cidade de São Paulo, a multinacional se apressa em pedir desculpas públicas. Procurando uma parceria para pagar o salário do centroavante recém-contratado Túlio, o Botafogo Futebol e Regatas substitui a Coca-Cola pela Pepsi como sua patrocinadora máster, sendo acordado que a multinacional arcaria com metade de seus vencimentos. Usando seu produto 7up nas propriedades adquiridas, a marca teve grande promoção se valendo do atleta (Túlio vestia a camisa 7, dava entrevista com a aba do boné em pé com a marca do patrocinador, além de se dirigir até o banco de reserva para tomar o refrigerante a cada gol marcado).

1996

A marca de material esportivo italiana Diadora, até então desconhecida do grande público brasileiro, assina um contrato com o jovem tenista Gustavo Kuerten.

1998

Os jogadores tetra campeões mundiais de futebol Raí de Oliveira e Leonardo Nascimento de Araújo criam a Fundação Gol de Letra para o apoio às crianças e adolescentes em situação de vulnerabilidade social.

2000

O tenista Gustavo Kuerten anuncia sua desistência em participar dos Jogos Olímpicos de Sidney por conta de um desentendimento entre sua patrocinadora Diadora e a Olympikus (patrocinadora do COB). Após negociações, o atleta joga sem nenhuma das marcas. A empresa de telefonia Telemar patrocina individualmente uma série de jogadores de clubes de futebol. O escolhido no C.R. Vasco da Gama, Juninho Pernambucano, deixa de usar o número 8 e passa a ter a numeração 31 (código da operadora) em seu uniforme nas Copas João Havelange e Mercosul (o CONAR posteriormente identificou que a ação se tratava de uma propaganda enganosa).

2001

Gustavo Kuerten conquista o tricampeonato no Grand Slam de Roland Garros, enquanto a filial brasileira da Diadora torna-se a campeã mundial de vendas fora da Itália.

2004

Em um novo imbróglio olímpico, a Brasil Telecom obriga a Coca-Cola a retirar do ar cenas de um comercial em que a atleta de ginástica olímpica Daiane dos Santos aparece sozinha (a atleta deveria aparecer com suas colegas de equipe).

2005

O tenista Gustavo Kuerten lança sua grife e inaugura sua primeira loja com produtos oficiais na cidade de Florianópolis, em Santa Catarina.

2006

O jogador Ronaldinho Gaúcho alcança treze contratos de patrocínio junto a empresas como Bubbaloo, Kibon, Rexona, Oi, Gatorade, Pepsi, Cartoon Network, Texaco, entre outras, tornando-se o jogador com o maior faturamento no futebol mundial. Às vésperas do embarque para a Copa do Mundo da Alemanha, o jogador confecciona um brinco de prata no formato "R10", referente à sua recém-criada grife. Usando nos treinamentos da Seleção Brasileira, o jogador almejava que a marca fosse registrada pelas câmeras do mundo todo.

2009

Baseada em uma grande operação de marketing, o S.C. Corinthians anuncia a contratação do astro Ronaldo Nazário. Após a suspensão de seis atletas por *doping*, o Grupo Rede de Atletismo encerra suas atividades. Contando com o patrocínio da empresa Mormaii, estreia no canal de TV pago *Multishow* o *reality* "Nalu pelo Mundo", série que acompanha a vida do surfista de ondas grandes Everaldo Pato Teixeira e sua família.

2011

Visando à partida de estreia do recém-contratado Ronaldinho Gaúcho, o C.R. do Flamengo fecha um patrocínio pontual com a Visa-Cielo no valor de R$ 900 mil. O clube e a agência de marketing esportivo Traffic não cumprem seus compromissos financeiros, e o jogador nega-se a entrar em campo com a marca dos patrocinadores.

2013

Estreiam, no Canal *Off*, o *reality show* "Vida do Bob", mostrando os desafios do skatista Bob Burnquist na Califórnia e a série "Mundo Medina", que acompanha o dia a dia do surfista profissional Gabriel Medina durante o circuito mundial.

2014

A agência de marketing esportivo e entretenimento 9ine, em parceria com a empresa Garamendi Siglo XXI, assume a gestão dos contratos de publicidade do tenista Rafael Nadal. Por falta de patrocínio, a campeã olímpica Maurren Maggi cria uma página em um site de financiamento coletivo. Com denúncias de irregularidade na gestão das verbas públicas pela CBV, jogadores da Superliga Feminina e Masculina de Voleibol entram nos jogos com narizes de palhaço.

2018

A empresa Puma assina um contrato de patrocínio junto ao atleta David Nogueira Carmo da equipe de futsal Sub-9 do Santos F.C. Neymar Jr. fecha patrocínio com mais de vinte empresas. A Samsung escolhe o técnico da Seleção Brasileira Tite como seu garoto-propaganda (o técnico brasileiro ainda endossa o Banco Itaú, Laboratório Cimed e Uninassau).

2019

No confronto entre a Seleção Brasileira e a Seleção da Austrália pela Copa do Mundo Feminina da França, a jogadora Marta entra em campo calçando uma chuteira com o símbolo da campanha GoEqual (equidade de gênero nos esportes).

2020

O goleiro Wallef, do Afogados da Ingazeira F.C., de Pernambuco, disputa uma partida contra o Clube Atlético Mineiro pela Copa do Brasil com um boné de uma pousada da cidade pernambucana, obtendo repercussão nacional. Após 15 anos de parceria com a Nike, o jogador Neymar Jr. torna-se, por 20 milhões de euros/ano, embaixador da Puma. Após pressão de seus parceiros comerciais, o Santos F. C. desiste da contratação do jogador Robinho, atleta com denúncias na justiça italiana.

2021

O canal de *streaming* Netflix estreia um documentário sobre Pelé. Já o DAZN, uma série sobre Ronaldo Nazário. O nadador paralímpico Daniel Dias, *endorsement* do Citi Brasil, estreia episódios sobre sua carreira. Ignorando contratos individuais e ameaçando cortes nas remunerações, a CBV obriga as jogadoras da Seleção Brasileira a usar os tênis de seu patrocinador oficial (Asics). Em resposta, nos primeiros jogos da Liga das Nações, as atletas tapam as marcas de seus tênis com esparadrapo. Nos Jogos Olímpicos de Tóquio, o surfista Ítalo Ferreira aproveita uma brecha no regulamento e surfa com uma prancha com a marca de seu patrocinador oficial, Billabong (o COI permite apenas a exibição de fornecedores de material esportivo).

2022

A surfista de ondas grandes Maya Gabeira passa a integrar a lista de embaixadores da Boa Vontade da Unesco. A Memorabília do Esporte e o Ultimato do Bacon lançam a HQ "Oscar e o Pan de 87", contando a trajetória da Seleção Brasileira de Basquete nos Jogos Panamericanos de 1987 pelas palavras do seu principal astro, Oscar Schmidt.

2023

Após o anúncio da contratação do atacante uruguaio Luis Suárez, o Grêmio Foot-Ball Porto Alegrense conquista 9.000 novos sócios. Possuindo já o *naming rights* da etapa brasileira da World Surf League (WSL), a operadora Vivo anuncia um contrato de patrocínio junto aos surfistas campeões mundiais Gabriel Medina e Ítalo Ferreira.

A construção, bem como exploração dos protagonistas esportivos como valiosos ativos em um processo de patrocínio (*endorsement*, relacionamento, negócios) deve ser um trabalho conjunto entre as entidades e seus parceiros comerciais.

Existem aspectos que já compõem o ecossistema dos protagonistas esportivos. No entanto, determinadas análises e estratégias devem ser desenvolvidas para um aproveitamento e/ou exploração das atratividades e/ou potencialidades destes ativos.

5.3. Entidades esportivas e seus protagonistas

Reconhecendo o interesse dos potenciais investidores na procura por uma ligação de suas marcas, produtos e/ou serviços a importantes agentes promocionais, o detentor de propriedades deve apresentar, bem como garantir posteriormente a possibilidade de uma associação e exploração direta de seus atletas e comissão técnica por parte dos parceiros, aumentando significativamente sua competitividade como ativo de investimento.

Procedimentos a serem adotados pelas detentoras de propriedades junto aos protagonistas esportivos para uma entrega eficiente dos ativos:

- Despertar, junto aos atletas, uma preocupação com sua própria imagem e atitudes, tanto dentro, quanto fora das competições.
- Transformar os ativos em eficientes testemunhais, *endorsement*, porta-vozes, embaixadores promocionais, geradores de relacionamento, negócios, entre outros, para sua marca e de seus parceiros.
- Sensibilizar a promoção de sua marca e de seus parceiros sem que sejam monitorados e/ou exigido para isso.
- Despertar a preocupação em não se associar, expor e/ou promover, marcas concorrentes da entidade esportiva e de seus parceiros comerciais, ferindo cláusulas contatuais e/ou ocasionando conflito entre os *players* (analisar previamente contratos individuais dos atletas).
- Incluir os atletas como ativo proprietário a ser entregue nas propostas de parceria.
- Definir propriedades (direito à imagem individual e/ou coletiva, desenvolvimento de ações promocionais e/ou mercadológica, entre outras) para cada categoria de investimento dos *prospects*.

- Congregar, sempre que possível, seus ativos pessoais aos pacotes apresentados.

5.4. Marcas e protagonistas esportivos

Quando uma empresa concretiza um contrato de patrocínio esportivo junto a uma determinada entidade esportiva, isto é, equipes, clubes, federações, confederações, ligas, entre outros, torna-se fundamental que ela adote uma série de cuidados para que sua imagem ou marca seja representada da forma mais eficiente possível. Nesse contexto, a preocupação com os protagonistas do espetáculo, isto é, os atletas e comissão técnica, assume uma importância significativa.

Estratégias a serem desenvolvidas pelos investidores junto aos protagonistas esportivos:

- Associar-se a um ou mais atletas e membros da comissão técnica da detentora de propriedades para o endosso, uso e/ou consumo natural de seus produtos ou serviços.
- Monitorar seu comportamento, seja dentro quanto fora das competições, garantindo a promoção de valores em conformidade com a marca.
- Apresentar no início da parceria, seja por meio de palestras, explanações e/ou experimentações, sua missão, visão, diferenciais competitivos, posicionamento, projetos, programas, lançamentos, marcas, produtos, serviços, entre outros, com vistas a uma verdadeira identificação, crença, afinidade e representatividade da marca.
- Promover visitas à fábrica, intermediários, PDV, apresentando seus processos de produção, maquinário, logística, força de venda, entre outros.
- Disponibilizar, fornecer e/ou distribuir, ao início da parceria, uma vasta gama de produtos e/ou serviços para uso em seu *lifestyle*, presença na mídia (*online* e/ou *offline*) e desenvolvimento de ações promocionais (o fornecimento deve seguir o limite de uma cota padrão contratual da política de patrocínio ou levar em conta as escolhas, necessidades e gostos dos novos embaixadores).

- Enviar, a partir dos objetivos de promoção e disponibilidade e de acordo com a disponibilidade em seu portfólio, lançamentos, produtos *premium*, campeões de venda (*selling champions*) aos seus *endorsement* para a criação de uma narrativa autoral, inserção em sua própria jornada digital (recebimento e apresentação dos produtos, agradecimentos, valorização da parceria, demonstração de *performance*), entre outras ações.
- Manter um diálogo permanente com os atletas patrocinados sobre ações, eventos, novos produtos, abertura de novos mercados para divulgação, promoção e criação de conteúdo.
- Exigir da entidade esportiva parceira, desde que estabelecido em contrato, uma fidelidade e/ou envolvimento profundo dos atletas e comissão técnica quanto à promoção, vivência e consumo de seus produtos e/ou serviços.

Rampa de acesso dos jogadores ao Camp Nou.
Promoção dos *players* comerciais — F.C. Barcelona — Barcelona — Espanha

Fonte: Arquivo pessoal.

Rampa de acesso dos jogadores ao Camp Nou.
Promoção dos *players* comerciais — F.C. Barcelona — Barcelona — Espanha

Fonte: Arquivo pessoal.

Os *players* da indústria do patrocínio devem desenvolver uma série de estratégias para obter o máximo de retorno de seus ativos. No caso específico dos protagonistas esportivos, isso não difere.

5.5. Protagonistas no processo de patrocínio

Os protagonistas esportivos constituem-se em uma vantagem competitiva para as partes envolvidas em um processo de patrocínio.

Assim, tanto as empresas investidoras quanto as entidades esportivas devem exigir destes, uma postura e/ou ações com objetivo de potencializar o processo. Por outro lado, atletas e membros da comissão técnica, devem reconhecer seu papel de agentes mercadológicos e/ou comunicacionais. Entre os ativos e oportunidades de exploração que envolve o ecossistema dos protagonistas esportivos pode-se citar: presença na mídia, *endorsement*, endomarketing e relacionamento/vendas.

5.5.1. Presença na mídia

Uma significativa presença nos meios de comunicação, sejam *online* e/ou *offline*, estão entre os principais objetivos em um processo de patrocínio esportivo. Valer-se dos atletas para este propósito se constitui em uma estratégia cada vez mais utilizada pelos *players* do processo, ainda mais se considerado a possibilidade de explorar suas plataformas próprias de geração de conteúdo (mídias sociais, canais, *sites*, *blogs*). Da mesma forma, é visível a necessidade e importância para os próprios atletas de uma constante menção e/ou presença na mídia, amplificando sua atuação, valorizando suas carreiras em termos de *performance* e atratividade como ativos mercadológicos e/ou comunicacionais da indústria esportiva.

É possível apresentar estratégias a serem desenvolvidas, muitas dessas podendo ser estabelecidas em cláusulas contratuais, para uma eficiente exploração dos atletas como agentes de exposição e multiplataformas de conteúdo:

- Ceder, incentivar, promover e até mesmo exigir a participação em programas esportivos, entretenimento, reportagens, entrevistas, coletivas de imprensa, *lives*, *podcast*.
- Promover a participação em filmes, documentários, franquias, séries, *websséries*, *reality shows*, tanto em plataformas *online* quanto *offline* (TV linear, fechada, *streaming*).
- Capacitar, por meio de mídia *training* e/ou um Manual de Orientação, uma presença eficiente na mídia, abordando aspectos como cordialidade, gentileza, cautela, segurança, postura, conhecimento sobre o repórter e/ou entrevistador, publicação e público, possíveis perguntas e tipos de respostas, vestimentas.
- Incentivar a menção do nome e/ou marca dos patrocinadores por parte dos atletas em entrevistas, coletivas, programas esportivos, ressaltando o *naming rights* da equipe (caso seja uma propriedade do investidor) e a importância de seu apoio para o sucesso ou até mesmo sobrevivência do projeto esportivo (transpor a barreira da não citação do nome do patrocinador pela mídia).
- Incentivar a inserção, citação e/ou produção de conteúdo dentro de sua jornada digital com o nome, marca, produtos e/ou serviços da entidade esportiva e seus parceiros (mostrar, mencionar, marcar).

- Incentivar o esforço para uma eficiente exposição visual do nome e logomarca da entidade e dos parceiros usando uniformes e/ou equipamentos oficiais quando da exposição na mídia.
- Promover o consumo de produtos oficiais de seus parceiros comerciais (bebidas, isotônico, alimentos) durante a presença nas mídias *online* e *offline*.
- Incentivar o uso de equipamentos de *performance* e/ou acessórios promocionais (bonés, óculos, toalhas) com a marca dos parceiros durante entrevistas, coletivas de imprensa, sessões de fotos.
- Coordenar um posicionamento estratégico e o desenvolvimento de ações em eventos, reportagens, entrevistas, coletivas de imprensa, *lives*, sessões de fotos, premiações, entre outros, para uma exibição eficiente das marcas dos parceiros em materiais promocionais como *backdrop*, *banners*, *displays*, pranchas, *skateboard*.
- Ambientar as instalações dos parceiros (sedes, escritórios, PDV) para participação dos atletas em gravações de programas (*lives*, entrevistas, vídeos, *podcast*) para veiculação nas mais diferentes mídias e plataformas (mídias *offline*, *online*, *streaming*).

Apesar da exposição constituir-se em um dos principais fatores para o investimento em patrocínio esportivo, percebe-se que a utilização dos atletas como embaixadores de marca apresenta-se, cada vez mais, como uma estratégia desenvolvida pelos *players*.

5.5.2. Ativo de *endorsement*

Cada vez mais campanhas publicitárias, nas mais diversas plataformas, procuram por uma identificação entre o testemunhal e o produto e/ou serviço anunciado. Em campanhas publicitárias valendo-se de celebridades esportivas, essa simbiose se torna fundamental para uma *performance* eficiente. Nesse sentido, uma análise detalhada quando da contratação de atleta(s) e/ou membros da comissão técnica com vistas a uma real exploração de suas imagens (desenvolvimento de um marketing de influência eficiente) assume uma importância significativa.

Estratégias a serem desenvolvidas, tanto por patrocinadores, quanto por detentores de propriedades, para exploração dos atletas como embaixadores promocionais das marcas:

- Prever a contratação, no início e/ou durante a duração do projeto esportivo, de um ou mais atletas e/ou membros da comissão técnica, que representem, além de ganhos de *performance* esportiva, ativos promocionais a serem oferecidos para o mercado investidor (*endorsement* eficiente, passado vitorioso, história de superação, identificação com os fãs, público-alvo).
- Explorar os atletas em peças audiovisuais (vídeos, mensagens, ligações, áudios), fortalecendo a relação com os mais variados *targets*.
- Desenhar estratégias em conjunto entre os *players* (detentora de propriedades, parceiros comerciais e atletas) para um desenvolvimento eficiente de estratégias promocionais e/ou comunicacionais (*branding*, vendas).
- Apresentar, quando se tratar de veiculação no ambiente digital autoral do atleta, o *briefing* da ação a ser desenvolvida (produto, serviço, marca), não determinando e/ou interferindo na forma como a mensagem deverá ser transmitida, preservando, assim, sua liberdade de criação, linguagem, conhecimento e confiança de seus *followers*.
- Explorar a originalidade e a legitimidade do diálogo entre os atletas e seus seguidores em seu ambiente digital, incorporando as mensagens promocionais dos produtos e marcas dos parceiros ao seu conteúdo tradicional.
- Preservar a imagem dos atletas, não os inserindo em ações comprometedores, anti *fairplay, ambush marketing*, propagandas enganosas, abusivas, comparativas, entre outras.
- Planejar e operacionalizar, dentro de uma linha de ação, estratégias promocionais respeitando, e não comprometendo, a *performance* esportiva dos atletas.

Outro aspecto versa sobre o uso dos protagonistas esportivos como agentes de endomarketing pelas empresas investidoras e entidades esportivas.

5.5.3. Agente de endomarketing

Atualmente, um aumento de motivação, engajamento, produtividade, desempenho, confiança e orgulho dos colaboradores com os valores e objetivos estratégicos das organizações está entre as principais preocupações dos gestores e/ou alta administração das empresas. Reconhecendo que o patrocínio é cada vez mais utilizado como uma estratégia de endomarketing para a procura por um melhor diálogo junto ao público interno, os protagonistas esportivos assumem uma importância significativa. Soma-se a isso, a redução, ou eliminação, de barreiras e/ou preconceitos por parte do capital humano a respeito da importância ou mérito de sua organização investir no esporte, em detrimento de outras políticas institucionais (planos de carreira, infraestrutura, segurança, melhores condições de trabalho). Em última instância, pode-se afirmar que o envolvimento e aproximação dos atletas e comissão técnica dos patrocinados pode desencadear uma simbiose, identificação e aceitação do investimento realizado pela empresa patrocinadora.

Estratégias de marketing interno a serem desenvolvidas explorando a imagem, poder de relacionamento e encantamento dos protagonistas esportivos:

- Apresentar os atletas aos departamentos da empresa como Recursos Humanos, Marketing e Vendas e às suas possibilidades de exploração, para uma análise e posterior desenvolvimento de ações junto ao seu público interno.
- Organizar visitas dos atletas às fábricas, escritórios, matriz, filiais, intermediários, bem como presença em demais praças dos parceiros.
- Valer-se dos atletas para palestras, *workshops*, cursos, clínicas, capacitações, dinâmicas, com a temática esporte, liderança, motivação, superação, interação, maturidade emocional, laços e trabalho em equipe, entre outros.
- Promover a presença VIP em confraternizações (jantares, almoços, *happy hour*, premiações) dos parceiros.
- Organizar a participação em eventos e/ou ações promocionais internas (sessões de autógrafos, fotos, concursos, sorteios, distribuição de *kits*, camisas oficiais e/ou promocionais, brindes, *cards*).

- Promover a presença em eventos esportivos internos (discurso de abertura, encerramento, chute ou saque inicial).
- Valer-se de suas imagens, vozes, sonoras para campanhas internas de comunicação, motivação, boas práticas, segurança nas mais diversas plataformas, sejam elas *online* (intranet, *site*, *e-mail* corporativo, *blogs*, mídias sociais, *podcast*, *app mobile*) e/ou *offline* (TV Corporativa, *newsletters*, murais e quadros, cartazes, *folders*).
- Inserir as ações de marketing interno, valendo-se dos protagonistas esportivos, no planejamento das estratégias de endomarketing da organização, descaracterizando, assim, como estratégias isoladas.

Além de uma inserção na mídia, *endorsement* e agentes de endomarketing, observa-se que os protagonistas esportivos podem contribuir para relacionamento e geração de negócios, tanto para as empresas investidoras quanto das entidades esportivas.

5.5.4. Plataforma de relacionamento e vendas

Tendo em vista que muitos investidores procuram uma promoção, ou até mesmo um incentivo e/ou incremento nas vendas a partir de um patrocínio esportivo, o envolvimento dos atletas na jornada de consumo de seus clientes apresenta-se como uma vantagem competitiva.

Ações a serem desenvolvidas pelas empresas patrocinadoras e detentoras de propriedades para um eficiente relacionamento, *performance* nos negócios e conversão de vendas:

- Os detentores de propriedades devem prover a presença dos atletas em reuniões, *meetings* e apresentações junto a potenciais *prospects* de processos de patrocínio.
- Explorar a imagem dos atletas (seja individual e/ou coletiva) para promoção e/ou comercialização de produtos e/ou serviços da entidade esportiva, como programa sócio torcedor, produtos oficiais, licenciados, *hospitality*, entre outros, seja por meio de campanhas *online* e/ou *offline*.
- Valer-se dos atletas para a prospecção de novos clientes e geração de negócios dos atuais parceiros comerciais da entidade esportiva.

- Promover a presença dos atletas nas convenções de vendas, feiras e exposições dos parceiros.
- Inclusão, no planejamento das equipes, da presença dos atletas nos pontos de venda dos parceiros, seja na cidade-sede da entidade, seja nas diferentes praças onde a mesma for disputar competições, jogos oficias e amistosos, promovendo sua interação com os colaboradores (sessões de autógrafos, fotos, concursos, sorteios, distribuição de *kits*, camisas oficiais e/ou promocionais, brindes, *cards*), assumindo temporariamente suas funções (recepção, explicação dos produtos, vendas), bem como realização de apresentações ao vivo de *performance* esportiva.
- Promover encontros e experiências específicas entre os atletas e os vendedores e/ou equipes de vendas destaque dos parceiros (funcionários do mês, alcance de metas e volume de vendas).
- Negociar a presença e/ou visita dos atletas junto a intermediários, eventos, convenções, a partir das conversões de vendas de seus parceiros comerciais oficiais (compra de cotas de produtos, ingresso em novos mercados).

Figura 8: Os protagonistas como ativos

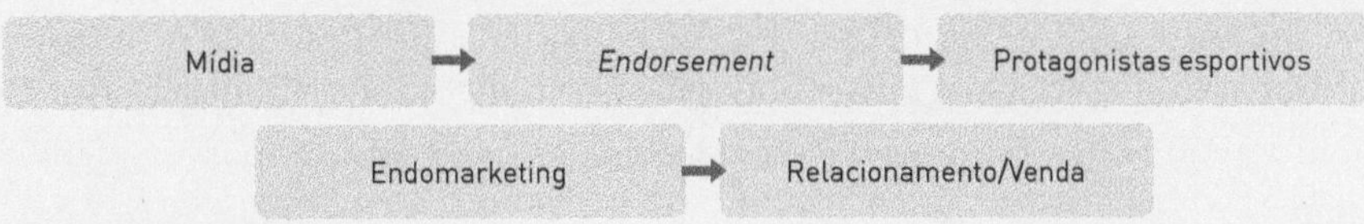

Fonte: Elaborada pelos autores.

Para a potencialização das estratégias e alcance dos objetivos, é necessária a adoção de uma série de cuidados em relação a seus comportamentos, tanto dentro, quanto fora das competições.

Procurando diminuir, ou praticamente eliminar, qualquer ameaça que porventura possa surgir a partir do comportamento dos atletas, tanto as entidades esportivas, quanto as empresas investidoras, procuram um acompanhamento *in loco* de suas ações.

5.6. Comportamento como *asset*

Pode-se afirmar que o sucesso profissional dos atletas e comissão técnica depende do seu comportamento, tanto dentro quanto fora das competições. Na verdade, estes ícones de *performance* devem ter clareza de sua responsabilidade, dimensão e alcance em representar sua entidade esportiva, bem como os demais investidores do processo (fornecedores, patrocinadores, entre outros).

No entanto, muitas vezes não é o que ocorre. Frequentemente, vem a público denúncias envolvendo astros esportivos, seja no âmbito da *performance* propriamente dita (conduta antidesportiva, *doping*, manipulação de resultados, participação em apostas), bem como abalos e escândalos em suas vidas privadas (crimes, agressões, violência doméstica, sexual, comportamentos, declarações e/ou postagens preconceituosas, racistas, homofóbicas). Tais fatos podem comprometer, além de suas carreiras, a imagem das entidades e de seus parceiros.

Assim, é preciso um máximo de atenção com seus comportamentos e atitudes, variando de um simples monitoramento, até um significativo controle de suas ações.

Esse trabalho deve ser desenvolvido tanto por entidades esportivas (evitando prejuízos de *performance*, imagem), quanto por patrocinadores, individuais e/ou coletivos, fazendo valer seu poder de influência, exigindo e cobrando uma eficiente representatividade e respeito às suas imagens e marcas.

Estratégias a serem desenvolvidas quanto ao comportamento dos protagonistas esportivos:

- Inserir, por parte da entidade esportiva, cláusulas contratuais estabelecendo advertência (verbal e/ou escrita), perda do direito de participar de jogos e/ou competições, multa financeira, indenização, sanção, suspensão ou até mesmo rescisão sumária a partir de condutas impróprias e/ou não alinhadas aos valores da entidade esportiva, marcas, parceiros e demais *stakeholders*.
- Inserir, por parte dos parceiros do processo, cláusulas contratuais junto à entidade esportiva patrocinada estabelecendo atitudes adequadas, responsáveis e condizentes de seus protagonistas, tanto dentro quanto fora das competições.

- Elaboração e apresentação de um Manual do Atleta, Código de Ética, Cartilha de Conduta, vestimenta (*dress code*) estabelecendo regras de comportamento, tanto dentro, quanto fora das competições.
- Promover reuniões junto aos protagonistas esportivos para apresentar os valores, políticas, *compliance*, boas práticas da entidade esportiva e de seus parceiros.
- Fornecer subsídios por meio de orientações e/ou aconselhamentos, para uma eficiente postura, tanto dentro, quanto fora das competições.
- Organizar palestras, treinamentos e/ou cursos a respeito de temas sociais, educacionais, ambientais, étnico-raciais, tolerância religiosa, pessoas com deficiência, igualdade de gênero, LGBTQIAPN+, entre outros.
- Orientar e/ou promover treinamento junto à sua rede de relacionamento e apoio, como círculo familiar, namoradas(os), amigos(as), para uma construção coletiva da marca do atleta.
- Exigir explicação, retratação, pedido formal de desculpas a partir de comportamentos e/ou declarações que não condizem com os valores éticos da sociedade, seja publicamente, seja em coletivas de imprensa, veículos de comunicação (*online* e/ou *offline*), mídias sociais pessoais oficiais, da entidade e/ou dos parceiros.
- Disponibilizar profissionais da entidade esportiva e parceiros comerciais (psicólogos, assessores de imprensa, profissionais de marketing e comunicação, entre outros) ou ainda alocar intermediários, para um assessoramento pontual e/ou constante de seus atletas.
- Inserir profissionais do *staff* das empresas patrocinadoras para o acompanhamento *in loco*, tanto nos treinamentos, viagens, competições etc., quanto no período de *off performance*.
- Acompanhar a relação e/ou interação dos atletas junto aos meios de comunicação *online* e *offline*, fornecendo subsídios para uma eficiente exposição.

5.7. *Valuation* de contratação

Para celebrar um contrato junto a um determinado atleta, entidades, fornecedores, e demais *players* do segmento devem percorrer suas características pessoais (idade, condição física, técnica, personalidade, mentalidade, inteligência cognitiva), bem como realizar uma análise de seu desempenho em treinamentos e competições. No entanto, é cada vez mais imprescindível analisar aspectos *off performance*, como, por exemplo, seu potencial como agente mercadológico e comunicacional. Assim, uma consulta prévia dos setores responsáveis pela contratação de novos atletas e membros da comissão técnica (técnico, médico, financeiro) aos departamentos de marketing e/ou comunicação nas entidades esportivas, torna-se fundamental. Com uma verificação de antecedentes (*background check*) e potencial de entregas futuras, estes podem auxiliar na tomada de decisão, além de contribuir para estabelecer o tipo de relação e características do contrato (valores, duração, cláusulas contratuais).

A prioridade e importância atribuída a cada ponto deve levar conta as características perseguidas em cada protagonista, bem como necessidades, objetivos, público-alvo e recursos disponíveis por parte dos *stakeholders*.

Aspectos a serem analisados para contratação dos protagonistas esportivos:

- Possui histórico ou potencialidade futura de convocação para os selecionados estaduais, regionais e/ou nacionais na modalidade e categoria em que atua (participação em Copas do Mundo, Jogos Olímpicos, Paralímpicos, Universíade, campeonatos continentais, nacionais, seletivas)?
- Possui histórico ou possibilidade futura de atuação em mercados internacionais?
- Sua relação histórica com a(s) entidade(s) que esteve federado é caracterizada pelo cumprimento das cláusulas contratuais (horários, metas, atividades)?
- Sua histórica relação interpessoal com os colegas em seu ambiente de trabalho, isto é, o ecossistema esportivo (atletas, comissão técnica, dirigentes) é pautada por uma conduta respeitosa, agregadora, colaborativa, participativa, somada a um companheirismo, cumplicidade e espírito de equipe?
- Sua relação histórica com adversários, árbitros, entidades e parceiros rivais é pautada pelo *fairplay* e respeito mútuo?

- Sua relação histórica com seus patrocinadores, parceiros e demais *stakeholders* da indústria esportiva é caracterizada pelo cumprimento de contratos (respeito, exposição e valorização das marcas, participação em campanhas mercadológicas, comunicacionais, relacionamento e vendas) e comprometimento nos objetivos mútuos?
- Sua relação com sua família e pessoas de seu convívio pessoal é honesta, calorosa, atenciosa e cordial?
- Sua relação histórica com a mídia (especializada e geral) é caracterizada por disponibilidade e respeito?
- Sua relação com os fãs e simpatizantes é caracterizada pela acessibilidade, receptividade, cordialidade e simpatia?
- Respeitou o Código de Ética nas entidades que atuou e/ou em competições que participou?
- Quais são suas prioridades pessoais?
- Como pretende ser visto?
- Que valores deseja transmitir?
- Seu discurso corresponde aos seus atos?
- Adotou uma postura eficiente e proativa em polêmicas, momentos de crise de imagem, reprovação pública, atitudes antissociais, abalos em sua vida pessoal e profissional?
- Sua carreira esportiva é motivacional (exemplar, persistente, disruptiva)?
- Sua história de vida e de sua família é inspiracional (crenças, valores, ambição, dificuldades, desafios, coragem, superação, persistência, transformação, sacrifícios, escolhas, compromisso, determinação, valentia, inconformismo, autoconfiança)?
- Seu roteiro de vida é passível de ser congregado às histórias da entidade esportiva e de seus parceiros?
- Existe uma simbiose e sinergia entre os valores do protagonista e da entidade esportiva (filosofia, fãs, torcedores, simpatizantes) e dos seus parceiros (missão, visão, modelo de gestão, público-alvo, entre outros)?
- Sua rotina e estilo de vida (*lifestyle*) desperta o interesse dos públicos-alvo da entidade esportiva e de seus parceiros?
- Sua jornada profissional e universo de vida (treinamentos, competições, conquistas, derrotas, família, cotidiano, *hobbies*) podem ser

contados em reportagens, filmes, documentários, programas esportivos, programas de variedade, séries, *websséries*, *reality shows*, *talks shows*, tanto em plataformas *online* quanto *offline* (TV aberta, fechada, *streaming*)?

- Sua trajetória é caracterizada como representante ou *endorsement* de campanhas de conscientização, ações positivas de *advocacy*, sentimento de propósito, tomada de posição, ativismo, manifesto, engajamento e apoio a ideais e causas sensíveis, legítimas e relevantes à sociedade, como direitos civis, movimentos socioculturais, educacionais, ambientais, étnico-raciais, tolerância religiosa, pessoas com deficiência, igualdade de gênero, LGBTQIAPN+, entre outros?
- Desenvolve e/ou promove ações de cunho social (educação, esporte, cidadania)?
- É embaixador ou participou de campanhas para promoção de programas de organizações internacionais (Unicef, Unesco, Apae, Cruz Vermelha, entre outras)?
- Possui um instituto, fundação ou ONG (organização não governamental) constituída, passível de receber apoio e/ou desenvolver ações em conjunto com a entidade esportiva e seus parceiros (marketing social)?
- Possui facilidade de adaptação em diferentes mercados geográficos, idiomas, costumes?
- Possui fãs, simpatizantes e/ou seguidores em diferentes mercados geográficos?
- Existe uma identificação histórica do atleta com entidades esportivas e parceiros concorrentes (torcida, números de jogos, longevidade de contratos, testemunhais)?
- Existe um ambiente receptivo ao atleta por parte da entidade esportiva (dirigentes, atletas, fãs) e seus parceiros (diretores, funcionários)?
- Está estrategicamente posicionado no mercado?
- Possui marca, logomarca e/ou logotipo próprio devidamente registrado?
- A ligação entre a marca do atleta, da propriedade e de seus parceiros faz sentido?
- Qual a dimensão e percepção de valor de atributos de sua marca (*personal branding*)?

- Possui mascote ligado à sua imagem?
- Possui avatar, personificação digital ou influenciador virtual ligado à sua imagem?
- Possui suas versões digitais e/ou apresentações em ambientes virtuais?
- Sua imagem, marca, mascote, influenciador virtual e/ou avatar possuem contratos de licenciamentos (produtos e/ou serviços)?
- Possui escolinhas, *camps*, eventos, bares, restaurantes e/ou lojas próprias (físicas e/ou virtuais) para comercialização de produtos personalizados com sua marca?
- Sua marca possui e/ou desperta interesse de empresas do segmento de franquias?
- Existem estudos a respeito de seu poder de empoderamento, convencimento e influência de consumo (interferência nas decisões de compra a favor de uma determinada marca)?
- É possível transferir seus fãs pessoais para a entidade e/ou evento esportivo (deslocamento e crescimento da base de fãs)?
- É possível estabelecer uma conexão entre seus fãs pessoais e os parceiros comerciais da entidade esportiva?
- Sua presença pode proporcionar uma maior cobertura e projeção para entidade, evento esportivo e/ou competição como um todo?
- É possível a entidade com sua contratação alcançar e/ou conectar outros segmentos de consumidores até então inexplorados?
- É possível a entidade esportiva atingir novos mercados, sejam eles regionais, estaduais, nacionais e internacionais para a promoção da marca, relacionamento e/ou geração de negócios?
- Sua contratação representa uma atratividade significativa para captação de novos parceiros para a entidade esportiva, bem como o ingresso de investidores para um *business-to-business* junto aos atuais *players*?
- Possui *know how*, interesse e disponibilidade para participar, com a entidade esportiva, de processos de prospecção de novos parceiros, apresentação de proposta e geração de negócios, campanhas promocionais e/ou comunicacionais da entidade esportiva e seus parceiros?
- Seu perfil, identidade e características (gestos, *performance*, estilo, comportamento) se enquadram e possuem atratividade para inserção em HQ (história em quadrinhos), *eSports* (personagem jogável) ou demais produtos?

- Qual a quantidade, valor de marca e dimensão de seus parceiros individuais (apoiadores, fornecedores oficiais, patrocinadores)?
- Seus parceiros oficiais possuem atratividade para estratégias de *business-to-business* junto à entidade esportiva e seus parceiros?
- É fã ou consumidor histórico ou declarado de alguma marca dos atuais parceiros da entidade?
- Possui contratos vigentes (patrocínio, licenciamento, direito de imagem) junto a empresas, marcas e/ou produtos conflitantes dos parceiros comerciais da entidade esportiva?
- Existe a necessidade de terceiros serem intervenientes ou anuentes em relação à exploração de sua imagem?
- Os selecionados estaduais, regionais e/ou nacionais em modalidade e categoria passíveis de convocação possuem patrocinadores concorrentes e/ou conflitantes com a entidade esportiva e seus parceiros?
- Os selecionados estaduais, regionais e/ou nacionais em modalidade e categoria passíveis de convocação exigem e/ou condicionam a presença dos atletas a um contrato coletivo de cessão de imagem para uso de marcas e/ou produtos oficiais das entidades, sem exceção para atletas patrocinados por outras marcas concorrentes?
- Possui desimpedimento legal para participar de desafios e/ou eventos virtuais, *media day*, campanhas promocionais e/ou comunicacionais da entidade esportiva e seus parceiros?
- Participou e tem interesse e disponibilidade em participar de pesquisa e desenvolvimento (P&D) de novos produtos no segmento esportivo para a entidade e seus parceiros?
- Existe um *fit* (identificação) e/ou alinhamento com o posicionamento da entidade esportiva e seus parceiros?
- Possui potencial de transferência de valores, causando efeito na imagem e humanização da marca dos parceiros?
- Possui projeção de imagem e conexão com os consumidores-alvo da entidade e dos parceiros?
- Sua presença nas mídias *offline* é uma constante e caracterizada por uma imagem eficiente e valores positivos?
- É um criador de conteúdo (*creator*) eficiente, *Top Voice*, influenciador do Linkedin, entre outros?

- Possui potencial como porta-voz digital e capacidade de reverberar e/ou viralizar mensagens adequadas para determinados públicos-alvo?
- Sua presença, alcance, atuação e comportamento nas mídias sociais (Instagram, Facebook, Twitter, TikTok, Linkedin, Threads, YouTube, Twitch, entre outras) é assídua, frequente, indo além do esporte, com uma linguagem eficiente e conteúdo original, autêntico, criativo, consistente, real, assertivo, sincero, genuíno, influente, cativante, relevante, próximo, educativo, engajado e ressonante?
- É possível associar a emoção da idolatria ao conteúdo humanizado das campanhas a serem desenvolvidas?
- Sua abordagem nas mídias sociais é orientada pelos seus pares?
- Sua atuação no ambiente digital é baseada na proximidade e construção de uma relação de reputação e confiança legítima com seus seguidores (constrói um discurso e narrativa profunda e verdadeira, amplifica suas crenças)?
- Seus fãs, comunidades e seguidores digitais são quantificados, alcançando audiências significativas (nano, micro, intermediário, macro ou mega influenciador)?
- Existe uma qualificação de seus *followers* (segmentação por perfil, características, atratividade, seguidores, região, país, continente), considerando os objetivos de seus *players* comerciais e potencial de compartilhamento de suas mensagens?
- Possui *site* pessoal consistente e estruturado com métricas de análise de acessos?
- Possui canal próprio em plataformas de vídeo (YouTube, Vimeo) para promover sua performance e estilo de vida (jogos, treinamentos, *higlights*, *lifestyle*)?
- Seu *site*, *blog*, canais e demais mídias sociais possuem versões em outras línguas?
- Existem dados a respeito da percepção do público-alvo e amplificação do conteúdo digital do protagonista?
- Existem métricas de pesquisa e análise a respeito da eficiência de suas postagens em relação ao engajamento (percentuais, taxas, contas alcançadas semanalmente) de seus seguidores (visualizações, curtidas, interações, comentários)?

- Existe a possibilidade de uma monetização sobre o engajamento diante de sua audiência?
- Possui *know how*, interesse e disponibilidade para participar de campanhas promocionais, comunicacionais, relacionamento da entidade esportiva e seus parceiros?
- Possui relacionamentos interpessoais e/ou aceitação da indústria esportiva para participar de *cross action* ou *collab* com outros atletas?
- É acompanhado de um *staff* de gerenciamento de carreira eficiente e acessível, tanto na área técnica (nutrição, aprimoramento tático, desenvolvimento físico e mental, recuperação muscular) quanto em sua imagem e negócios (assessoria e proteção de imagem, imprensa, tom, relação com os patrocinadores, financeira, jurídica, logística)?
- Possui histórico, espírito e/ou interesse em papel de liderança nas entidades filiadas?
- Possui interesse constante em elevar seu grau de instrução, seja por meio de cursos de graduação, pós-graduação e de aperfeiçoamento?
- Possui interesse e receptividade em participar de treinamentos e capacitações (*media training*, produção de conteúdo, fonoaudiologia) para uma eficiente exposição e atuação nas mídias *offline* e/ou *online*?
- Possui fluência verbal para apresentar e/ou proferir palestras (*speaker*) em eventos, *meetings*, cursos, convenções, gameficação da entidade esportiva e seus parceiros?
- É possível prolongar a parceria na pós-carreira esportiva?
- Possui perfil, características e interesse em assumir função ou fazer parte de comitês, conselhos de gestão, administração e/ou operacional na entidade esportiva e/ou parceiros comerciais em sua pós-carreira esportiva?
- Possui histórico de participação em ações de *ambush marketing* para marcas concorrentes das entidades esportivas onde atuava e seus respectivos parceiros comerciais?

5.8. Métricas de remuneração

Historicamente, grande parte dos contratos junto aos protagonistas da indústria esportiva consistem em vencimentos fixos, divididos em salário e direito de imagem, acrescido de bônus e premiações de acordo com seu desempenho, resultados e conquistas em jogos, torneios e/ou competições.

Com um poder midiático cada vez maior, alto nível de influência comportamental e de consumo por parte dos atletas e comissão técnica, entidades esportivas, marcas e demais *players* estabeleceram novos parâmetros e/ou cláusulas de produtividade para a composição salarial de suas celebridades.

Como no modelo de parceria, os atores precisam assumir um papel ativo nas ações de seus *partners* (entidades, patrocinadores, detentores de direito de transmissão), no envolvimento com os fãs e na produção de conteúdo. Entre as formas de remuneração aplicadas, tanto pelas entidades empregadoras, quanto por seus patrocinadores individuais e/ou corporativos, pode-se citar:

- Pagamentos mensais programados (salário), seja por competições, seja por períodos, mensais ou anuais, estabelecidos em contrato.
- Direito de imagem (nome, apelidos, imagem, fotografia, assinatura, autógrafo, iniciais, declarações, endosso, detalhes físicos, voz, sonoras e outras características pessoais do jogador).
- Gratificação individual por conquista de torneios, campeonatos, vice-campeonatos, pódio.
- Gratificação coletiva por conquista de torneios, campeonatos, vice-campeonatos, pódio.
- Bonificação por convocação para seleções estaduais, regionais, nacionais e/ou continentais.
- Bonificação por titularidade e/ou minutos atuados em seleções estaduais, regionais, nacionais e/ou continentais.
- Premiação por conquistas individuais e/ou coletivas por seleções estaduais, regionais, nacionais e/ou continentais.
- Bonificação por participação em competições internacionais (Sul-americano, Champions League, Copa do Mundo, Universíade, Jogos Olímpicos, Jogos Paralímpicos, Eliminatórias etc.).
- Recompensa por resultados da entidade esportiva (vitórias, passagem de fase, colocação e pontos a cada rodada, classificação para competições nacionais e internacionais).

- Bonificação por número, titularidade e tempo de atuação em amistosos, jogos oficiais e competições disputadas pela entidade.
- Bônus por *high performance* (gols, número e/ou média de pontos, posição no *ranking*, alcance de índice, notas, assistências, *touchdowns*, jardas, passes, assistências, *tries*, *pole position*, volta mais rápida).
- Recompensa por prêmios individuais nacionais e/ou internacionais (melhor jogador, maior pontuador, melhor onda, melhor manobra, craque da partida, da rodada, recordista, artilheiro, *Golden Boy*, revelação, melhor estreante, melhor novato, melhor jogador da semana, do mês, seleção do campeonato, da rodada, da fase, das finais, participação no Jogo das Estrelas, *Most Valuable Player* — *MVP*, Bola de Ouro, Prata, Bronze, voto popular, *fairplay*).
- Bônus por atuação em entidades esportivas históricas, vencedoras, de elite, primeira divisão, competições.
- Bonificação por atuação em entidades esportivas com grande número de fãs, simpatizantes e baixo nível de rejeição.
- Recompensa por participação em estratégias mercadológicas, comunicacionais, relacionamento, geração de negócios e vendas da entidade e seus parceiros, seja *in loco*, seja por meio das mídias *online* e/ou *offline*;
- Contratos de *media for equity* e/ou *stock options*.
- Bonificação por participação em programas *offline*, além de presença e frequência em mídias *online* (pessoais e/ou de terceiros).
- Bonificação por número de fãs, comunidades e seguidores digitais quantificados e qualificados.
- Bonificação por postura ética e responsável junto a fãs, simpatizantes, veículos de comunicação, detentora de propriedades, patrocinadores e demais *players* do ecossistema esportivo.
- Percentual (comissão) ou totalidade sobre os patrocínios concretizados a partir de sua contratação (propriedades e ativos).
- Percentual (comissão) sobre os patrocínios concretizados com sua intermediação.
- Valor e engajamento de *publiposts* em suas redes sociais pessoais.
- Recompensa na participação do desenvolvimento de produtos e/ou serviços da entidade esportiva e seus parceiros.
- *Royalties* na comercialização de produtos licenciados com seu nome e/ou imagem (camisas, produtos, serviços).

- *Royalties* na comercialização de produtos licenciados da entidade esportiva a partir de sua contratação.
- Percentual no aumento da comercialização de ingressos dos eventos *in loco* a partir de sua contratação.
- Bonificação a partir do aumento de fãs e sócio torcedor com sua contratação.
- Percentual no aumento de anunciantes e/ou de receita dos *players* de transmissão (anunciantes, assinaturas PPV) em jogos da entidade e/ou da competição com sua contratação.
- Percentual do aumento na procura, seguidores e engajamento nas plataformas digitais da entidade e seus parceiros a partir de sua contratação.
- Gratificação por quantidade de postagens, *views* produzidos.
- Bonificação por fidelidade (cumprimento e/ou respeito ao contrato).
- Percentual sobre sua valorização, empréstimo e/ou venda (direitos econômicos).

5.9. Pós-atletas, entidades e marcas

Apesar de todas as potencialidades que caracterizam os atletas como agentes promocionais das entidades esportivas e empresas patrocinadoras, a preocupação com o aspecto técnico e bem-estar dos mesmos deve ser uma constante. Atletas e comissão técnica não podem abdicar de seus planejamentos, treinos, concentração, recuperação, entre outros, para toda e qualquer ação dos parceiros comerciais. Além de comprometer significativamente a *performance* esportiva, essa exigência pode prejudicar a imagem dos patrocinadores perante seus variados públicos-alvo (fãs, mídia e demais stakeholders), mesmo quando se tratar de atletas não relacionados para o *match day* ou em períodos maiores de competição. Dessa forma, nas propostas de parceria, quando se tratar do uso de atletas, deve-se procurar disponibilizar propriedades e estratégias alternativas e criativas para os *prospects*, garantindo uma satisfação e segurança na entrega.

Inúmeros atletas e membros da comissão técnica, após encerrarem suas carreiras, mantém uma estreita relação junto a determinadas entidades, marcas, seja por uma identificação com os valores, tempo de atuação, torcida, bem como conquistas inesquecíveis. Assim, além de um possível vínculo profissional, assumindo cargos de dirigentes, conselheiros, consultores, funcionários dentro da estrutura organizacional, essas lendas (*legends*) podem ser promovidas a embaixadores das entidades, sendo agentes promocionais e de relacionamento junto aos mais variados parceiros. Entre as vantagens dessa estratégia, pode-se citar:

- Preserva o atleta e a comissão técnica em atividade.
- Evita conflitos entre as áreas técnicas (*performance*) e marketing da entidade esportiva.
- Valoriza e dignifica os ídolos do passado.
- Preserva a tradição, história e memória da entidade esportiva.
- Possui maior disponibilidade de agenda (dias e horários para desenvolvimento de ações).
- Repassa o passado, contando histórias verdadeiras.
- Possui significativa presença digital.
- Possibilidade de atingir públicos-alvo diferenciados.
- Tem contratos ou gratificações com menor custo.

Deve-se ressaltar, ainda, que um prolongamento do vínculo dos protagonistas não ocorre única e exclusivamente com as entidades esportivas. Muitas empresas patrocinadoras permanecem com seus patrocínios junto a atletas e/ou treinadores mesmo quando estes encerram suas carreiras, ou ainda após o contrato de patrocínio junto à entidade esportiva no qual fazem parte (muitos desses contratos chegam, inclusive, a ser vitalícios, como é o caso da Nike com Michael Jordan, por exemplo).

Com relação a contratos com pós-atletas, treinadores e/ou dirigentes, observa-se cada vez mais empresas e marcas valem-se deles para criar seus próprios programas de relacionamento.

Um exemplo é a Confederação Brasileira de Atletismo (CBAt) com o programa "Heróis Olímpicos" e o Banco do Brasil com os "Embaixadores do Esporte", que têm como principal objetivo se valer de ex-atletas e/ou ídolos esportivos como embaixadores para ações de relacionamento, promovendo suas presenças em eventos corporativos, convenções, *trade*, PDV, entre outras, além da explorarem suas imagens (*endorsement*) em campanhas promocionais e/ou comunicacionais de marca, produto e/ou serviços.

Apesar de, como já mencionado, o patrocínio esportivo não se tratar única e exclusivamente de uma compra de mídia direta, uma aparição e/ou menção da empresa, produtos e/ou serviços apresenta-se como uma grande vantagem competitiva para a geração de valor das marcas, tornando-se, até mesmo, uma exigência dentro dos contratos de parceria. De igual forma, a relação dos detentores de propriedades com a mídia vai desde a venda dos direitos de transmissão, constituindo-se em uma de suas principais entradas financeiras, à valorização de sua marca perante o mercado patrocinador e demais *stakeholders*. Assim, reconhecer a realidade que envolve os veículos de comunicação e demais plataformas, sabendo como melhor adaptar seus ativos, é fundamental para as entidades esportivas explorar, ao máximo, todas as potencialidades do processo.

6. Mídia, Plataformas e Patrocínio Esportivo

Quanto maior incidência e/ou presença da entidade e dos atletas em eventos, competições e nos meios de comunicação, maior será sua atratividade, valor comercial, potencial de entrega e retorno aos seus parceiros comerciais.

O surgimento de novas plataformas de transmissão (digitais, *streaming*), somados aos já tradicionais meios lineares, canais por assinatura e exclusivos (*on demand*, *pay-per-view*), bem como ocasião e formatos de consumo (TV, computador, *tablet*, *smartphone*, *app mobile*), aumentaram a demanda e democratização por conteúdo e programação esportiva (ao vivo, coberturas, matérias, postagens, *highlight*) e oportunidades adicionais de exposição e interatividade.

Por outro lado, uma simbiose junto a eventos e/ou ações esportivas propicia inúmeras vantagens competitivas para os meios de comunicação, tanto *online* quanto *offline*. São elas:

- Audiência significativa, relevante e engajada.
- Segmentação e alcance de públicos específicos.
- Plataforma de marketing e de relacionamento com o mercado.

- *Assets* de pacotes comerciais valorizados pelos anunciantes.
- Menor custo se comparado com a criação e produção de demais produtos proprietários.
- Conteúdo extensivo ao evento (programas, cobertura, reportagens, transmissão, *highlights, replays, posts*).
- Criação de portfólio de programas.
- Conteúdo para *cross media*.
- Modelagem e diferentes tipos de transmissões (imagem e linguagem).

Apesar de todo o potencial e receptividade de audiência, determinados fatores podem aumentar, ainda mais, o interesse das plataformas e veículos de comunicação na transmissão e cobertura dos eventos e/ou ações esportivas.

Adequar o produto às necessidades e/ou expectativas de ambos (veículos *offline* e *online*), entendendo tratarem-se de meios complementares e não excludentes (coexistem nas opções de assistência), aumenta, ainda mais, a atratividade dos detentores de propriedades.

6.1. Análise pelos *players* de transmissão

Os veículos, tanto *online*, quanto *offline*, levam cada vez mais em consideração determinados fatores para uma prospecção, negociação e consequente aquisição dos direitos de transmissão (*broadcasting*). A prioridade e importância atribuída a cada ponto é diretamente proporcional às características e objetivos do meio, audiência, bem como seu *budget* para investimento. Reconhecer esses pontos são fundamentais para os detentores de propriedades adequarem seus ativos com vistas a uma maior vantagem competitiva e poder de negociação. Aspectos analisados:

- A modalidade possui atratividade e plasticidade?
- É possível entregar para o espectador o que ele deseja consumir?
- A modalidade e/ou evento possui representatividade na região de cobertura do veículo?
- A modalidade possui uma forte penetração junto ao público-alvo do veículo?

- A modalidade é de fácil entendimento das regras e contagem?
- É possível alcançar outros públicos, comunidades e consumidores inexplorados até o momento?
- Existem dados e pesquisas a respeito do número de fãs, potencial de consumo, engajamento do evento, ação, modalidade, entidade e/ou protagonistas?
- Trata-se de uma modalidade esportiva em forte ascensão?
- O evento possui um formato adequado ao veículo?
- O horário e/ou duração é adequado ao veículo e a audiência?
- O evento possui um formato inovador?
- É possível promover inovações na transmissão (narração, vídeos, interatividade, mosaicos)?
- Permite uma cobertura e/ou transmissão multiplataforma?
- É possível transmitir um conteúdo transversal?
- É possível janelas diferentes de exibição?
- A modalidade e/ou evento, historicamente, passaram por modernizações, readequações?
- É possível realizar modificações (mínima, moderada ou extensiva) no evento, modalidade e/ou entidade no formato, regulamento, calendário, duração, horário, dinâmica, emotividade, competitividade condizente com as necessidades e/ou exigências do veículo e audiência?
- Estão previstas disputas entre equipes e/ou atletas com rivalidade histórica?
- Conta com a participação de atletas nacionais vencedores, consagrados, recordistas, bem ranqueados, tanto em nível nacional, quanto internacional na modalidade (campeões continentais olímpicos, paralímpicos, mundiais)?
- Possui a presença da nova geração de atletas da modalidade (talentos, promessas, revelações)?
- Possui presença de atletas oriundos do local do evento?
- Possui presença de atletas estrangeiros na modalidade?
- Possui presença e/ou participação de paratletas e/ou pessoas com deficiência?
- Estarão presentes no evento *legends* e/ou atletas com histórico de sucesso na modalidade?

- Atletas referências de outras modalidades participarão do evento?
- Possui embaixadores, padrinhos e/ou madrinhas com forte representação social?
- Personalidades e/ou atletas multimidiáticos, influenciadores, *creators*, atuantes e constantes nas mídias sociais participarão e/ou estarão presente no evento?
- Historicamente o *staff*, atletas e audiência *in loco* do evento são receptivos aos veículos detentores dos direitos de transmissão?
- O evento possui apelo emocional?
- O evento é inclusivo e/ou possui uma causa (ética, racial, social, ambiental, gênero, diversidade, inclusão)?
- É possível contar histórias por meio do evento, atletas, espectadores *in loco* e/ou audiência?
- É uma experiência de entretenimento?
- Apresenta acessibilidade e conforto para o público *in loco*?
- O evento está hospedado em um local de grande atratividade, servindo como mais uma atração?
- Existem eventos paralelos, ativações para um maior envolvimento da audiência?
- É possível criar outros eventos paralelos para propiciar uma maior cobertura (sorteios, cerimônia de abertura, encerramento)?
- É possível trazer o espectador para uma imersão no espetáculo?
- É possível o público estar no conteúdo (participação e/ou presença no veículo e/ou plataformas digitais)?
- É possível convidar e/ou inserir o receptor para participar da transmissão (assistir da cabine, participar da transmissão, ser comentarista por um dia)?
- Vale-se de recursos tecnológicos (câmeras *inside*, aéreas, corporais, embutidas, *chip* em camisetas, óculos, bonés, microfones, interatividade, inteligência artificial, *QR codes*) para maior imersão em situações de jogo e melhor experiência do espectador e audiência?
- É possível uma gamificação do evento?
- É possível o mesmo evento em um ambiente virtual paralelo?
- É possível uma interatividade, participação ativa, *feedbacks* do *target* durante as transmissões e cobertura nas plataformas digitais (*second*

screeners com *quiz*, *chat*, enquetes, sorteios, bolões, foto perfil, *hashtags*, seleção da galera, torcidômetro)

- É possível aproximar a audiência do evento com conteúdo exclusivo e cobertura dos bastidores (rotina, preparação, centros de treinamentos, hotéis, transporte oficial, chegada dos protagonistas, vestiário, vida pessoal, família, círculo social)?
- É possível gerar conteúdo (vídeos, áudios) sob demanda para as diferentes plataformas digitais?
- É possível inserir empresas (parceiros comerciais) de forma orgânica dentro do evento e/ou transmissão?
- É possível desenvolver um formato e/ou parceria de produção de conteúdo (*branded content*), integrando anunciantes ao detentor da propriedade e à programação do canal?
- Pode-se criar conteúdos próprios para as marcas, ajudando a contar histórias e emocionar a audiência?
- Possibilita conteúdos extensivos, isto é, antes e depois do evento?
- O evento possui mídias sociais próprias ou *apps*, com conteúdo relevante e significativo engajamento do *target*?
- É possível uma pluralidade de consumo e engajamento com os diversos canais e plataformas do veículo?
- Existe disponibilidade de espaço na grade de programação?
- Existe facilidade de cobertura e transmissão (acesso, estrutura, informações)?
- Os riscos do evento são dimensionados?
- A transmissão e/ou cobertura é exclusiva?
- A aquisição ocorrerá mediante licitação?
- Haverá licitação e um *request for proposal* para aquisição dos direitos?
- Quais são as empresas concorrentes?
- É possível assumir o *naming rights* de veículo oficial do evento (*broadcast partner*)?
- Existe a promessa de algo crível e atraente para o mercado?
- É possível montar um plano comercial atrativo para o evento em si (chamadas de transmissão, envolvimento, boletins, vinhetas de bloco e de passagem, *pre-roll*, *maxiboard*, *native ads* carrossel, retângulo *mobile*) ou para os eventos *around the game*?
- O evento possui patrocinadores efetivados?

- Os patrocinadores das entidades e/ou atletas são conflitantes com os atuais parceiros do veículo?
- É possível o bloqueio de patrocinadores concorrentes dos atuais parceiros do veículo?
- Existe possibilidade do ingresso de novos parceiros comerciais?
- Existem empresas endêmicas, ou com interesse no segmento da modalidade, passíveis de serem prospectadas?
- É possível negociar e veicular diferentes tipos de publicidade (placas estáticas, *led*, publicidade virtual)?
- Existe um potencial de engajamento e monetização da audiência digital (transmissão multiplataforma)?
- Historicamente os contratos junto aos *players* de transmissão são respeitados?
- O empacotamento e montagem do evento (calendário, tabela) é eficiente?
- Existe a exigência de aparição, menção e/ou citação do *naming right* do(s) patrocinador(es) do evento e/ou entidade esportiva durante a cobertura e/ou transmissão?
- É possível adquirir os direitos de apenas determinados jogos, fases ou existe a obrigatoriedade de aquisição do evento por inteiro?
- Existe a obrigatoriedade de transmissão de um número mínimo de partidas de cada equipe ou atleta durante a competição?

Nos últimos anos, observou-se um crescimento do esporte como entretenimento. A procura pelo esporte como espetáculo modificou sua forma de consumo e, consequentemente, sua aparição, conteúdo, transmissão e narrativas.

6.2. Novos formatos, cobertura e transmissão

Observa-se, cada vez mais, o aumento de opções para o acompanhamento dos eventos esportivos, tornando as marcas mais difundidas, bem como, atendendo ao perfil, à expectativa da audiência e aos públicos-alvo específicos.

Nesse contexto, tanto a geração de imagens, linguagem, narração, informações, quanto o tipo de transmissões, assumem diferentes características. Apesar de surgirem novos formatos e segmentação da mídia, atualmente é possível agrupar em três pilares de transmissão:

a) **Mídia tradicional**: composta por veículos lineares, como TV aberta, fechada, canais por assinatura e exclusivos (*on demand*, *pay-per-view*), entre outros, sua base reside nas transmissões ao vivo, programas exclusivos, melhores momentos (*highlights*) e demais conteúdos. Valem-se da tradição: audiência fiel, parceiros comerciais históricos, equipe técnica (produtores, diretores etc.), experiência, popularidade e credibilidade de seus narradores, locutores, apresentadores, comentaristas e repórteres. Além da qualidade da imagem, câmeras exclusivas com o avanço tecnológico procuram uma interatividade cada vez maior com sua audiência, seja no meio ao vivo, seja com as demais plataformas do grupo (promovendo enquetes, *chat* e *hashtags* na *second screen*).
b) ***Streaming***: devido à sua característica inovadora, o *Over The Top* (OTT) permite liberdade de produção com novos formatos, geração de conteúdo específico e diferenciado de acordo com as expectativas do público-alvo, possibilitando a economia do tempo (poder de decisão de onde e quando assistir ao vivo e/ou *highlights*). Além da possibilidade de uma maior imersão, interatividade e engajamento (tempo, cobertura, bastidores, pré-jogo, estatísticas), apresenta uma transmissão técnica e de qualidade, com uma linguagem orgânica, fruto do avanço tecnológico e da frequente contratação de profissionais de veículos lineares (produtores, diretores e narradores). Permite aos demais *players* acesso a uma base de dados qualificada (posição geográfica, horas de exposição, consumo), bem como mensuração e controle de resultados.
c) ***Streamer***: forte tendência na indústria esportiva atual, é cada vez maior a negociação de direitos de exibição junto a influenciadores (*influencers*) digitais e/ou *creators*. Para uma concessão, além do fator econômico, deve-se levar em consideração a notoriedade e projeção pessoal conquistada pelo *influencer*, comunidades organizadas e/ou criadas em sua volta, poder de atração e admiração

por parte da audiência na qual se relaciona, números expressivos de *followers* (quantificados e qualificados), curtidas, compartilhamentos, conhecimento do universo da narração, entre outros aspectos. Espontaneidade e bom humor de maneira orgânica e positiva, menos protocolar e sem interrupções, e ao mesmo tempo atrativa e inspiradora, com programação original em diversos formatos, valendo-se de uma audiência já engajada (envolvimento prévio) para transmissões em plataformas como YouTube, Facebook, TikTok, Twitch, são as vantagens e diferenciais deste tipo de transmissão.

Por estarem entre suas principais linhas de receitas, as entidades esportivas vislumbraram novas formas de exploração dos direitos de transmissão. Entre eles, a apropriação e licenciamento de seu próprio conteúdo.

6.3. Conteúdo proprietário

A apropriação do próprio conteúdo por parte das entidades esportivas para a transmissão e/ou distribuição do sinal, *hightlights*, *off game* em detrimento da concessão e/ou abertura para produção e transmissão por parte dos tradicionais detentores de direitos em troca de vantagens financeiras, apresenta-se como outra forte tendência na atual indústria esportiva.

Vantagens da geração própria de conteúdo para os detentores de propriedades:

- Posicionamento da entidade como canal de mídia.
- Transforma o conteúdo em um poderoso ativo.
- Conteúdo para seus canais oficiais (TV oficial, *site*, mídias sociais e *apps*).
- Eficiente estratégia para promoção de seus ativos.
- Aumento de engajamento em suas plataformas.
- Nova linha de receitas e monetização de formas distintas de direitos.
- Maior poder de negociação junto aos veículos de exibição.
- Centralização das transmissões no detentor de propriedades.
- Definição do(s) tipo(s) de cobertura(s).
- Maior padronização do conteúdo.

- Controle da narrativa e da história a ser contada.
- Inovações tecnológicas e inteligência digital permitem e ampliam a seleção de imagens automáticas de *hightlights* para veiculação e/ou postagem.
- Sinal pronto para os veículos licenciados (emissoras, plataformas).
- Multiplataforma de transmissão ao vivo.
- Multiconteúdo para os *players* do segmento.
- Maior número e diversificação de parceiros de transmissão.
- Fatiamento, divisão e segmentação de conteúdo de acordo com os parceiros.
- *Cross* entre veículos licenciados.
- Diferentes horários de exibição.

Para uma eficiente apoderação do conteúdo, determinados procedimentos de geração, captação e distribuição devem ser implantados e/ou desenvolvidos:

- Ter um produto atraente.
- Ter uma estratégia e projetos de conteúdo para veículos *online* e/ou *offline*.
- Investir em novas tecnologias para disponibilizar conteúdo de qualidade ao público onde e quando desejar.
- Criar eficientes canais próprios de transmissões.
- Estruturar sede, locar ou terceirizar estúdios de transmissão, cobertura e geração de conteúdo.
- Contratar equipes próprias (diretores, produtores, editores, operadores de câmeras, áudio) ou concretizar parceiras junto a produtoras para captação de vídeo, áudio, edição, seleção e retransmissão.
- Captar o sinal com qualidade de imagem compatível com as necessidades dos parceiros.
- Valer-se de novas tecnologias de transmissão, aumentando a atratividade do produto e atendendo às expectativas dos *players* detentores de direitos (câmeras de alta definição, drone, câmera de helicóptero, *fancam*, *mediacoach*, câmera cinematográfica, tecnologia 360° com câmeras rodeando a arena).
- Conectar todas as mensagens.

- Planejar o processo de licenciamento e distribuição do conteúdo para entrega do sinal aos *broadcasters* e demais plataformas.
- Análise da consistência e seleção do perfil dos veículos, plataformas e/ou influenciadores.
- Definir produtos de distribuição (pacote inteiro, conteúdo fatiado, pílulas de conteúdo, *hightlights*, exclusividade).
- Análise de métricas.

Observa-se que, além das entidades, os patrocinadores almejam cada vez mais um protagonismo no conteúdo dos processos de parceria, construindo narrativas orgânicas (*storytelling*) em torno de sua marca (*brand content*), veiculando em seus canais e plataformas próprias, bem como nos demais *players* de transmissão, principalmente em canais segmentados e *streaming*.

Uma gestão eficiente de patrocínio deve vir acompanhada de ações para coibir terceiros de tirar proveito deste investimento sem participar de sua operação comercial. Atualmente, o marketing de emboscada (*ambush marketing*) apresenta-se como um dos principais desafios aos *players* da indústria esportiva. Desenvolver estratégias de análise e combate garantem segurança e retorno de ponta a ponta no processo.

7. Marketing de Emboscada

O marketing de emboscada, ou *ambush marketing* como é internacionalmente conhecido[2], é uma das principais ameaças ao sucesso de um processo de patrocínio esportivo. Por meio deste, empresas que não apoiam ou não participam da operação financeira de um evento e/ou ação esportiva, procuram aproveitar a ocasião para obter ganhos de exposição de marca, retorno institucional, promocional e/ou mercadológico.

Michael Payne, ex-diretor de marketing do Comitê Olímpico Internacional, afirma que o marketing de emboscada está longe de ser um jogo. Além de um negócio sério, é fatal, podendo destruir completamente as relações de patrocínio. De acordo com Payne, se este tipo de ação se tornar uma prática comum, o principal aporte financeiro do esporte estará comprometido (Freire; De Almeida, 2006).

Assim, é imprescindível estabelecer determinados procedimentos quando do planejamento de um evento e/ou uma ação esportiva, identificando e diminuindo brechas que possam vir a ser aproveitadas por empresas

---

[2] Além de marketing de emboscada e *ambush marketing*, esta ação é conhecida como marketing oportunista, sorrateiro, predador e marketing lixo.

oportunistas. De igual forma, uma rígida e constante fiscalização do movimento de marcas concorrentes, somada a uma rápida e eficiente ação antes, durante e pós-evento, diminuiria, ou praticamente eliminaria, os efeitos desta ameaça.

7.1. Definições

Com a crescente utilização do marketing de emboscada nos mais variados eventos, este se tornou objeto de inúmeros estudos e definições conceituais. Na verdade, tais conceitos variam de acordo com a evolução e desenvolvimento das ações oportunistas.

Para Nufer (2016), o marketing de emboscada é utilizado para atingir objetivos de marketing por meio de métodos não convencionais. Sandler e Shani (1989), citados por Ferrand, Camps e Torrigiani (2007) definem marketing de emboscada como uma campanha planejada por uma organização, com o objetivo de se associar, de forma indireta, a um determinado evento, procurando conquistar vantagens sob a falsa percepção de ser um patrocinador oficial. Já para Meenaghan (1994), citado por Mullin, Hardy e Sutton (2004), esta ação visa intrometer-se na consciência pública em torno de um evento, levando prejuízo ainda maior ao patrocinador (confusão na mente do consumidor).

Já O'Sullivan e Murphy (1998), conceituam *ambush marketing* como a tentativa de uma empresa associar sua marca à atividade patrocinada sem direitos formais envolvidos, afetando e enfraquecendo sobremaneira o impacto que o patrocinador oficial pode alcançar.

Segundo Stotlar e Dualib (2005), o marketing de emboscada consiste em uma empresa, não patrocinadora, capitalizar a partir da popularidade ou do prestígio das propriedades adquiridas oficialmente por outra empresa, dando a falsa impressão de responsabilidade por aquele evento e/ou ação esportiva.

De acordo com Cardia (2004), o marketing de emboscada é uma ação que busca uma identidade de associação legal e direta de uma marca com um evento, usufruindo de reconhecimento, prestígio e benefícios de um patrocinador oficial. Já Collet e Fenton (2014) o definem como qualquer atividade realizada por uma marca que não seja um patrocinador oficial (muitas vezes concorrente) de uma propriedade específica, com a intenção de obter vantagem comercial, estabelecendo uma associação com a propriedade na mente do consumidor.

Segundo Payne (2006), o Comitê Olímpico Internacional, em seu Guia de Marketing, conceitua esta ação como uma prática parasita, cujo objetivo é criar uma associação não oficial e não autorizada com os Jogos Olímpicos, prejudicando o investimento de patrocinadores genuínos e comprometendo a habilidade do Comitê Organizador de construir o evento com sucesso (procura vantagens sem pagar direitos ou licenças aplicáveis).

Para Mullin, Hardy e Sutton (2004), o *ambush marketing* ocorre quando uma empresa, sem possuir nenhuma relação com o acontecimento, capitaliza sobre a atenção dada ao mesmo, enfraquecendo a associação oficial do concorrente com o evento, adquirida por meio de uma verba investida (envolve a usurpação das marcas registradas, das logomarcas e da clientela ou do patrocinador oficial).

Por fim, a Cambridge Dictionary conceitua *ambush marketing* como uma situação em que uma empresa tenta anunciar seus produtos em conexão com um grande evento público, mesmo não sendo patrocinador oficial, tonando-se um significativo problema para todas as principais ações esportivas internacionais.

Observando a evolução desta prática, as estratégias e o ambiente onde é cada vez mais desenvolvido, pode-se definir *ambush marketing* como:

Estratégia pela qual uma empresa, por meio de ações promocionais e comunicacionais paralelas, procura uma associação de imagem e/ou retorno mercadológico junto a um evento, preferencialmente midiático, cujo contratos oficiais de gestão, custos e responsabilidades estejam a cargo de outras empresas.

De acordo com Ferrand, Camps e Torrigiani (2007), o Comitê Olímpico Internacional inclui marketing de emboscada como sendo a:

- o Utilização, por parte de uma empresa não parceira, de mecanismos que sugerem uma associação com os Jogos Olímpicos.
- o Violação jurídica no que diz respeito à utilização, não autorizada, do nome, símbolos, mascotes do movimento olímpico internacional.

- o Interferência de forma intencional, ou até mesmo involuntária, por parte de uma empresa não parceira com relação às atividades de marketing legitimadas pelos sócios olímpicos.

Na indústria do esporte, dependendo do porte do evento, o número de empresas que conquistam o *status* de patrocinador oficial é restrito, bem como aquelas que, por alguma razão, acabam perdendo seu lugar no processo. Isso se deve, entre outras coisas, a fatores como:

- o Falta de recursos para a compra e/ou renovação de cotas de patrocínio junto aos detentores de propriedades.
- o Preferência histórica e/ou comercial da entidade esportiva em realizar parcerias junto a empresas específicas.
- o Existência de contratos de longo prazo, e com preferência de renovação, entre as entidades esportivas e empresas parceiras.
- o Barreiras de entrada, por meio de *lobby* de parceiros, concorrentes, meios de comunicação, entre outros *players*.

Para Cardia (2004), o desenvolvimento do *ambush marketing* pode dar-se:

- o Quando um concorrente não conquista o posto de principal patrocinador e desenvolve ações para que a concorrência não se destaque sozinha.
- o Quando a cota de patrocinador oficial estiver fora do alcance da realidade da empresa e esta não se contentar em ficar fora do processo.
- o Quando uma empresa que, em princípio, opta por não se associar a um evento, acaba se arrependendo quando já não existem mais cotas disponíveis.
- o Quando a empresa percebe no marketing de emboscada uma forma legítima de explorar um determinado evento esportivo.

A estes aspectos, pode-se acrescentar, ainda, os parceiros oficiais históricos que, por determinada(s) circunstância(s), como término de contrato, carência de recursos, ingresso de concorrentes, entre outros, perderam o direito de exploração de propriedades e, insatisfeitos, iniciam ações de emboscada.

Dependendo do ambiente, oportunidades e recursos disponíveis, as empresas valem-se de determinados tipos de *ambush marketing*.

7.2. Tipos de emboscadas

Existem inúmeros tipos de *ambush marketing*. Estes podem variar de acordo com o objetivo, verba investida, ações desenvolvidas, bem como brechas proporcionadas pelos organizadores e/ou patrocinadores oficiais do evento.

A Federação Internacional de Futebol (FIFA), por meio da Lei Geral da Copa (Nº 12.663/11), regulamentou este marketing de acordo com suas características, isto é, emboscada por associação e por intrusão.

No marketing de emboscada por **associação** (denominado também "indireto"), uma empresa vale-se dos símbolos (nome, logomarca, imagem, mascotes) de um evento no qual não é patrocinadora ou parceira oficial para obter vantagens indevidas (inserção em produtos, ações promocionais, campanhas publicitárias). O objetivo é induzir o público-alvo a acreditar que a empresa, produtos e/ou serviços chancelam ou são associados à organização oficial da referida ação.

Já o *ambush marketing* por **intrusão ou intromissão** (também chamado de "direto"), ocorre quando empresas desenvolvem alguma estratégia promocional *in loco* no evento, não possuindo nenhuma responsabilidade financeira e/ou de prestação de serviços junto ao mesmo (ações em locais e momentos que não lhe pertencem).

Outros autores, como Crompton (2004), categorizam o *ambush marketing* em "direto" e "indireto", onde o primeiro consiste no uso não autorizado da logomarca da detentora de propriedades, e o segundo no desenvolvimento de ações comerciais cujo objetivo é desviar a atenção do público consumidor para um produto relacionado ao evento, dando a impressão de ser um parceiro oficial.

Analisando historicamente as ações das empresas oportunistas, é possível categorizar os tipos de marketing de emboscada, principalmente no que concerne o modo e o meio de como são desenvolvidos.

a) Exposição no entorno

A inserção da marca em um perímetro próximo ao local do evento (estádios, arenas, ginásios, parques) constitui-se em uma das principais estratégias desenvolvidas pelas empresas oportunistas. Reservando espaços já existentes e disponíveis de mídia *out of home* (pôsteres, placas, painéis, painéis eletrônicos, digitais e interativos, mídia de projeção, *outdoors*, *frontlights*, *backlights*, empenas, triedro, mobiliário urbano), ou até mesmo concebendo novos pontos de contato visual com o público-alvo, sejam eles estáticos e/ou móveis (*backbus*, *busdoor, taxidoor, truck door, bikedoor*, metrôs e aviões envelopados, *blimps*, raio *laser*), a veiculação de peças e/ou campanhas publicitárias em vias de acesso à competição, ou locais de forte movimentação, pode desencadear a percepção da empresa oportunista tratar-se realmente de uma das patrocinadoras oficiais do evento (capitaliza por associação, sem valer-se dos símbolos oficiais).

b) Experiência de marca

Aproveitando a movimentação, holofotes e interesse de consumo gerado pelos eventos esportivos, empresas não detentoras de direto de exploração de propriedades desenvolvem, por meio de marketing de guerrilha, intervenções urbanas nas imediações do evento como plataforma de promoção de imagem, produtos e/ou serviços (competições paralelas, *shows*, festas, *blitz*, concursos, exposições).

c) Emboscada de atores

Diz respeito à negociação e celebração de contrato entre empresas oportunistas e os protagonistas do evento (atletas e/ou comissão técnica) por um valor infinitamente menor se comparado ao montante pago pelos patrocinadores oficiais à entidade ou à ação de forma global. Não raro, personagens do espetáculo promovem marcas não oficiais ignorando proibições e contratos anteriormente firmados pelos organizadores dos eventos e/ou pelas entidades nas quais atuam ou são filiados (clubes, federações, confederações, comitês). Estes contratos podem ser pontuais, explorando a participação em um evento ou ação específica, ou de prazo maior, baseando-se na *performance* do(s) atleta(s) e calendário de competições.

d) Estratégias em mídia

Aquisição, por parte de empresas alheias à operação financeira do evento, de espaços nos veículos de comunicação *online* e/ou *offline* detentores dos direitos de transmissão e/ou de cobertura da ação esportiva. Com forte apelo emocional e associadas aos valores esportivos, as peças ou campanhas são desenvolvidas geralmente por concorrentes diretos dos patrocinadores oficiais (não envolve falsificação ou uso ilegal de marcas registradas, *trade names* ou símbolos do evento).

e) *Players* de transmissão

Os veículos de comunicação (eletrônicos, impressos, digitais) podem oferecer, aos parceiros não oficiais do comitê organizador, um logo composto (logo do evento e do veículo), além de ações promocionais (*games*, concursos, sorteios), capitalizando sobre a popularidade da ação. As campanhas buscam uma vinculação à modalidade e/ou evento, procurando originar uma confusão na mente do consumidor.

f) Geração de conteúdo motivacional

Ocorre quando não patrocinadores se valem de peças promocionais em formatos *online*, *offline* e/ou mídia exterior, com mensagens de apoio e incentivo direcionadas às delegações, entidades, atletas, torcida, espectadores, entre outros. Apesar de demonstrar aparente benignidade e casualidade, valem-se da imagem do evento e atores para sua promoção sem, no entanto, contribuir respectivamente para a sua realização e *performance* esportiva.

g) Patrocínios múltiplos

Também denominado autoemboscada ou automático, é fruto de uma existência cada vez menor de patrocinadores exclusivos. Em processos com mais de um patrocinador, a emboscada pode surgir dos próprios parceiros oficiais, apoderando-se de propriedades não estabelecidas previamente, originando conflitos junto ao patrocinado e demais *players* (projeção além do acordado na assinatura do contrato). Apesar de não se constituir em uma ação clássica de *ambush marketing*, pois trata-se de empresas que participam da operação financeira, determinadas ações prejudicam significativamente o processo de patrocínio como um todo.

Figura 9: Tipos de *Ambush Marketing*

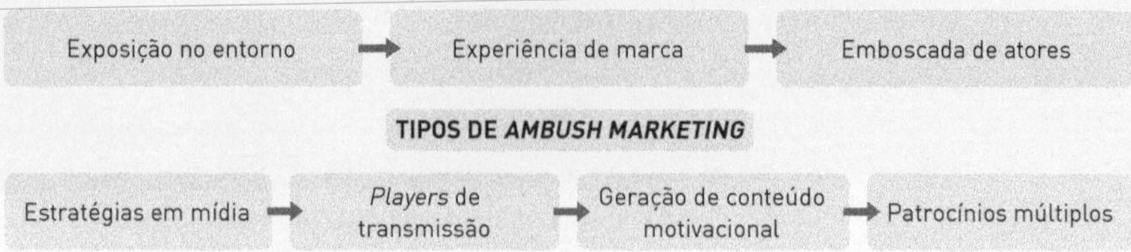

Fonte: Elaborada pelos autores.

Durante anos, observou-se o desenvolvimento desta prática quase que exclusivamente em eventos de grande porte, com grandes audiências e custos elevados de cotas de patrocínio, como Copa do Mundo, Jogos Olímpicos, entre outros. Atualmente, no entanto, é cada vez mais comum percebê-la em eventos de pequeno e médio porte, por meio de ações singelas e baratas, no entanto altamente prejudiciais aos investidores oficiais do processo.

7.3. Principais *cases* de *ambush marketing* do esporte no mundo

Assim como no patrocínio, torna-se praticamente impossível apontar a origem do *ambush marketing* na indústria esportiva mundial.

Para um resgate histórico dos principais *cases* e ações de coibição dessa prática, serão consideradas como emboscada, única e exclusivamente ações promocionais intencionais, que se valeram de propriedades cujos direitos comerciais e/ou legais não lhe pertenciam, descartando a ocultação de marcas oficiais em eventos, seja de forma individual, seja de forma coletiva.

1984

Patrocinadora dos primeiros Jogos Olímpicos da Era Moderna, a Kodak retorna ao movimento olímpico comprando todos os direitos da equipe de atletismo dos Estados Unidos para os Jogos Olímpicos de Los Angeles. As imagens do Comitê Olímpico Americano, patrocinado pela Fuji, e as imagens semelhantes da Kodak, como patrocinadora específica da equipe de atletismo, são divulgadas em vários países. Durante a competição, a americana Nike veicula comerciais, *outdoors* e murais com o tema "Eu amo LA", valendo-se da imagem de seus patrocinados, o velocista Carl Lewis e o tenista John McEnroe (o patrocinador do evento era a marca Converse).

1986

Perdendo nos Jogos Olímpicos de Los Angeles os direitos de patrocinador oficial para a Visa, e não tendo seu cartão mais aceito nos locais das competições, a American Express (Amex) oferece, no continente Asiático, medalhas olímpicas com inscrições de um órgão olímpico fictício.

1988

Na abertura dos Jogos Olímpicos de Seul, a Amex lança a campanha publicitária: "A Amex lhe deseja boas-vindas a Seul", com fotografias tiradas nos últimos Jogos Asiáticos.

1992

Antecedendo os Jogos Olímpicos de Barcelona, a Visa lança, nos EUA, a campanha: "Os Jogos Olímpicos não aceitam American Express" (cabines eram fechadas para pessoas com o cartão da Amex). A American Express responde com a campanha: "Para visitar a Espanha você não precisa de *visa* [em inglês, trocadilho com a palavra "visto"]".

1994

A Mastercard, ao adquirir os direitos de patrocínio da Copa do Mundo dos EUA por US$ 15 milhões, e procurando coibir uma emboscada de seu principal concorrente (Visa), patrocina a Seleção norte-americana e as transmissões em uma rede de língua espanhola, além de desenvolver uma série de ativações (*Whatch-n-Win World Cup*, *Legends of Soccer*, entre outros), tendo como principal garoto propaganda Edson Arantes do Nascimento (para aparecer em comerciais, anúncios, pôsteres e presença nos eventos promocionais, Pelé recebe US$ 2 milhões).

1996

Nos Jogos Olímpicos de Atlanta, ocorre uma grande discórdia entre a cidade-sede e o COI, onde a primeira, sem a autorização do segundo, cria seu próprio programa de marketing, negociando licenças comerciais para vendedores ambulantes, blocos nas calçadas para venda de camisetas, alimentação. No mesmo evento, a Pepsi aproveita a semelhança de sua logo e o formato da bandeira da Costa Rica, para inserir sua marca na touca da nadadora Claudia Poll (a federação do país pediu desculpas oficiais ao COI). O velocista norte-americano Michael Johnson vence suas provas calçando chamativos tênis dourados da Nike (Johnson ainda foi capa da revista Times com seus tênis e medalhas penduradas no pescoço). A Nike ergue um enorme QG da empresa em Atlanta e cobre a cidade com o tema "Só o que importa é vencer. Não se ganha a prata, perde-se o ouro" (a patrocinadora oficial dos Jogos era a Reebok). Na Copa do Mundo de Críquete na Índia, Paquistão e Sri Lanka, a Pepsi lança a campanha: "Nada oficial sobre isso", visando a Coca-Cola, patrocinadora oficial do evento. Após uma intervenção formal do COI, a American Express suspende todas suas campanhas de marketing de emboscada junto à Visa.

1998

Uma pesquisa realizada após os Jogos Olímpicos de Inverno de Nagano, no Japão, revelou que 55% dos entrevistados nomeavam incorretamente a Pepsi como uma patrocinadora oficial, fruto de suas ações de emboscada durante o evento (MULLIN et al., 2004).

2003

Na Copa do Mundo de Críquete, na África do Sul, Zimbabwe e Quênia, os jogadores indianos ameaçam atacar as regras de antiemboscada ao serem proibidos de endossar um rival de um dos patrocinadores oficiais.

2004

Apesar do isotônico Powerade, patrocinador oficial da NASCAR, ter o direito de colocar grandes garrafas de seu produto sobre o carro vencedor de cada prova, inúmeros pilotos com patrocínio individuais saem do carro para comemorar suas conquistas tomando Gatorade.

2005 — No Campeonato Mundial de Esqui Alpino na Itália, o norte-americano Bode Miller é impedido de competir com seu capacete com a logo da empresa Barilla, seu patrocinador individual. Após a conquista do título, a primeira atitude do atleta foi consumir o produto em frente às câmeras de TV.

2006 — A Copa do Mundo de Alemanha foi alvo de inúmeras ações de emboscada. A LG, patrocinadora oficial da Seleção Alemã, coloca inúmeros ônibus envelopados com as imagens dos jogadores associados à sua marca para rodar, em fileira, em pontos turísticos e em locais próximos aos estádios das cidades sedes (a Philips era a patrocinadora oficial do evento). A companhia aérea Lufthansa insere a pintura de uma bola de futebol no nariz de suas aeronaves (o parceiro da FIFA era a Emirates Airlines). A cervejaria holandesa Bavaria distribui, antes da partida entre as seleções da Holanda e Costa do Marfim, macacões de cor laranja aos torcedores. Sendo a cerveja Budweiser o parceiro oficial do evento, e reconhecida pela cor vermelha, os torcedores são proibidos de ingressar ao estádio.

2008 — Nos Jogos Olímpicos de Pequim, a Nike, mesmo não sendo umas das patrocinadoras oficiais do evento, usa frequentemente o número 8 (símbolo de sorte chinesa) em suas campanhas e ações. No torneio de tênis de Roland Garros, cujo parceiro oficial era a francesa Lacoste, a empresa K-Swiss circula pelas ruas de Paris em um carro com a logo da empresa e o teto esmagado por uma bola de tênis.

2009 — Na apresentação do jogador Cristiano Ronaldo no Real Madrid F.C., o atleta aparece nos exames médicos vestindo Nike (o fornecedor oficial histórico do clube é a Adidas).

2010

Na Copa do Mundo da África do Sul, durante a partida entre as seleções da Holanda e Dinamarca, a cervejaria Bavaria posiciona, no meio da torcida, trinta e seis modelos com vestidos laranjas (estes vestidos se tratavam de um brinde distribuído nos supermercados da Holanda para quem comprava mais de oito pacotes da cerveja). Sendo a Budweiser patrocinadora oficial da competição, as mesmas são retiradas do evento pelos fiscais do estádio. A companhia aérea sul-africana Kalula veicula anúncios se intitulando a "Companhia não oficial daquilo que vocês sabem o que". Sendo processada pela FIFA, e tendo que retirar a campanha do ar, a companhia lança outra campanha afirmando que levaria qualquer pessoa chamada Sepp Blatter (nome do então presidente da entidade) em uma viagem gratuita em seus aviões. A Nike estampa sua marca em um painel de 44 metros no prédio mais alto de Johannesburgo (a parceria oficial da FIFA era a Adidas).

2011

No Aberto de Tênis dos Estados Unidos, a cervejaria Stella insere 15 anúncios diferentes na estação de acesso mais próxima do Centro Nacional de Tênis Bille Jean King (o parceiro oficial do evento era a Heineken).

2012

Nos Jogos Olímpicos de Londres, a Beats Electronics distribui amostras grátis de seus headphones para os atletas (Michael Phelps, LeBron James e mais 110 atletas usaram o produto). A casa de apostas Paddy Power veicula *outdoors* na capital inglesa, afirmando ser o "patrocinador oficial do maior evento de atletismo deste ano em Londres", sendo, na verdade, uma referência a uma corrida de ovo na colher em uma cidade francesa homônima e que tinha a empresa como patrocinadora (em uma decisão histórica contra o COI, a empresa permanece com sua campanha veiculada). Na Eurocopa da Polônia e da Ucrânia, o atacante dinamarquês Nicklas Bendtner mostra sua roupa íntima com a logo da Paddy Power. O jogador recebe a suspensão de um jogo e uma multa de € 100.000 (a empresa Paddy Power se oferece para pagar a multa).

2013

A empresa The North Face lança sua coleção internacional com o tema "Celebre a emoção da competição em Sochi", incluindo *patches* com as letras "RU 14". O Comitê Olímpico Canadense, patrocinado pela Adidas, exige que COI suspenda a linha de roupas, argumentando que infringia as marcas registradas da competição (empresa como Dos Equis, Samsung, KFC e Subway também veicularam anúncios que retratam claramente "atletas olímpicos"). Em sua apresentação no Bayern de Munique, cujo patrocinador histórico é a Adidas, o jogador Mario Götze veste uma camiseta da Nike (o atleta é multado em € 10.000). Dias depois, é a vez do jogador Isco vestindo Nike ser apresentado no Real Madri (o clube espanhol é patrocinado pela Adidas). Aproveitando um atraso de 34 minutos devido à falta de energia no Super Bowl XLVII, os biscoitos Oreo publicam uma foto no Twitter com os dizeres: "Você ainda pode mergulhar no escuro", sem mencionar diretamente o evento.

2014

Visando uma promoção durante a Copa do Mundo de Futebol no Brasil, a Volkswagen USA aproveita a similaridade entre as palavras "Golf" e "*Goal*" e transforma seu novo carro VW GTI em um dos principais jogadores de uma equipe, mudando de cor para se adequar aos goleadores durante toda a campanha (o patrocinador oficial da Copa do Mundo era a Hyundai). Tentando coibir a aparição da marca Beats by Dr. Dre, a FIFA abre uma outra propriedade para seu parceiro mundial Sony fornecer e/ou promover seus fones de ouvido no evento. A Pepsi embosca a Coca-Cola (Parceiro Oficial da FIFA), assinando com 19 jogadores de renome mundial para a campanha 'Live for Now'.

2015

Durante o Campeonato Mundial de Rugby na Inglaterra, a cerveja Guinness lança uma campanha fazendo referência ao esporte e à competição (a Heineken era a patrocinadora oficial do evento).

2016

No Super Bowl 50, a empresa Doritos lança um "*Crash the Superbowl Contest*", onde pede aos consumidores que enviem vídeos que possam ser transmitidos durante o evento. A partir desta estratégia, a Newcastle Brown Ale criou uma entrada de *spoof* para o concurso como parte de sua campanha. Na Eurocopa realizada na França, o jogador Gerard Piqué, da seleção espanhola, retorna ao campo após uma partida com seu filho para brincar com uma bola onde ambos usavam chuteiras da Nike (o patrocinador oficial da competição era a Adidas).

2017

O jogador Pierre-Emerick Aubameyang do Borussia Dortmund, em partida contra o Bayer Leverkusen, joga com um penteado com o símbolo de seu patrocinador pessoal, a Nike. Um mês depois, na partida entre o Dortmund e o Schalke 04, Aubameyang comemora um gol vestindo uma máscara utilizada em uma campanha promocional da Nike denominada "O Finalizador Mascarado" (seu clube, cujo parceiro era a Puma, aplica uma multa de € 50.000).

2018

Às vésperas da Copa do Mundo da Rússia, a Gatorade (Pepsi Co.) lança a campanha publicitária *Everything Changes* (Tudo Muda) com os jogadores Lionel Messi, Luis Suárez e Gabriel Jesus (o isotônico oficial do evento era o Powerade, da Coca-Cola). A Paddy Power anuncia que destinaria £ 10 mil a cada gol anotado no mundial para projetos em prol da comunidade LGBTQIAPN+ (atletas de renome mundial, e assumidamente homossexuais, endossaram a campanha). Os jogadores de basquete Lonzo Ball (Los Angeles Lakers) e JR Smith (Cleveland Cavaliers) tatuam, em seus corpos, respectivamente as marcas Big Baller Brand e Supreme (a NBA exige que ambos cubram suas "tatuagens comerciais" em jogos oficiais da liga, sob pena de multas específicas).

2021

O jogador Kingsley Coman é multado pelo Bayern de Munique em € 50 mil por comparecer ao CT do clube com um carro da Mercedes-Benz (a Audi, patrocinadora e acionista do clube alemão, estabelece, em contrato, que todo o elenco deve se locomover aos treinos, jogos e eventos oficiais exclusivamente em seus veículos). A Confederação Sul-Americana de Futebol proíbe os clubes brasileiros de inserir seus patrocinadores nas postagens em suas mídias sociais quando da promoção de seus jogos na Conmebol Libertadores (a entidade estabelece ainda a obrigatoriedade de os clubes divulgarem os parceiros oficias do torneio em suas contas nas mídias sociais durante suas participações na competição). A marca de uísque portuguesa The Famous Grouse aproveita a participação da Seleção Portuguesa na Eurocopa para lançar uma série de peças promocionais (por meio de um comunicado, a Federação Portuguesa de Futebol repudia a ação).

Assim como em outros países, *players* oficiais e responsáveis pela operação comercial de produtos da indústria esportiva brasileira, foram vítimas de ações parasitas.

7.4. Principais *cases* de *ambush marketing* do esporte no Brasil

Empresas, entidades e protagonistas esportivos foram responsáveis pelo desenvolvimento de estratégias de emboscada no Brasil. Na verdade, muitos destes *cases* foram elevados a referências mundiais de *ambush marketing*.

1982

Às vésperas da Copa do Mundo da Espanha, a CBF recebe US$ 3 milhões do Instituto Brasileiro do Café (IBC) para mudar o escudo da camisa da Seleção Brasileira, inserindo um minúsculo ramo de café. Além de veicular anúncios nos principais jornais brasileiros com imagens de todos os jogadores e uma xícara, a estatal espalhou, na Península Ibérica, *outdoors* com a imagem do ex-jogador Pelé elogiando o produto, distribuindo, ainda, saquinhos de pó para a torcida na recepção dos hotéis onde a equipe estava hospedada (o episódio causou um conflito com a FIFA presidida pelo brasileiro João Havelange).

1992

Nos Jogos Olímpicos de Barcelona, o Banco do Brasil ativa sua "Torcida BB" distribuindo camisetas amarelas com sua logomarca nas imediações do ginásio onde a Seleção Brasileira do Voleibol realizava seus jogos, obtendo uma visibilidade mundial durante as transmissões.

1994

A Cervejaria Brahma, não estando no pacote comercial da transmissão da Rede Globo de Televisão para a Copa dos EUA (a cota permaneceu com a Kaiser), patrocina individualmente jogadores da Seleção Brasileira como Romário, Raí, Zinho, Bebeto, entre outros. Valendo-se da imagem dos astros, produz filmes onde estes realizam o gesto que simbolizava o conceito de sua campanha de posicionamento no mercado "Torcida Número 1" (dedo indicador da mão levantado). Completando a ação, a empresa distribui milhares de camisetas conceito com sua logo no entorno dos estádios dos jogos da Seleção Brasileira, tendo sua entrada permitida pela organização (o *case* foi classificado pela Revista *Time* como um dos quatro maiores casos de *ambush marketing* do século XX).

2000

Insatisfeito com a cobertura jornalística da TV Globo, somado a uma briga pessoal de seu presidente Eurico Miranda com a emissora, o C.R. Vasco da Gama entra em campo na final da Copa João Havelange contra o A.D. São Caetano com o logotipo do Sistema Brasileiro de Televisão (SBT) estampado em suas camisas de jogo (frente e costas). Pelo artigo 27, parágrafo 5o da Lei Pelé, em vigor desde 1998, é proibido empresas de mídia patrocinarem clubes de futebol.

2002

A rede brasileira de ensino COC insere, em ao menos cinco partidas da Copa do Mundo da Coreia e do Japão, uma faixa com sua logomarca no muro que separa a torcida do campo em frente às câmeras de TV (além da partida de abertura entre as seleções de França e Senegal, a faixa foi inserida nos quatro primeiros jogos da Seleção Brasileira na competição).

2006

Durante a Copa do Mundo da Alemanha, o jogador Ronaldinho Gaúcho entra em campo utilizando uma faixa de sua patrocinadora oficia Nike na cabeça (tendo a empresa alemã Adidas como patrocinadora oficial do evento, a FIFA determina a retirada da faixa).

2011

Nos Jogos Pan-Americanos de Guadalajara, no México, o nadador brasileiro Leonardo de Deus, após vencer a prova 200 m borboleta, é desqualificado por ter usado uma touca com a logomarca da empresa Yakult (posteriormente a organização recua e devolve a medalha ao atleta, alegando falha na fiscalização).

2014

Ao fim do jogo entre Barcelona F.C. e Club Atlético de Madrid, o jogador Neymar Jr. levanta a camisa e deixa a sua cueca com a marca Lupo à mostra. Já durante a Copa do Mundo de Futebol no Brasil, o mesmo jogador brasileiro exibe o nome da marca Blue Man em sua sunga (a marca foi notificada extrajudicialmente pela FIFA).

2018

A Ambev e a CBF ingressam com recurso para alterações na campanha publicitária da cerveja Proibida na qual o jogador Neymar Jr. aparece com uma camiseta amarela e calção branco, além da utilização das seis estrelas em suas embalagens e o número 10 em suas latas (as organizações alegaram vínculo indevido da marca à Seleção Brasileira). A companhia aérea Latam leva doze pessoas para assistir ao "jogo do dia 22" da Copa entre Brasil e Costa Rica em um resort em Fortaleza (as companhias Gol e Qatar são patrocinadoras da Seleção Brasileira e da FIFA, respectivamente).

2019

Durante o período de realização da Copa América de Futebol, a Adidas monta a "Arena Tango" nas cidades de São Paulo e Rio de Janeiro, contando com a presença dos ex-jogadores Kaká, Fernando Redondo, Javier Zanetti, Adolfo Valencia e Marcelo Salas (a patrocinadora da Copa América de Futebol era a multinacional Nike). No jogo entre as seleções brasileira e a italiana pela Copa do Mundo Feminina de Futebol na França, a jogadora brasileira Marta usa um batom Power Stay, produto da empresa Avon, que prometia 16 horas de fixação.

2021

A Companhia Aérea Gol personaliza os dois aviões das delegações da S.E. Palmeiras e Santos F.C. para a final da Copa Conmebol Libertadores na cidade do Rio de Janeiro com os escudos e dizeres "time finalista" (a Qatar Airways era a Parceira Oficial Global das competições da entidade). Apesar de oficialmente não terem participado diretamente desta ação, os dois clubes são multados em US$ 50 mil por uso indevido da marca Libertadores. A Amazon fecha um patrocínio pontual do seu serviço Prime Vídeo junto ao C.R. do Flamengo para a final da Supercopa contra a S.E. Palmeiras (por tratar-se de um concorrente direto do seu *streaming*, a Rede Globo veicula, no intervalo do jogo, um longo comercial promovendo seu serviço Globoplay). Contrariando a determinação da Confederação Sul-Americana de Futebol, o C.R. do Flamengo insere a marca de seus patrocinadores em posts em suas mídias sociais (Twitter e Instagram) relacionados à sua estreia no torneio Conmebol Libertadores.

2022

Apesar de não constituir em uma ação com fins mercadológicos, a PixBet, patrocinadora do C.R. Vasco da Gama, insere, no painel de *led* do estádio, a frase "Respeito, Igualdade e Inclusão" durante o jogo entre seu parceiro e o S.C. Cruzeiro (o Consórcio Maracanã havia proibido o time carioca de estender na arquibancada do estádio uma bandeira com os referidos dizeres).

2024 — A casa de apostas Betsson lança a promoção "Você na final do Rio", que levaria um cliente à final da Taça Conmebol Libertadores. Valendo-se da imagem do estádio da final (Maracanã), e de seu embaixador da marca, o ex-jogador Zé Roberto, a empresa é notificada pela Confederação Sul-Americana de Futebol — Conmebol (o parceiro de apostas da entidade sul-americana é a Entain).

As entidades esportivas e empresas patrocinadoras oficiais devem destinar, cada vez mais, uma atenção especial para com o *ambush marketing*, monitorando, planejando e provendo estratégias de coibição de práticas oportunistas, culminando em uma entrega completa e eficiente aos *players* do processo, além de contribuir com o ecossistema do patrocínio esportivo como um todo.

7.5. Estratégias de combate

O combate ao marketing de emboscada por parte dos organizadores, entidades esportivas e patrocinadores oficiais pode dar-se, prioritariamente, em dois aspectos: a) aplicação dos recursos legais, recorrendo à justiça de cada país ou praça específica para retirada e punição das marcas oportunistas; b) desenvolvimento de estratégias, por parte dos *players* oficiais do processo, dissipando a concorrência e firmando-se como os legítimos parceiros e investidores do evento e/ou entidade esportiva.

7.5.1. Aspectos legais e legislação pertinente

Procurando combater práticas oportunistas, gestores, sedes de eventos, entidades, investidores e demais *players* da indústria esportiva recorrem a proteções legais para garantir seus direitos em processos de patrocínio.

A proteção e exclusividade dos Jogos Olímpicos e de seus parceiros exigiu, do Comitê Olímpico Internacional, a definição de princípios e regras para organização e realização dos jogos. A Regra 40 da Carta Olímpica estabeleceu que "exceto conforme permitido pelo COI, nenhum competidor, técnico, treinador ou oficial que participe dos Jogos Olímpicos (credenciado) poderá permitir que sua pessoa, nome, foto ou *performances* esportivas sejam usados para fins publicitários durante o evento". A regra aplica-se a qualquer forma de publicidade, tanto no meio televisivo, digital, mídias sociais, impressos, mídia exterior quanto *no mídia*. Assim, durante anos, o COI proibiu que atletas olímpicos fossem associados às marcas que não as patrocinadoras oficias do movimento olímpico, tradicionalmente em uma janela de dez dias antes da Cerimônia de Abertura e três dias após a Cerimônia de Encerramento.

Em confrontação a estas restrições, em 2019, Agência Alemã determinou que o comitê e a Confederação Alemã de Esportes Olímpicos (DOSB), estivessem sujeitos às leis locais, permitindo uma maior liberdade de uso das mídias sociais durante os Jogos Olímpicos. Dessa forma, os *posts* não precisariam mais da aprovação do DOSB e os atletas poderiam valer-se de palavras como "medalha", "ouro", "prata", "bronze", "Jogos de Inverno" e "Jogos de Verão" em suas publicações. Seguindo a tendência, no mesmo ano o Comitê Olímpico do Brasil (COB) anuncia uma flexibilização da Regra 40, permitindo que os patrocinadores "não-olímpicos" pudessem exibir campanhas com atletas com índices olímpicos durante os Jogos, desde que iniciassem a veiculação em um período de dois meses antes do evento (a publicidade, no entanto, não deveria criar uma associação com os jogos, com o comitê e com a equipe olímpica, sendo submetida à aprovação final do COB e do atleta).

Durante anos, não foi possível observar no Brasil uma legislação específica que tratasse do marketing de emboscada. No entanto, com a realização dos megaeventos no país (Copa do Mundo em 2014 e Jogos Olímpicos e Paralímpicos em 2016), medidas legais foram adotadas, sendo criadas leis como a **Nº 12.663/11** (Geral da Copa) e a **Nº 12.035/2009** (Lei das Olimpíadas e Ato Olímpico). No entanto, estas, apesar de preverem multas e detenções às empresas oportunistas, foram criadas única e exclusivamente para garantir proteção às marcas dos parceiros globais e locais por um período limitado, e não a partir de uma demanda histórica e necessidade de consolidação de uma política permanente e efetiva de combate a esta prática na indústria esportiva brasileira.

Atualmente, apesar de não serem leis específicas, outras normativas procuram coibir a prática oportunista no Brasil. São elas:

- Lei de Propriedade Industrial (Lei nº 9.279/1996 Concorrência Desleal).
- Lei Pelé (Lei nº 9.615/1998).
- Tratado de Nairóbi (Decreto nº 90.129/1984).
- Lei do Direito Autoral (Lei nº 9.610/98).
- Código Civil Brasileiro (Lei nº 10.406/2002).
- Código de Defesa do Consumidor (Lei nº 8.078/1990 Artigo 37 Propaganda Enganosa e Abusiva).
- Código Brasileiro de Autorregulamentação Publicitária do Conselho Nacional de Autorregulamentação Publicitária CONAR (Artigo 31 Proveitos publicitários indevidos por meio de "carona" e/ou emboscada).

Apesar de extremamente importantes, pode-se afirmar que nenhuma destas respaldam amplamente as garantias e direitos dos investidores oficiais, diminuindo, significativamente, a confiabilidade e, consequentemente, os valores praticados na indústria do patrocínio esportivo.

Assim, a responsabilidade recai sobre as partes envolvidas no processo, isto é, organizadores, entidades, empresas patrocinadoras e demais *players* do ecossistema esportivo (fornecedores, meios de comunicação, órgãos governamentais, entre outros). A estes, cabe o desafio de criar mecanismos cada vez mais eficientes de fiscalização e coibição de emboscadas.

7.5.2. Ações de enfrentamento dos *players* oficiais

Apesar do marketing de emboscada representar uma preocupação cada vez maior na indústria esportiva, não é possível verificar, principalmente no Brasil, uma política institucionalizada, somado a um *know how* significativo de combate à prática oportunista. A maioria das ações caracterizam-se como pontuais e/ou emergenciais.

Para minimizar, ou até mesmo eliminar completamente as ações das marcas parasitas, é possível desenvolver determinadas estratégias:

a) Reconhecimento, riscos e ações em parceria

Um dos primeiros aspectos diz respeito à sensibilização dos *players* oficiais (fornecedores, organizadores, entidades, protagonistas esportivos, patrocinadores, veículos de comunicação) quanto ao não desenvolvimento de ações de emboscada.

Assim, procedimentos podem ser adotados:

- Após a concretização da parceira, apresentar aos *players* oficiais, as ações caracterizadas como emboscada.
- Apresentar a todos os membros da equipe organizadora e demais *stakeholders* do processo, os patrocinadores oficiais do evento, bem como sua autoridade sobre as propriedades.
- Analisar, de forma conjunta com todos os parceiros da ação, as praças de realização do evento, visando a uma ampla cobertura e exploração promocional, bem como identificação de possíveis brechas para ações oportunistas.
- Propiciar aos organizadores e parceiros oficiais o relato de experiências pessoais e/ou coletivas de combate às emboscadas, passíveis de serem incorporadas pelos demais *players* do processo.
- Estabelecer, em contrato, e junto a todos os *players* do processo, cláusulas a respeito da obrigatoriedade do desenvolvimento de estratégias de combate ao *ambush marketing* durante o evento e/ou ação esportiva.
- Criar um comitê de monitoramento e procedimentos de combate ao *ambush marketing*, com divisão dos custos entre organizadores ou detentores de propriedades e parceiros oficiais.

Não menos importante, este trabalho deve ser realizado junto aos torcedores e/ou fãs da entidade, tendo em vista sua importância em termos de exposição *in loco*, influência de comportamento e consumo (reconhecer que usar, consumir, expor e promover as marcas oficiais da organização esportiva irá propiciar vantagens para todas as partes).

Nessa fase, um trabalho em conjunto entre todos os envolvidos no processo de patrocínio pode garantir resultados extremamente significativos de combate a empresas e/ou marcas oportunistas.

b) Ocupação nos meios de comunicação *online* e/ou *offline*

Diz respeito à presença dos organizadores ou entidade esportiva e patrocinadores oficiais nos espaços estratégicos e de conteúdo dos veículos de comunicação detentores dos direitos de transmissão do evento.

Além de se constituir em uma ação de ativação eficiente (presença e reforço de marca), coíbe a entrada de empresas terceiras, associando, de forma efetiva, a imagem dos patrocinadores oficiais à ação esportiva (as empresas tomam a frente, não deixando dúvidas de quem são os *players* oficias do processo). Dependendo do *budget*, a presença pode dar-se na:

- Compra do *naming rights* quando disponibilizado pelos detentores de transmissão, obstruindo toda e qualquer brecha para que empresas concorrentes e meios de comunicação desenvolvam ações de *ambush marketing*.
- Desenvolvimento de ações de *merchandising* e/ou *brand content*, incorporando a imagem dos patrocinadores à experiência transmitida.
- Aquisição de cota(s) no plano comercial do(s) veículo(s) para promoção, cobertura e transmissões do evento ao vivo, seja em meios *offline* (*breaks*, apresentação, patrocínio etc.) e/ou *online* (*posts stories* e *reels* patrocinados, espaços em *lives*).

Com a pulverização cada vez maior das transmissões esportivas por meio de meios *offline*, plataformas digitais, *streamers*, entre outros, associado ao surgimento de novas demandas e tecnologias, o desafio atualmente é monitorar e abranger, com investimentos e parcerias, todo e qualquer veículo detentor e/ou retransmissor de direitos.

c) Proteção do evento *in loco*

A atenção com as instalações esportivas ou demais locais de realização dos eventos (complexos, arenas, estádios, ginásios, clubes, quadras, circuitos, pistas, parques, ruas, avenidas, praias, entre outros) deve assumir uma importância significativa, tanto por parte dos organizadores, quanto pelos *players* oficiais.

Dessa forma, deve-se planejar um controle total ou parcial (dependendo da dificuldade e dimensão territorial e geográfica) dos referidos espaços, aumentando a fiscalização, não abrindo espaço para a entrada de empresas oportunistas. Entre as principais estratégias a serem desenvolvidas, pode-se citar:

- Realizar, no período que antecede o evento, uma varredura minuciosa do local em busca de empresas oportunistas em posição oculta para realizar ações de emboscada.
- Cobrir e/ou ocultar logos, *design*, produtos ou até mesmo referências de marcas e empresas não oficiais, mas necessárias e, consequentemente adquiridas, para a realização do evento e/ou ação esportiva.

Monitor do Camarote Match da Copa do Mundo de 2014 no Brasil de uma marca concorrente do patrocinador oficial da FIFA (marca coberta pelo Comitê Organizador).

Fonte: Arquivo pessoal.

- Reservar, aos patrocinadores oficiais, os melhores espaços para a obtenção de uma exposição eficiente, tanto na cobertura pré-evento, quanto no *match day* (posicionamento em frente aos veículos de comunicação e locais de maior atenção, camarotes, placas, painéis, tapetes).

- Ocupar com a marca, produtos e/ou serviços dos parceiros oficiais, os locais de maior interesse de assistência para alcance dos espectadores *in loco* do evento.
- Desenvolver ações promocionais durante o *match day*, explorando direitos e propriedades adquiridas (formação de torcida, sorteios, promoções, exposição de produtos, entre outros).
- Apoderar-se dos locais estratégicos no perímetro do evento, inserindo peças publicitárias e ações promocionais, reforçando a posição de patrocinador oficial.
- Restringir, delimitar, suspender, provisoriamente, ou até mesmo cancelar permanentemente, contratos em vigência firmados anteriormente ao evento entre as instalações sede da ação esportiva e empresas terceiras, principalmente se estas forem concorrentes diretas dos patrocinadores oficiais (impedir exposição e comercialização de produtos e/ou serviços não oficiais do evento por direitos contratuais).
- Promover a ocultação ou encobrimento legal das mensagens e/ou ações de emboscada, em caso de impossibilidade de retirada das marcas oportunistas (locais adquiridos legalmente nas imediações do evento, por exemplo).
- Inserir, no *staff* da organização, profissionais capacitados para fiscalizar, identificar, analisar e julgar marcas, empresas e/ou personagens oportunistas no local durante o evento, impedindo, assim, ataques surpreendentes.
- Fornecer todo e qualquer material oficial dos parceiros (uniformes, acessórios) aos colaboradores da equipe organizadora do evento *in loco*, assegurando seu uso por meio de cláusulas contratuais.
- Acionar imediatamente o *staff* oficial do evento quando da detecção de agentes, marcas e/ou ações de emboscada para retirada dos mesmos.
- Proibir o ingresso, ao local do evento, de material passível de ações de *ambush marketing*, como bandeiras, faixas, *displays*, camisetas, bonés, entre outros, com cores, formatos, palavras, frases, mensagens e/ou logomarcas que remetam, direta ou indiretamente, as marcas não oficiais do evento.

- Destinar um espaço com baixa exposição perante os meios de comunicação quando for inevitável a presença de torcedores com camisetas, bonés, bandeiras e demais material promocional com a marca de terceiros, seja por constituírem-se em patrocinadores de equipes adversárias participantes do evento (torcida organizada, propriedades nos uniformes oficiais), seja pelo não direito de controle total do local *in loco* por parte do organizador.
  Exemplo de monitoramento de *ambush marketing*:

> Já teve uma bandeira estendida na arquibancada durante um jogo do Fluminense com os dizeres: "Força Flu. Cerveja Itaipava". Tendo em vista que a empresa Ambev é nossa parceria, fomos conversar com a torcida explicando que os mesmos não poderiam realizar esta ação. Caso isto se repetisse, estaríamos suspendendo uma série de benefícios aos mesmos, como ingressos aos jogos, acesso aos treinos etc. Como a Ambev é nossa parceira comercial, tínhamos a responsabilidade de não deixar isto acontecer.
>
> *Idel Halfen, então vice-presidente de marketing do Fluminense Football Club, em entrevista a Caballero (2013).*

Por fim, deve-se ressaltar que esta ação exige análise, recursos disponíveis, bem como equipe capacitada para uma ampla cobertura de coibição de práticas de emboscada.

d) Monitoramento da concorrência

Um acompanhamento permanente dos concorrentes dos parceiros oficiais do evento e demais agentes (entidades, clubes, atletas etc.) antes, durante e até mesmo pós-evento, torna-se fundamental para identificar possíveis ações de emboscadas, planejando e desenvolvendo, em tempo, estratégias de combate a esta prática. Neste sentido, alguns procedimentos podem ser adotados:

- Elencar empresas, prioritariamente concorrentes dos patrocinadores oficiais, com histórico de desenvolvimento de estratégias de *ambush marketing*.
- Acompanhar, de forma constante, o conteúdo veiculado nos meios de comunicação *online* e *offline*, seja no *match day*, seja na cobertura

pré e pós-evento (*breaks* comerciais, patrocínios, postagens, *stories*, *reels*, entre outros).

- Vigiar permanentemente a movimentação de marcas terceiras, principalmente concorrentes diretos dos patrocinadores oficiais, nas intermediações dos eventos.
- Monitorar a duração e validade dos contratos firmados entre empresas concorrentes e os organizadores de eventos (detentores de propriedades).
- Observar a celebração de contrato de marcas concorrentes dos patrocinadores oficiais junto a *players* do processo (atletas, veículos de comunicação).

Alguns exemplos de ações eficientes:

> Aconteceu uma coisa interessante há dois anos em uma etapa do Circuito Banco do Brasil de Vôlei de Praia na cidade de Brasília. Montamos a arena e a torcida BB. No entanto, a empresa Supergasbrás tentou entrar na arena com uma torcida vestida com camisetas de cor laranja. Nós não tínhamos nada contra a Supergasbrás, mas a cor laranja remetia ao Banco Itaú. Como a Supergasbrás não é uma marca tão reconhecida, de longe poderia dar a impressão de estar o Banco do Brasil e o Banco Itaú juntos no evento. Acabamos barrando a entrada das pessoas. Na verdade, as pessoas entraram, mas as camisas não.
>
> *Marcelo Nonnenmacher, então assessor da diretoria de marketing e comunicação do Banco do Brasil, em entrevista a Caballero (2013).*

> Sempre estamos atentos. O Banco Bradesco realizou um comercial usando dois esportistas do atletismo. Fomos checar e nenhum dos dois estava em algum programa de patrocínio da Caixa Econômica Federal. Se estivessem no programa, teríamos que tirá-los. Deve ser uma iniciativa nossa para mostrar uma postura eficiente perante o patrocinador.
>
> *Martinho N. dos Santos, então superintendente técnico da Confederação Brasileira de Atletismo em entrevista a Caballero (2013).*

Nesse caso, um banco de dados, aliado a uma inteligência de mercado, são fundamentais para o desenvolvimento destas ações.

e) Acompanhamento dos protagonistas esportivos

Realidade que permeia o cenário esportivo há anos, o patrocínio de atletas e/ou em membros da comissão técnica, em detrimento do investimento na entidade e/ou evento esportivo como um todo, pode abrir brechas para contundentes ações de *ambush marketing*. Para assegurar as entregas aos *players* oficiais, determinadas estratégias podem ser desenvolvidas:

- Expor, aos atletas, as ações que caracterizam o *ambush marketing*, bem como as penalidades na qual podem estar sujeitos pelo desenvolvimento da referida prática.
- Estabelecer, por meio de cláusulas contatuais, o direito de imagem dos atletas, restringindo ações das empresas oportunistas junto aos mesmos.
- Elaborar um Manual do Atleta com orientações de uso de marcas oficiais, uniformes, equipamentos, menções, citações em competições, treinos, pódios, eventos, entrevistas, entre outros.
- Disponibilizar, por parte dos responsáveis pelo marketing da entidade no qual o atleta esteja vinculado e/ou representando naquele determinado período, um canal direto para orientá-lo e/ou auxiliá-lo durante a concretização de parcerias individuais que possam surgir, sem conflitar com os parceiros oficiais da organização esportiva.
- Exigir o respeito aos contratos preestabelecidos quanto à exposição das marcas enquanto estiverem representando uma entidade ou participando de um evento e/ou ação esportiva com patrocinadores oficiais.
- Proibir, salvo em contratos individuais com propriedades específicas e autorizadas em lei, o uso de uniformes ou acessórios de marcas terceiras.
- Disponibilizar, aos atletas, todo e qualquer material (uniformes oficiais, *comfy*, acessórios) com a marca da entidade esportiva e dos parceiros.
- Censurar os atletas no que concerne a citação e/ou exposição de empresas e produtos não oficiais, bem como modificação e/ou ocultação das marcas oficiais da entidade.

- Estabelecer, por meio de cláusula contratual, o período de direito à imagem exclusiva dos atletas dos atuais parceiros após o encerramento do contrato (definir o prazo que os novos patrocinadores, principalmente concorrentes diretos, poderão iniciar a exploração da imagem do(s) protagonista(s).

Um exemplo de negociação e seus empecilhos:

> Nós tentamos trazer o Gilberto Amaury de Godoy Filho (Giba), então melhor jogador de voleibol do mundo, muito antes de existir o time Pinheiros/Sky. Um dos empecilhos, além da multa contratual que ele tinha na Rússia, é que o mesmo possuía um contrato de mais dois anos com a Vic, um fortíssimo concorrente nosso. E ele vindo, ou pagávamos a multa ou não usávamos sua imagem. Decidimos que era melhor ele não vir.
>
> *Marcelo Vanzelotti, então coordenador de marketing esportivo da Cimed Indústria de Medicamentos, em entrevista a Caballero (2013).*

Além de se valer de aspectos legais, o despertar uma consciência nos atletas a respeito do papel, importância, satisfação e, consequentemente, permanência dos patrocinadores oficiais no sucesso dos eventos, entidades etc., é imprescindível para a consolidação das marcas no processo.

f) Combate aos *players* oportunistas

Além de coibir as ações oportunistas de empresas alheias à operação financeira, as entidades esportivas ou organizadores de eventos muitas vezes devem desenvolver estratégias junto a seus patrocinadores oficiais que, sem deter o direito a determinadas propriedades, almejam um destaque indevido. Entre as ações, pode-se citar:

- Definir claramente na assinatura do contrato junto a novos patrocinadores as propriedades, ativações e demais direitos adquiridos pelas partes.
- Compartilhar os benefícios e garantias obtidas (exclusividade, prioridade, espaços, denominações, estratégias, entre outros) por patrocinador a todos os parceiros do processo.

- Estabelecer, junto aos *players* oficiais, cláusulas contratuais de responsabilidade no que tange empreender ações individuais de *ambush marketing* no processo.
- Inserir, milimetricamente, as marcas dos patrocinadores nas propriedades estabelecidas (uniformes, acessórios, *backdrop*, publicidade estática e/ou digital), respeitando as cotas adquiridas.
- Analisar e aprovar previamente as ações de ativação a serem desenvolvidas pelos patrocinadores (exploração da imagem individual e/ou coletiva dos protagonistas esportivos, formação de torcida, inserção de imagem e dizeres em seus produtos e campanhas publicitárias, distribuição de material promocional etc.), procurando não conflitar com os direitos de exclusividade e/ou propriedades adquiridas pelos demais *players*.
- Mediar possíveis conflitos entre todos os patrocinadores no que tange exploração de propriedades, atendendo às necessidades das partes, visando um marketing de relacionamento.
- Discutir, elaborar e prover um plano de ação em conjunto entre todos os patrocinadores e a entidade esportiva para coibir ações de *ambush marketing* por parte de empresas terceiras.
- Monitorar e cobrar o cumprimento do contrato por parte de todos os patrocinadores do processo.

Um exemplo de conflitos que podem ocorrer:

> Dentro dos parceiros da Confederação Brasileira de Futebol de Salão já houve conflitos de liderança de torcida. Isto é, metade da torcida em um ginásio tem que ser uniformizada dos Correios com a cor azul e a outra metade do Banco do Brasil (outro patrocinador) com a tradicional cor amarela. Estes ficam posicionados em cima, na linha frontal das câmeras dos meios de comunicação. Nos demais locais, ficam as torcidas organizadas dos outros parceiros, como Topper e Chevrolet. No entanto, algumas vezes pela estrutura dos ginásios, não conseguimos colocar todos naquela área (em frente à televisão). Assim, a área frontal fica toda tomada pela cor amarela e a nossa marca (azul) fica um pouco deslocada. Sabemos que o Banco do Brasil não deseja esta emboscada, mas já ocorreu.
>
> *Cristiano Valerim, então fiscal de contrato de futsal da Empresa Brasileira de Correios, em entrevista a Caballero (2013).*

Além de evitar uma exploração de propriedades não adquiridas, o trabalho junto aos *players* do processo para não desenvolvimento de ações de *ambush marketing* garante direitos adquiridos, evitando conflitos entre as partes.

g) Aplicação de ações legais

Quando caracterizado, o marketing de emboscada é considerado uma prática ilegal, estando seus responsáveis sujeitos a implicações jurídicas e penalidades legais. Nesse sentido, podem ser adotados os seguintes procedimentos:

- Verificar, no âmbito territorial do evento, a maturidade legal (legislação) para coibir e/ou repreender ações de emboscada, principalmente onde a cultura parasita seja frequente, fazendo valer todas as entregas aos patrocinadores oficiais.
- Recorrer a órgãos legais para suspensão ou retirada dos símbolos, marcas, logos, cores, expressões relativas, ou com referência à propriedade, atleta, evento ou ação esportiva quando for constatado menção e/ou associação oportunista por parte de empresas concorrentes nos meios de comunicação (*online* e/ou *offline*).
- Multar, cancelar contratos e ainda acionar judicialmente atletas e demais parceiros oficiais do processo que desenvolvam ações de emboscada.
- Denunciar, e recorrer sistematicamente a ações legais, em caso de não cumprimento do contrato quanto ao *ambush marketing* por parte de todos os *players* do processo.

O aumento no número de leis e códigos a respeito do tema *ambush marketing* contribuem para uma maior confiabilidade por parte dos *players* quanto à exposição de suas marcas e exploração das potencialidades do processo.

Figura 10: Ações de enfrentamento

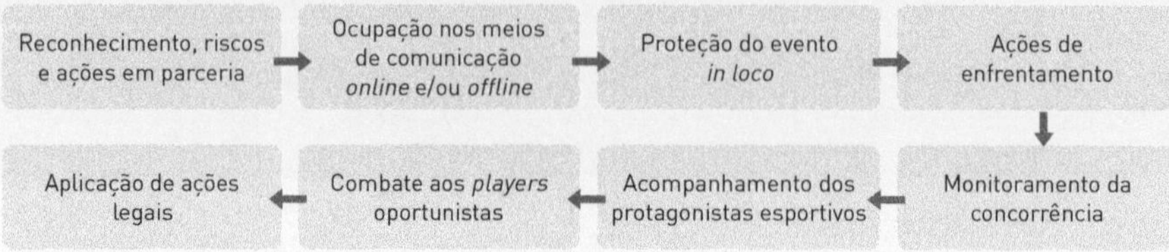

Fonte: Elaborada pelos autores.

Apesar de apresentar-se como uma alternativa à exposição dos investidores oficiais a custos significativamente inferiores, o desenvolvimento desta estratégia pode representar inúmeros abalos às empresas oportunistas.

7.5.3. Risco às empresas parasitas

Valer-se e/ou se apropriar de ativos, mesmo não participando de sua operação comercial, podem desencadear resultados e/ou efeitos totalmente contrários aos almejados inicialmente. Entre estes, pode-se citar:

- Imagem de empresa antiética, imoral e aventureira (conotação negativa).
- Empresa sujeita a penas legais por prática enganosa e abusiva.
- Aumento das restrições e fiscalizações nos eventos quanto à prática oportunista.
- Restrições, por parte dos *players* da indústria esportiva e órgãos governamentais, às empresas oportunistas.
- Provável resposta contundente dos organizadores e detentores oficiais das propriedades do evento.
- Vantagens e privilégios destinados aos patrocinadores oficiais dificilmente serão alcançados pelas empresas parasitas (reconhecimento e legitimidade).

Nesse contexto, procurando evitar abalos significativos às suas imagens no mercado, cada vez mais empresas oportunistas vem desenvolvendo planejamentos minuciosos para suas ações de emboscada. Isso passa, necessariamente, por investimentos financeiros consideráveis, medição de lembrança espontânea (*recall*), imagem institucional, posicionamento na mente do consumidor e eficientes oportunidades de exposição. Em muitos casos, empresas parasitas trabalham suas estratégias de forma extremamente eficiente, retendo, tanto ou mais a atenção do público-alvo, que as ações desenvolvidas pelos próprios patrocinadores oficiais do evento.

Pode-se afirmar que uma das causas do desenvolvimento do marketing de emboscada deve-se a não atenção de inúmeros detalhes por parte dos *players* oficiais do processo, sendo necessário um trabalho em conjunto entre todos os agentes do patrocínio. Dos organizadores e detentores de propriedades, espera-se, independente de suas limitações financeiras, uma postura cada vez mais proativa, monitorando as ações oportunistas e protegendo a marca de seus parceiros. Dos patrocinadores oficiais, parte mais interessada no combate às emboscadas, espera-se a exploração de todas as oportunidades e potencialidades do evento, restringindo, assim, as ações de emboscada. E dos não menos importantes demais *players* da indústria esportiva, como meios de comunicação, órgãos governamentais, entre outros, espera-se um comprometimento com as marcas oficiais, não participando e, até mesmo, coibindo e reprimindo ações de *ambush*.

Por fim, por estar historicamente inserido na indústria esportiva brasileira e mundial, o combate ao *ambush marketing* deve assumir um papel de destaque nas estratégias desenvolvidas pelos organizadores e/ou entidades esportivas e os investidores oficiais, assegurando direitos adquiridos, eficiência e longevidade em processos de patrocínio.

8. Considerações Finais

Apesar de o patrocínio esportivo apresentar-se como um meio cada vez mais eficaz das empresas alcançarem resultados expressivos no mercado e uma significativa linha de receita para as entidades esportivas realizarem seus projetos, o simples fato do desenvolvimento desta estratégia não garante o alcance dos objetivos almejados e/ou preestabelecidos. É preciso adotar uma postura profissional e estratégica, com mecanismos que possam levar ao máximo de eficiência no processo.

Os *players* comerciais devem, antes de mais nada, reconhecer as razões para este investimento, direcionando verbas de acordo com o potencial de entrega. De igual forma, outros aspectos devem ser levados em consideração para o ingresso na indústria do patrocínio. Seriedade, respeitabilidade e desenvolvimento de eficientes processos de gestão e governança por parte das entidades esportivas, bem como uma identificação com sua cultura, objetivos e valores, histórias e significado, passíveis de serem incorporados à imagem institucional das empresas investidoras, são pressupostos fundamentais para a concretização de uma parceria.

Existem inúmeras formas de investimento em patrocínio esportivo por parte das empresas. Elas dependem, principalmente, dos objetivos, verba disponível, nível de influência almejado e a abertura e interesse do parceiro.

Para uma assertividade no processo, uma análise minuciosa da proposta, adequações, negociação de um contrato ganha-ganha, bem como definição de direitos e deveres de ambas as partes (patrocinador e patrocinado), são imprescindíveis.

Por fim, os investidores devem vislumbrar o patrocínio de uma forma 360°, desenvolvendo estratégias paralelas de ativação, propiciando um maior engajamento do *target*, experiências, relacionamento, abertura de novos mercados consumidores, geração de negócios e conversão de vendas.

Todo o ciclo de investimento deve vir acompanhado de um monitoramento sobre o retorno, com métricas específicas para mensuração dos resultados, seja para manutenção, realocação, aumento, diminuição ou até mesmo suspensão de recursos e/ou estratégias quando necessário.

No que diz respeito às entidades esportivas, estas devem definir, assim como os investidores, quais seus objetivos com o patrocínio (financeiros, *performance*, *know how*, infraestrutura, promoção de marca), bem como o perfil e características dos potenciais parceiros (respeitabilidade, disponibilidade de recursos, interesse estratégico, entre outros).

O processo de prospecção deve ser precedido de uma estratégia de *branding*, profundo conhecimento dos fãs, inteligência de mercado e *valuation* dos ativos, adequando seus produtos aos novos formatos, plataformas, linguagens e modelos de transmissão dos *players* de mídia (*online* e/ou *offline*), assegurando as entregas preestabelecidas.

Na captação, as entidades devem realizar um estudo detalhado dos *prospects*, elaborando uma proposta personalizada e sob medida (*tailor made*) de acordo com seus objetivos, problemas e/ou necessidades do mercado. Isto inclui definição de propriedades, preço, desenvolvimento de estratégias e projeção e/ou estimativa do Retorno sobre Investimento (ROI).

Para um alcance dos objetivos mútuos e maior longevidade do processo, as detentoras de propriedades devem propiciar uma relação eficiente e harmoniosa entre as partes, promovendo uma abertura e diálogo constante e permanente junto aos parceiros. Como exemplo, a exploração promocional e/ou mercadológica de seus atletas (*endorsement*, gerador de relacionamentos, negócios, vendas, entre outros) bem como o desenvolvimento de estratégias de combate a práticas oportunistas de seus patrocinadores (*ambush marketing*).

Com o desenvolvimento de uma eficiente gestão estratégica do patrocínio esportivo, todas as partes tendem a ganhar. Ganham as empresas, com uma segurança no investimento e alcance dos objetivos preestabelecidos, ganham as entidades esportivas e suas propriedades (equipes, eventos, atletas, infraestrutura, entre outros), com a possibilidade da maximização de resultados e prolongamento da parceria. E ganha o mercado corporativo e a indústria esportiva como um todo, valendo-se de casos de sucesso para o ingresso e desenvolvimento de ações em processos de patrocínio esportivo.

9. Referências

ABRATT, R.; GROBLER, P. S. (1989). "The evaluation of sports sponsorships" In: MALDONADO-ERAZO, C. P.; DURÁN-SÁNCHEZ, A.; ÁLVAREZ-GARCÍA, J.; RÍO-RAMA M. D. L. C. (2019). *Sports sponsorship: scientific coverage in academic journals, Journal of Entrepreneurship and Public Policy*. Vol. 8, Nº 1, pp. 163-186.

ASSAF, R. "Vox Populi e publicada pela revista *Placar* em maio de 1977". *Meio & Mensagem* (5 jul. 2004).

AZEVÊDO, P. H. *Gestão estratégica de eventos esportivos, técnico-científicos e de lazer.* Curitiba: Appris, 2021.

BARREDA, R.; MOLINER, M. (2004), "Respuesta cognitiva al patrocinio deportivo: Un estudio empírico en el fútbol de la primera división española". In: *XVIII Congreso Anual y XIV Congreso Hispano-Francés de AEDEM*, Ourense, junho 2.

CABALLERO, N. *Estratégias empíricas em patrocínio esportivo à luz da experiência de organizações esportivas e empresas investidoras.* Brasil. 2013. 346 f. Tese (Doutorado) Universidade Federal de Santa Catarina, Centro Tecnológico. Programa de Pós-graduação em Engenharia de Produção. Florianópolis, 2013.

______. "Licensing". In: MANSUR, T.; ZANETTE, R. (org.). *Marketing esportivo no Brasil.* Florianópolis: IBME, 2012.

CABALLERO, N.; CARVALHO, S. *A co-gestão esportiva no futebol: o caso Juventude-Parmalat*. Passo Fundo: Eduipf, 1998.

CARDIA, W. *Marketing e administração de arenas*. São Paulo: Atlas, 2014.

_______. *Marketing e patrocínio esportivo*. Porto Alegre: Bookman, 2004.

CARROGGIO, M. *Patrocinio deportivo*. Barcelona: Ariel Comunicación, 1996.

COLLET, P.; FENTON, W. *Manual do patrocínio*. São Paulo: DVS Editora, 2014.

CORNWELL, T. B. (2019), "Less 'sponsorship as advertising' and more sponsorship-linked marketing as authentic engagement". In: *Journal of Advertising*, Vol. 48, pp. 49-60.

CORNWELL, T. B.; MAIGNAN, I. (1998), "An international review of sponsorship research". In: *Journal of Advertising*, Vol. 27, Nº 1, pp. 1-21.

CORNWELL, T. B.; KWON, Y. (2020), "Sponsorship-linked marketing: research surpluses and shortages". In: *Journal of the Academy of Marketing Science*, Vol. 58, pp. 607-629.

COSTA, I. F. *Marketing cultural: o patrocínio de atividades culturais como ferramenta de construção de marca*. São Paulo: Atlas, 2004.

CROMPTON, J. L. (2004a), "Sponsorship ambushing in sport". In: *Managing Leisure*, Vol. 9, Nº 1, pp. 1-12.

DESBORDES, M.; TRIBOU, G. In: BEECH. J.; CHADWICK, S. *The marketing of sport*. Londres: FT Prentice Hall, 2007.

FERRAND, A.; CAMPS, A.; TORRIGIANI, L. *La gestión de sponsoring deportivo*. Badalona: Editorial Paidotribo, 2007.

FREIRE, M.; DE ALMEIDA, D. *Ouro Olímpico: a história do marketing dos aros*. Rio de Janeiro: Casa da Palavra: COB, 2006.

GARDNER, M.; SHUMAN, P. (1988), "Sponsorships and small businesses". In: *Journal of Small Business Management*, Vol. 26, Nº 4, pp. 44-52.

GWINNER, K. (1997), "A model of image creation and image transfer in event sponsorship". In: *International Marketing Review*, Vol. 14, Nº 3, pp. 145-158.

HANCOCK, S. "The status of sponsorship. Redmandarin". In: MORGAN, M. J.; SUMMERS, J. *Marketing esportivo*. São Paulo: Thomson Learning, 2008.

HEAD, V. *Sponsorship: The Newest Marketing Skill*. Londres: Woodhead--Faulkner, 1981.

Hermanns, A. (E). "Sport-und kultursponsoring". In: Maldonado--Erazo, C. P.; Durán-Sánchez, A.; Álvarez-García, J; Río-Rama M. D. L. C. (2019). "Sports sponsorship: scientific coverage in academic journals". *Journal of Entrepreneurship and Public Policy.* Vol. 8, Nº 1, pp. 163-186.

Howell, D. "Committee of inquiry into sport sponsorship". In: Ferrand, A.; Camps, A.; Torrigiani, L.. *La gestión de sponsoring deportivo.* Badalona: Editorial Paidotribo, 2007.

Kim, Y.; Lee, H. W.; Magnusen, M. J.; Kim, M. "Factors influencing sponsorship effectiveness: a meta-analytic review and research synthesis". In: *Journal of Sport Management*, Vol. 29, Nº 4, pp. 408-425.

Lamont, M., Hing, N.; Gainsbury, S. "Gambling on sport sponsorship: a conceptual framework for research and regulatory review". In: *Sport Management Review*, Vol. 14, Nº 3, pp. 246-257.

Lin, H-C; Bruning, P. F. (2021). "Sponsorship in focus: a typology of sponsorship contexts and research agenda". In: *Marketing Intelligence & Planning* Vol. 39, Nº 2, pp. 213-233.

Marin, E. C. "Entretenimento: uma mercadoria com valor em alta". In: *Movimento*, Vol. 15, Nº 2, 2009. Disponível em: https://doi.org/10.22456/1982-8918.3055.

Mattar. M. F. *Tomada de decisão em ações de patrocínio esportivo: análise descritiva do processo decisório e critérios de seleção em empresas patrocinadoras no Brasil.* 2007. 151 p. Dissertação (Mestrado) Faculdade de Economia, Administração e Contabilidade. Programa de Pós-graduação em Administração. São Paulo, 2007.

Meenaghan, J. A. "Commercial Sponsorship". In: *European journal of marketing.* V. 17, Nº 7, pp. 110-121.

Meenaghan, T. (1994). "Point of view: ambush marketing: immoral or imaginative practice?" In: Mullin, B. J. et al. *Marketing esportivo.* Porto Alegre: Artmed/ Bookman, 2004.

Molina, G. *El fin del deporte.* Buenos Aires: Paidós, 2007.

_______. *Marketing deportivo II.* Buenos Aires: Ediciones W.A., 2009.

_______. *Marketing deportivo digital: pasión y negocios en la era tecnológica.* Madrid: ESM, 2014.

Morgan, M. J.; Summers, J. *Marketing esportivo.* São Paulo: Thomson Learning, 2008.

Mullin, B. J.; Hardy, S.; Sutton, W. A. *Marketing esportivo*. Porto Alegre: Artmed/ Bookman, 2004.

Nufer, G. "Ambush marketing in sports: an attack on sponsorship or innovative marketing?". In: *Sports, Business and Management*, Vol. 6, Nº 4, pp. 476-495.

O'Sullivan, P.; Murphy, P. "Ambush marketing: the ethical issues". In: *Psychology and Marketing*, Vol. 15, Nº 4, pp. 349-366.

Payne, M. *A virada olímpica: como os Jogos Olímpicos tornaram-se a marca mais valorizada do mundo*. Rio de Janeiro: Casa da Palavra: COB, 2006.

Piquet, S. "Sponsoring. Paris: Vuibert Gestion, 1985". In: Ferrand, A.; Camps, A.; Torrigiani, L. *La gestión de sponsoring deportivo*. Badalona: Editorial Paidotribo, 2007.

Pope, N. K. L.1. "Overview of current sponsorship thought". In: *The cyber-journal of Sport marketing*. [s.l.], V. 2, Nº 1, 1998.

PwC Global Entertainment & Media Outlook 2019-2023.

Reis, A. C. F. *Marketing cultural e financiamento da cultura: teoria e prática em um estudo internacional comparativo*. São Paulo: Thompson Learning Edições, 2006.

Rodriguez, M. *Introduccion al marketing deportivo*. Buenos Aires: Editorial Medrano, 2009.

Sahnoun, P. "Le sponsoring mode d´emploi". In: Ferrand, A.; Camps, A.; Torrigiani, L. *La gestión de sponsoring deportivo*. Badalona: Paidotribo, 2007.

Sandler, D. M.; Shani D. "Olympic sponsorship VS. Ambush marketing: Who gets the gold?". In: Ferrand, A.; Camps, A.; Torrigiani, L. *La gestión de sponsoring deportivo*. Badalona: Paidotribo, 2007.

Savastano, M. "O produto de entretenimento". In: Cobra, M. (org.). *Marketing do entretenimento*. São Paulo: Editora Senac, 2008.

Schaaf, P. *Sports marketing, not just a game anymore*. Amherst: Prometeus Books, 1995.

Smit, B. *Invasão de Campo: Adidas, Puma e os bastidores do esporte moderno*. Rio de Janeiro: Zahar, 2007.

Stotlar, D. K.; Dualib, C. *Como desenvolver planos de marketing esportivo de sucesso*. São Paulo: Ideia e Ação, 2005.

Ukman, J. *The official 1984-1985. International directory of special events & festivals*. Chicago, 1984.

Waite, N. *Sponsorship in context. Cranfield Institute of Management,* 1979. Unpublished Ph.D. thesis.

Woisetschläger, D. M., Backhaus, C.; Cornwell, T. B. (2017), "Inferring corporate motives: how deal characteristics shape sponsorship perceptions". In: *Journal of Marketing*, Vol. 81, Nº 5, pp. 121-141.

10. Glossário

Adequação: em mídia, é o grau quantitativo e qualitativo de pertinência de um meio, veículo ou mesmo horário/posição a um determinado *target* ou objetivo publicitário.

Advertiser funded programme **(AFP)**: programa cujos custos e produção ficam a cargo do anunciante e não do meio.

Aided recall: lembrança induzida.

Alcance: número de diferentes pessoas (ou domicílios) expostas pelo menos uma vez a um veículo ou a uma combinação de veículos. Pode ser expresso em porcentagem ou número absoluto.

Alcance acumulado: total de alcance acumulado em relação à amostragem de indivíduos alcançados (sem duplicação) ao final de um período.

Alcance eficaz: porcentagem de indivíduos que foram alcançados de acordo com a definição de frequência eficaz.

Algoritmo: conjunto de regras usado por um *site* de busca na classificação e posicionamento das páginas contidas em seu banco de dados.

Análise multivariada: estudo cuja compreensão requer a análise simultânea de múltiplas variáveis (os estados, ou medidas das variáveis, podem ser classificados em métricos ou quantitativos e não métricos ou qualitativos).

Assets: ativos ou propriedades das entidades esportivas.

Ativação: estratégia do marketing promocional cujo objetivo consiste em criar uma relação entre o público e determinada marca ou produto, por meio de interatividade.

Ativos de patrocínio: benefícios reais que um patrocinador compra por meio de seu contrato de patrocínio

Audiência: pessoas atingidas pelos veículos de comunicação. Termo aplicado tanto para definir as pessoas que ouvem determinada emissora de rádio, como as que assistem determinado canal de televisão, ou leem determinado título de jornal ou revista, ou ainda navegam por um *site* de *internet*.

Audiência acumulada: soma das audiências obtidas pelo emprego de diversos meios e veículos de comunicação, com o uso de vários programas, diversas mensagens e/ou a repetição delas. Pode ser bruta ou líquida.

Audiência bruta: somatório de todas as audiências obtidas, sem descontar as duplicações.

Audiência líquida: volume total de audiência obtida, descontadas as duplicações. Soma dos que viram, ou viram ou leram a mensagem no mínimo uma vez, contando apenas uma vez cada pessoa.

Audiência média: volume habitual de audiência de um veículo. Média das audiências obtidas com o emprego de diversos veículos de comunicação ou programas.

Audiência primária: audiência obtida prioritariamente por um veículo de comunicação (ou programa), como, por exemplo, as crianças em um programa infantil, os assinantes de uma revista, os compradores de um jornal etc.

Audiência secundária: audiência obtida entre pessoas às quais o veículo (ou programa) não é destinado, por exemplo, os adultos em um programa infantil e as pessoas que pedem emprestado uma revista ou jornal.

Awarenes: consciência e/ou conhecimento.

Backbus: ação de adesivar ou envelopar toda a parte traseira de um ônibus com uma mensagem publicitária.

Backlight: painel de estrutura metálica que propicia a fixação de uma publicidade impressa por meio de uma lona translúcida. A iluminação tem origem no centro da estrutura, por trás da lona, e possui grande qualidade visual noturna.

Backdrop: painel fixo ou portátil com inserção de logomarcas, logotipos, símbolos etc., disponibilizados em locais de entrevistas, coletivas, zonas mistas, corredores, pódios, partes receptivas de evento, camarins, vestiários.

Benchmarking: processo de comparação de produtos, serviços e práticas empresariais. É desenvolvido por meio de pesquisas para comparar as ações de cada empresa.

Big Data: conjuntos de dados muito amplos e complexos, sobre hábitos de consumo não processados por sistemas comuns para obtenção de *insights* que levam a melhores decisões e direções estratégicas de negócio.

Bikedoor: também conhecido por *Bike banner*, consiste em adaptar bicicletas para receberem *banners* publicitários.

Blimps: inserção da marca em grandes balões infláveis fixáveis ou volantes (dirigíveis).

Brainstorm: técnica para levantar soluções criativas para problemas ou elaborar ideias coletivamente, onde nenhuma ideia inicial é descartada, utilizando filtro apenas em momentos seguintes.

Brand awareness: termo usado para identificar a forma como clientes atuais e/ou potenciais percebem determinadas marcas e se está normalmente associado um determinado produto.

Brand equity: equidade da marca. Diz respeito ao valor de marca percebido pelos consumidores.

Brand: marca.

Branded content: conteúdo associado e agregado a uma marca, procurando criar e estimular laços entre as empresas e seu público-alvo.

Brand image: imagem de marca.

Branding: construção e gerenciamento de uma marca.

Brand loyalty: fidelidade de marca ou lealdade de marca. Diz respeito à preferência que o consumidor possui por determinadas marcas de produtos ou serviços, considerando regularidade de compra ou uso.

Break: intervalo comercial em rádio e televisão.

Breakeven: também conhecido como *Breakeven point*, consiste no alcance, por parte de uma empresa, de um ponto de equilíbrio entre as despesas e as receitas.

Briefing: série de instruções organizadas de maneira resumida para orientar alguma atividade ou tarefa, ou, no mercado publicitário, documento que sintetiza diretrizes e metas do anunciante para uma campanha publicitária.

Broadcasting: processo de transmissão de uma determinada mensagem para diversos receptores ao mesmo tempo.

Budget: orçamento ou verba disponível pela empresa.

Busdoor: ação de adesivar somente o para-brisa traseiro do ônibus com uma peça publicitária.

***Business manager* (BM)**: ferramenta do Facebook para o gerenciamento de ativos em conjunto.

***Business-to-Business* (B2B)**: negócios (produtos e serviços) realizados de uma empresa para consumo/uso de outras empresas ou instituições (não envolve o consumidor final).

***Business-to-consumer* (B2C)**: negócios (produtos e serviços) feitos de uma empresa para consumo/uso de pessoas físicas.

Buzz marketing: estratégia cujo objetivo é despertar a atenção do público-alvo e fazer com que este propague a mensagem, marca, produto e/ou serviço.

Canopla: peça que envolve o microfone.

Case: experiência de sucesso, apresentando decisões, ações, estratégias e diferenciais que auxiliam clientes na prática.

Centimetragem: tamanho de um anúncio de jornal, definindo quantos centímetros/coluna ele ocupa.

Centímetro/coluna: espaço padrão de um jornal, ou seja, centímetro de comprimento por uma coluna de largura.

Ciclo de vida: conjunto de fases de desenvolvimento de determinado produto no mercado, que vai de sua introdução até seu declínio e, muitas vezes, relançamento.

***Click through rate* (CTR)**: relação entre o número de vezes que um anúncio é clicado e o número de impressões que recebe.

Clipping: processo de monitorar, analisar e catalogar a aparição, menção e/ou citação de marcas, empresas, personalidades etc., nos meios de comunicação *online* e *offline*.

Cobertura: espectro geográfico ou de segmento da população coberto por um veículo.

Código de barras: sequência de listras e números inseridos nas embalagens dos produtos, fornecendo informações sobre preço, características dos mesmos, por exemplo, bem como auxiliando no controle de quantidade, estoque, entre outros aspectos.

Coleção-cápsula: coleção de roupas com quantidade de peças menos do que uma coleção tradicional, tendo normalmente entre 8 e 15 peças.

Comfy: estilo de roupas confortável.

Compliance: originado do verbo *to comply* (agir de acordo com uma regra, uma instrução interna, um comando ou um pedido), nos âmbitos institucional e corporativo, é o conjunto de disciplinas para fazer cumprir as normas legais e regulamentares, as políticas e as diretrizes estabelecidas para o negócio e para as atividades da instituição ou empresa, bem como evitar, detectar e tratar qualquer desvio ou inconformidade que possa ocorrer.

Comunicação Integrada de Marketing (CIM): planejamento de comunicação de marketing que reconhece o valor agregado de um plano abrangente, capaz de avaliar os papéis estratégicos de uma série de disciplinas da comunicação, propaganda geral, resposta direta, promoção de vendas e relações-públicas, por exemplo, e de combiná-las para oferecer clareza, coerência e impacto máximo por meio de mensagens integradas com coesão.

***Consumer-to-consumer* (C2C)**: relação comercial entre consumidores intermediado normalmente por uma empresa como um *site* de leilão ou anúncios classificados.

Conversão: ação esperada quando um visitante acessa um *site* (preenchimento de formulário, *download*, compra de produto, solicitação de um orçamento, assinatura de um boletim informativo, envio de um contato etc.).

Core business: centro do negócio ou principal foco de atuação da empresa no mercado.

Cross action: ação cruzada para promover determinado produto e/ou serviço.

Cross content: distribuição de um conteúdo relacionado em partes complementares nos diversos meios e veículos, adotando a linguagem, estética, formatos e ritmos de cada um deles.

Cross media: distribuição de uma mesma narrativa em diferentes mídias *online* e *offline*.

Crowdfunding: financiamento e/ou investimento coletivo em prol de um projeto, ideia, causa etc.

Cuponagem: forma de promoção por meio de cupons inseridos nas embalagens de produtos ou em determinadas mídias os quais dão direito a descontos no ato da compra do produto anunciado.

Custo por ação (CPA): conhecido também como Custo por Aquisição, é o cálculo do custo da realização de determinada ação no *site* em função dos gastos com a campanha.

Custo por clique (CPC): sistema de preço em que o anunciante paga um valor predeterminado por clique efetivado na peça publicitária, independente de quantas vezes é exibido.

Custo por mil (CPM): custo para atingir mil consumidores por meio de um determinado veículo (*offline* e/ou *online*), espaço ou programação de mídia.

***Customer experience* (CX)**: conjunto de atitudes que são criadas para que os consumidores possam ter uma interação mais alinhada com a empresa (fidelização do cliente). Medida pela experiência do indivíduo durante todo o relacionamento.

Data driven: estratégia orientada para coleta de dados gerados a partir de fontes confiáveis e fidedignas, servindo como base para a tomada de decisão nas organizações.

Decasséguis: pessoas que deixaram o Brasil em busca de trabalho no Japão.

Detentores de propriedades: entidades como comitês, confederações, federações, associações, clubes, equipes, além atletas e organizadores de evento, cujo meio fim seja o esporte, e possuam ativos negociáveis junto a investidores.

Dress code: regras e/ou orientações para as pessoas se vestirem de forma adequada em determinadas ocasiões e ambientes.

Empena: consiste em inserir publicidades com dimensões significativas em paredes laterais e sem janelas de edifícios.

Engajamento: relacionamento do público com uma marca avaliado a partir de vários canais de comunicação, pressupondo envolvimento, interação, intimidade, influência etc.

Entidades esportivas: organizações cujo *core business* seja o esporte, como comitês, confederações, federações, ligas, clubes, agremiações, equipes, eventos, atletas, entre outros, incluindo, ainda, organizações de *eSports*.

Eye movement camera: câmara que registra o movimento dos olhos e a dilatação da pupila, para medir e avaliar reação a estímulos visuais.

Eye tracking: método que estuda a atenção visual do usuário, podendo determinar em que área ele fixa sua atenção, por quanto tempo e a sequência que segue na exploração visual.

Fantasy game: também conhecido como *Fantasy eSports*, é um jogo *online* no qual os participantes podem escalar equipes imaginárias ou virtuais de jogadores reais de um esporte profissional.

Fidelidade de audiência: audiência que se mantém constante em determinado veículo (oposição à rotatividade de audiência).

Fidelização: neologismo criado pelos profissionais de marketing para definir programas e esforços no sentido de conquistar ou incentivar a fidelidade dos consumidores a determinada marca ou empresa.

Fit: identificação de uma determinada pessoa com uma marca, empresa, organização (existem ainda outras derivações para o termo como *Person-Organization fit*, *Person-Job fit*, entre outras).

Focus group: pesquisa qualitativa de caráter exploratório cujo objetivo é obter informações sobre opiniões, comportamento, atitude, entre outros, de determinados grupos.

Franqueado: terceiro que adquire o direito de comercializar produtos e/ou serviços do franqueador utilizando seu nome e padrões estabelecidos.

Franqueador: responsável e/ou detentor que vende os direitos de uso de sua marca.

Frequência: número de vezes que uma pessoa é atingida por uma determinada mensagem em um específico período de tempo.

Frequência média: quantidade média de vezes que a audiência total de uma campanha foi atingida pela mensagem (divisão da audiência bruta pela audiência líquida).

Frontlight: painel de estrutura metálica onde se fixa lona com a mensagem publicitária. A iluminação é externa e frontal, com grande qualidade visual noturna. Pode ser produzida tanto em lona quanto em papel.

Gestão horizontal: estrutura organizacional onde funcionários possuem autonomia para tomar suas próprias decisões.

Gestão vertical: estrutura baseada na hierarquia da organização.

Goodwill: boa vontade por parte da empresa e/ou marca.

Grade de programação: também conhecida como grelha televisiva, consiste em um calendário com mês, dia e horários dos programas de um meio de comunicação.

Hashtag: palavras-chave (relevantes) ou termos associados a uma informação, antecedidas pelo símbolo "#", que designam o assunto que está sendo discutido (utilizado em redes sociais e *microblogs*).

Highlights: no meio esportivo pode ser definido como principais lances e momentos, como gols, passes, saques, ataques, enterradas, assistências, defesas, tempos etc.

Holding: empresa constituída para administração ou controle de uma ou mais empresas.

Identidade visual: sistema de signos visuais (logotipo, cores, letras etc.) que dão homogeneidade à marca.

Imagem de marca: conjunto de atributos e/ou expectativas, vivências, percepções (positivas ou negativas) que o mercado tem em relação à marca de um produto, serviço ou empresa.

Impacto: ação de atingir um consumidor pelas mensagens publicitárias.

Inteligência artificial (IA): busca de métodos ou dispositivos computacionais que possuam ou multipliquem a capacidade racional do ser humano em resolver problemas, pensar e, por extensão, ser inteligente.

***Interactive advertising* (IA)**: comerciais transmitidos na TV digital com instruções sobrepostas, que possibilitam ao telespectador obter informações adicionais sobre aquele conteúdo.

Internet das coisas (*Internet of things*): conectar itens usados no dia a dia à rede mundial de computadores (fusão entre o mundo físico e digital).

Intervenção urbana: também conhecido como *Street marketing*, são ações que tem como objetivo chamar a atenção do público-alvo por meio de uma forma totalmente diferenciada, tendo como cenário as ruas da cidade.

Intervenientes anuentes: terceiros que intervém em um contrato para tomar ciência e estar de acordo com o mesmo.

Jingle: peça publicitária de áudio "cantada" para promoção de uma marca, produto e/ou serviço.

Key accounts: profissional do mundo corporativo cuja função principal reside em estabelecer relações de confiança com os clientes-chave.

***Key performance indicator* (KPI)**: mede o desempenho dos processos de uma empresa colaborando para o alcance de seus objetivos.

Kickoff: início do processo.

Know how: termo em inglês que significa "saber como", "saber fazer" representa o conhecimento em executar algo.

Lead: consumidor em potencial que de alguma maneira demonstrou interesse em seu serviço ou produto.

***Lead* qualificado**: cliente mais predisposto à aquisição de um produto e/ou serviço, conhecendo e enxergando valor no que está sendo proposto.

Licenciado: empresa que adquire o direito de uso da marca para seus produtos ou serviços.

Licenciador: proprietário ou detentor dos direitos da licença.

Logomarca: símbolo gráfico identificador de uma empresa ou marca quando composta do símbolo em si mais o logotipo.

Logotipo: letras (especialmente desenhadas ou adaptadas) utilizadas para compor o nome de marca ou empresa.

Mailing list: relação de nomes, endereço, telefone, *e-mail* e demais dados adicionais de clientes e consumidores como base para desenvolvimento de estratégias de marketing direto.

Marcas endêmicas: termo utilizado no segmento de *eSports*, são marcas originarias ou com uma relação natural com o segmento, indústria e/ ou ecossistema do proponente da parceria.

Marcas icônicas: marcas influenciadoras de uma categoria ou do mercado como um todo, sendo agentes de formação e identidade cultural.

Marketing: função organizacional e conjunto de processos que envolvem a criação, a comunicação e a entrega de valor para os clientes, bem como a administração do relacionamento com eles, de modo que beneficie a organização e seu público.

Marketing direto: conjunto de atividades pelo qual o vendedor efetua a transferência de bens e serviços ao comprador, atingindo determinada audiência, por meio de uma ou mais mídias, com o propósito de obter uma resposta direta pelo telefone ou por um cupom e, em certos casos, com o intuito de obter uma visita pessoal do consumidor.

Marketing de guerrilha: termo criado na década de 1980 pelo norte-americano Joy Conrad Levinson, diz respeito a uma série de métodos não convencionais utilizados para atingir objetivos convencionais (obtenção de lucro a baixo custo).

Marketing de influência: estratégia de marketing baseada em ações com personagens que exerçam influência ou liderança sobre potenciais compradores.

Marketing-mix: conjunto de variáveis controláveis pelo profissional de marketing. É composto pelas variáveis: produto, preço, praça (ou distribuição) e promoção (Mccarthy, 1996).

Marketing sensorial: estratégia baseada no estímulo dos diferentes sentidos para conquistar a atenção e o interesse dos seus clientes.

***Market share* (*Brand share*)**: porcentagem de vendas de uma categoria específica de produtos considerados por uma marca.

Masterbrand: nome de marca abrangente que serve como o principal ponto de ancoragem no qual todos os produtos subjacentes são baseados.

Match day: é o "dia do jogo". Compreende também a jornada do espectador e sua experiência *in loco* do evento (aquisição de ingresso, espetáculo, alimentação, *show* de intervalo, sorteios, promoções, interatividade, engajamento, entre outros).

***M-Commerce/Mcommerce* (*Mobile commerce*)**: venda *online* realizada a partir de um dispositivo móvel.

Media day: dia em que os atletas se disponibilizam para entrevistas e demais geração de conteúdo junto aos meios de comunicação (*online* e/ou *offline*).

Media for equity: pagamento de *endorsement* por meio de participações societárias na empresa (ações, quotas, outros tipos de títulos etc.) propiciando participação nos lucros do negócio.

Media trainning: simulações e treinamentos realizados junto aos protagonistas esportivos (atletas, treinadores, membros da comissão técnica, dirigentes, por exemplo) com o objetivo que estes se portem e/ou comportem da forma mais eficiente possível quando da aparição nos meios de comunicação.

Mensuração de audiência: pesquisa para determinar o número e as características das pessoas que constituem a audiência de um meio de comunicação.

Merchandising: pode ser entendido por dois conceitos: a) Atividade de marketing, incluindo venda e promoção, destinada a fazer com que o produto esteja disponível, de forma atraente e destacada, no ponto de venda; b) No Brasil, pode designar a comercialização de menções e aparições de produtos, em TV, cinema, rádio etc., segundo critérios editoriais de "naturalidade", "contexto" etc. (nos EUA, essas ações de *merchandising* são conhecidas como *in script advertising* ou *product placement*).

Merchandising* editorial, *Product placement* ou *Tie-in: aparição ou menção de um produto e/ou serviço de forma aparentemente casual, em um programa televisivo, auditório, telenovela, radionovela, filme cinematográfico, por exemplo, existindo três tipos: visual (*screen placement*), verbal (*script placement*) e integrado (*plot placement*).

Mídia de projeção: a projeção mapeada ou vídeo *mapping*, consiste em valer-se de paredes, praças, prédios etc., como meios de comunicação mercadológica. Pode ser projetado em 2D e 3D, além de criar ilusões de ótica.

Mídia espontânea (*Earned media*): aparições e/ou publicações veiculadas em meio de comunicação (*online* e/ou *offline*) de forma não paga pelo anunciante (inserção no corpo editorial).

Mídia *offline*: todas as mídias que não estão ligadas à *internet*, tais como rádio, TV, jornal, revista etc.

Mídia *online*: meio de comunicação no qual as ações podem ser feitas em tempo real (tecnologia digital), pela *internet*.

***Media out of home* (OOH)**: conjunto de mensagens publicitárias que através de meios estáticos e móveis são capazes de atingir o consumidor fora de casa.

Mídia segmentada: veículo ou campanha publicitária dirigida a determinado público-alvo definido por determinados critérios (sexo, idade, classe social, fatores comportamentais, entre outros).

***Minimum viable product* (MVP)**: diz respeito ao lançamento de um produto com características mínimas para verificar a sua aceitação no mercado, bem como suas melhorias e/ou adaptações.

Móbile: peça de comunicação visual suspensa no ponto de venda.

Mobile marketing: atividade que utiliza dispositivos móveis, com o objetivo de se relacionar com clientes ou *prospects*.

Mobiliário urbano: elementos originalmente implantados em lugares públicos para utilização da população (abrigos de pontos de ônibus, banca de jornais, postes, totens, bancos de praças, relógios digitais), tornaram-se meios de veiculação publicitária.

***Multi club ownership* (MCO)**: grupos econômicos proprietários de diversos clubes em diferentes mercados e/ou territórios.

Naming rights: concessão, venda ou locação do direito de nome que entidades donas e/ou detentoras de um determinado espaço, centros esportivos, arenas, estádios, ginásios, pistas, circuitos, entre outras instalações etc., cedem para empresas, marcas, produtos etc.

Networking: construção de uma eficiente rede de relacionamentos, principalmente na área de atuação.

***Non-fungible token* (NFT)**: consiste em uma tecnologia que transforma qualquer mídia digital em ativos e/ou colecionáveis digitais únicos (fotos, vídeos ou outros tipos de produto digital) com certificado de propriedade por meio de um *blockchain*.

Off seasons: baixa temporada e/ou período fora do calendário de competições.

Omnichannel: estratégia integrada de canais de comunicação *online* e *offline* para enriquecer e aprimorar a experiência do cliente.

Omoplata: região da camisa próxima aos ombros onde podem ser inseridas marcas de patrocinadores.

Outdoor: mídia exterior no formato 9x3m, geralmente é disponibilizada às margens de ruas e rodovias. O material utilizado nas peças pode ser de papel (cartaz), lona, com ou sem aplique.

***Over the top* (OTT)**: plataformas de distribuição de conteúdos pela *internet*, no qual o usuário assiste sob demanda.

Ownership: conjunto de estratégias atribuídas para que as pessoas de um time tenham um sentimento de donos da organização.

Painel: estrutura metálica de dimensões 6x3m e 3,5x5.5m, sendo alternativa à poluição visual de *outdoor* em centros urbanos.

Painel digital: conhecido também como Painel eletrônico, consiste em um dispositivo luminoso formado por LEDs (*Light Emitting Diode*), para inserção de mensagem, peças e/ou campanhas publicitárias, propiciando forte impacto visual nas 24 horas do dia, com grande qualidade e resolução de imagem.

Painel interativo: monitores de alta definição com acesso à *internet*, que propiciam anúncios em 3D e realidade aumentada.

Patches: emblemas ou *bottons* feitos de tecido com a inscrição de um símbolo, slogan ou imagem costurado aos uniformes oficiais.

Patrocínio cultural: caracteriza-se como uma associação, por parte da empresa, junto às atividades, empreendimentos e processos culturais, com o propósito de alcançar um posicionamento eficiente na mente do consumidor.

Patrocínio ecológico: conhecido também como verde ou ambiental, procura uma relação sustentável entre os processos desenvolvidos pelas empresas e seu impacto no meio ambiente. Procura criar e lançar mercadorias ambientalmente corretas, além de financiar reflorestamentos, proteção e reprodução da fauna e flora, entre outras ações.

Patrocínio social: ação mercadológica e/ou institucional que visa atenuar ou eliminar problemas sociais, carências da sociedade relacionadas principalmente com questões de higiene e saúde pública, trabalho, educação, habitação, transporte e nutrição (empresas procuram ser vistas e/ou denominadas "empresas cidadãs").

Performance: desempenho.

Pitch: expressão utilizada mais frequentemente no segmento de *startups* e tecnologia, consiste em uma apresentação curta, eficaz e rápida, onde são apresentados os principais aspectos da proposta.

Place branding: lugar, seja ele bairro, cidade, estado e/ou país trabalhado e fortalecido como marca (marcas-lugares).

Plataforma (*Platform*): meio pelo qual o conteúdo é transmitido para os mais variados públicos.

Players: organizações que desempenham algum papel ou possuem alguma posição em mercados específicos e/ou em processos de negociação.

Podcast: programa de rádio que pode ser consumido na hora em que o ouvinte desejar.

Portfólio: conjunto de marcas, produtos e serviços de uma empresa e/ou contas de uma agência, profissional etc.

Portal: páginas na *internet* que servem como ponto de acesso direto a um conjunto de serviços e informações e conteúdos.

Pôster: também conhecido como cartaz, material publicitário impresso geralmente em papel, lona ou material similar, que pode ser fixado em locais disponíveis.

Pós-atletas: atletas que já encerraram sua carreira no alto rendimento.

Precificadores: peças de comunicação visual cuja função principal de informar o preço de determinados produtos em pontos de venda.

Press kit: material impresso com informações específicas entregue aos meios de comunicação (*press releases*, fotos, folhetos, amostras, brindes).

***Press kit* de jogo**: material entregue aos profissionais que farão a transmissão e a cobertura dos eventos esportivos, contendo informações sobre as disputas, retrospecto entre as equipes, escalação, fotos, perfil, histórias e curiosidades sobre os protagonistas.

Press release: comunicado para a imprensa.

Pré-teste: técnica de pesquisa, quantitativa ou qualitativa, para avaliar o impacto de uma mensagem publicitária, junto a seu público-alvo, antes de ser veiculada.

Private equity: modalidade de investimento em que um fundo levanta capital para adquirir participação em empresas já desenvolvidas e obter lucro a médio ou longo prazo com a venda.

Product placement: inserção de marcas e produtos por meio audiovisual e/ou por meio de citações em produções de entretenimento.

Promoção de vendas: todo e qualquer incentivo usado por um fabricante para induzir o comércio (atacadista, varejista ou outros membros do canal) ou os consumidores a comprar uma marca e estimular a equipe de vendas a vendê-la agressivamente (Shimp, 2009).

Propriedades: consiste nas vantagens, oportunidades e ações oferecidas pela organização esportiva aos seus parceiros.

Prospecção: processo e/ou tentativa de conquistar um cliente em potencial, por meio de apresentação de propostas de trabalho ou negócios.

Prospect: pessoa, empresa e/ou organização interessada e/ou com potencial em comprar e/ou estabelecer uma parceria com outra empresa.

Protagonistas esportivos: personagens, agentes e/ou atores que compõem o ecossistema esportivo como atletas, treinadores, membros da comissão técnica, árbitros, dirigentes, gestores.

Publicidade: estratégia de comunicação paga por um anunciante para promover e/ou vender produtos e serviços.

Publimeta: tapetes em formato 3D instalados na área do gramado dos campos de futebol, geralmente ao lado das goleiras.

QR code: código de resposta rápida, que consiste em um código de barras inserido em produtos, mensagens e/ou programas em mídias *online* e/ou *offline*, que quando digitalizado permite o acesso a uma significativa gama de informações complementares.

Qualitativa: técnica de pesquisa não quantificada, tendo sua validade na profundidade e exploração das entrevistas.

Quantitativa: pesquisa cujo campo de investigação e resultados está baseado em número suficiente de respostas, permitindo resultados com significativos índices de segurança.

Realidade aumentada (AR): sistema que combina elementos virtuais e ambiente real de forma interativa.

Realidade estendida (XR): experiências do usuário em ambientes reais e virtuais combinados.

Realidade virtual (VR): também conhecida por Holografia ou Ambiente Virtual, consiste em uma tecnologia de interface avançada entre um usuário e um sistema, com o objetivo de propiciar sensações de realidade.

Recall test: também conhecido como *Recall measurement*, é um tipo de pós-teste que verifica a capacidade dos entrevistados lembrarem de mensagens e/ou imagens que leram, ouviram ou viram, com ou sem o uso de um material de estímulo.

Régua ou Faixa de gôndola: peças de comunicação visual retas ou dobradas em L fixadas na parte frontal da gôndola.

Relações públicas: estratégia organizacional que visa promover um eficiente relacionamento entre uma empresa e seus diversos públicos.

***Request for proposal* (RFP)**: também é conhecida como *Invitation to tender* (ITT) ou *Request for information* (RFI), é um documento formal e escrito, que descreve informações sobre a organização e detalha os produtos e serviços a serem obtidos de fornecedores externos (estabelece requisitos específicos que os fornecedores precisam ter ao responder à oferta).

Royalties: valor ou percentual que corresponde à venda de um produto e/ou serviço.

Serviço: qualquer ato ou desempenho, essencialmente intangível, que uma parte pode oferecer a outra e que não resulta na propriedade de nada. A execução de um serviço pode estar ou não ligada a um produto concreto.

Share of heart: espaço ocupado pela marca no coração do cliente com relação à concorrência.

Share of mind: espaço ocupado pela marca na mente dos consumidores em relação à concorrência.

Share of voice: fatia da marca que está sendo vista e/ou comentada pelo seu cliente em relação à concorrência.

Shooting day: dia de filmagem.

Skill: habilidade e/ou maior a qualidade para executar determinada tarefa.

Sociedade anônima do futebol (SAF): modelo jurídico que permite aos clubes entregar a gestão do futebol profissional a um grupo privado.

Sound branding: processo para empregar à marca uma determinada identidade sonora.

***Special purpose acquisiton company* (SPAC)**: empresa, normalmente uma *holding* (empresa de participações societárias), constituída, essencialmente, com a finalidade de levantar fundos para aquisição futura de outra empresa ainda desconhecida.

Spontaneous remembrance: lembrança espontânea de uma mensagem.

Sportswashing: uso do esporte para objetivos (geo)políticos, geralmente por regimes governamentais para esconder ações as quais não desejem que a opinião pública tome conhecimento.

Spot: peça publicitária de áudio "falada" para promover uma marca, produto e/ou serviço.

Stakeholder: públicos de interesse dentro de uma determinada indústria e/ou segmento.

Stock options: opção de compra de ações da empresa no futuro por parte de colaboradores, *endorsement* e/ou demais parceiros.

Stoppers: peças fixadas em gôndolas, prateleiras e corredores, com aplicação de forma vertical na altura dos olhos.

Storytelling: é o termo usado para contar histórias de forma relevante, com palavras e recursos audiovisuais que chamam a atenção e prendem audiência de forma persuasiva. É a arte de contar uma boa história, atraente e engajante.

Target: grupo de pessoas, objetivos ou metas que são o alvo de alguma ação de marketing.

Taxa de cliques (CTR): ou *Click through rate*, é o percentual de cliques que um *banner*, *link* de texto ou outra peça publicitária gerou (divide-se o número de cliques pelo número de exibições da peça).

Taxidoor: publicidades dispostas no vidro traseiro dos táxis.

Teaser: mensagens curtas e frequentes de preparação de atenção para gerar expectativas no lançamento de uma campanha publicitária.

Testemunhal: depoimento no qual se exprime opinião, observação ou experiência própria a respeito de um produto e/ou serviço.

Tiragem: total de exemplares impressos da edição de um jornal, revista ou folheto em condições de ser colocada em circulação.

Title sponsor: modalidade de *naming rights* que diz respeito ao direito de nomear uma determinada competição, torneio, ação, seja por completo, seja em etapas específicas (geralmente mais segmentado, pontual e com contratos mais curtos se comparados ao *naming rights*).

Top of mind: diz respeito ao lugar mais elevado ocupado pela empresa, produto ou serviço perante o público-alvo no que se refere a pensamento, conhecimento, reconhecimento e lembrança de marca.

Trade marketing: práticas planejadas e executadas pela indústria com o objetivo de aumentar as vendas e otimizar a atuação dos canais de distribuição.

Transfer ban: penalidade administrativa imposta pela FIFA junto aos clubes pelo não pagamento em transferências internacionais (impossibilidade de registrar atletas em competições).

Triedro: painel de estrutura metálica composta por peças triangulares que, por meio de um mecanismo automatizado, giram a cada sete segundos (é possível a veiculação de três campanhas publicitárias diferentes no mesmo veículo).

Trigger: gatilho para bonificação e/ou gratificação a partir de resultados alcançados (títulos, posições, pontuação, ascenso etc.).

Truckdoor: conhecido também como Mídia *box*, consiste no envelopamento de caminhão. Geralmente com dimensão de oito metros, a mensagem publicitária combina mobilidade e alto impacto visual.

Upfront: no ambiente corporativo, termo que designa evento e/ou ação para a apresentação, promoção e/ou venda de produtos ou ativos para intermediários (consultorias, assessorias, agências de publicidade etc.) para que os mesmos formem opiniões e recolham informações para oferecimento e comercialização no mercado.

Valuation: avaliação do valor das empresas.

Venda pessoal ou força de vendas: braço interpessoal do *mix* de promoção.

Vinheta: inserções publicitárias curtas de cinco ou sete segundos, geralmente são exibidas no início ou no fim do *break* comercial.

Wearable: dispositivos vestíveis como relógios, pulseira, óculos, entre outros, com conexões junto a outras plataformas.

White knight: investidor amigo que fornece apoio financeiro e/ou de outro tipo de apoio a um detentor de direitos gratuitamente ou a um preço mais favorável do que as taxas de mercado.

Wild card: oferecimento ou concessão de vaga em torneios, etapas ou *playoff* a atletas ou equipes que não passaram por etapas classificatórias e/ou seletivas.

Wobbler: peça fixada em prateleiras, gôndolas ou *displays* com a finalidade promocional ou para personalização.

Zapping: sequência de mudanças rápidas de um canal para outro, por meio de controle remoto, e que geralmente é feita para evitar os intervalos comerciais.